# 编委会

**普通高等学校"十四五"规划旅游管理类精品教材**
**教育部旅游管理专业本科综合改革试点项目配套规划教材**

### 总主编

马　勇　　教育部高等学校旅游管理类专业教学指导委员会副主任
　　　　　中国旅游协会教育分会副会长
　　　　　中组部国家"万人计划"教学名师
　　　　　湖北大学旅游发展研究院院长，教授、博士生导师

### 编　委（排名不分先后）

田　里　　教育部高等学校旅游管理类专业教学指导委员会主任
　　　　　云南大学工商管理与旅游管理学院原院长，教授、博士生导师
高　峻　　教育部高等学校旅游管理类专业教学指导委员会副主任
　　　　　上海师范大学环境与地理学院院长，教授、博士生导师
韩玉灵　　北京第二外国语学院旅游管理学院教授
罗兹柏　　中国旅游未来研究会副会长，重庆旅游发展研究中心主任，教授
郑耀星　　中国旅游协会理事，福建师范大学旅游学院教授、博士生导师
董观志　　暨南大学旅游规划设计研究院副院长，教授、博士生导师
薛兵旺　　武汉商学院旅游与酒店管理学院院长，教授
姜　红　　上海商学院酒店管理学院院长，教授
舒伯阳　　中南财经政法大学工商管理学院教授、博士生导师
朱运海　　湖北文理学院资源环境与旅游学院副院长
罗伊玲　　昆明学院旅游学院副教授
杨振之　　四川大学中国休闲与旅游研究中心主任，四川大学旅游学院教授、博士生导师
黄安民　　华侨大学城市建设与经济发展研究院常务副院长，教授
张胜男　　首都师范大学资源环境与旅游学院教授
魏　卫　　华南理工大学旅游管理系教授、博士生导师
毕斗斗　　华南理工大学旅游管理系副教授
蒋　昕　　湖北经济学院旅游与酒店管理学院副院长，副教授
窦志萍　　昆明学院旅游学院教授，《旅游研究》杂志主编
李　玺　　澳门城市大学国际旅游与管理学院执行副院长，教授、博士生导师
王春雷　　上海对外经贸大学会展与传播学院院长，教授
朱　伟　　天津农学院人文学院副院长，副教授
邓爱民　　中南财经政法大学旅游发展研究院院长，教授、博士生导师
程丛喜　　武汉轻工大学旅游管理系主任，教授
周　霄　　武汉轻工大学旅游研究中心主任，副教授
黄其新　　江汉大学商学院副院长，副教授
何　彪　　海南大学旅游学院副院长，教授

普通高等学校"十四五"规划旅游管理类精品教材
教育部旅游管理专业本科综合改革试点项目配套规划教材

总主编 ◎ 马 勇

# 酒店运营管理
## （第二版）

Hotel Operations and Management (Second Edition)

主　编 ◎ 姜　红
副主编 ◎ 李思志　李　飒　钟　伟
参　编 ◎ 周耀进　赵丽丽　贾植涵　马颖杰
　　　　 王博霖　雷　鹏　周　伟　卢道典
　　　　 裘亦书　邝振华　连雨沁　丁延芳

华中科技大学出版社
http://press.hust.edu.cn
中国·武汉

图书在版编目(CIP)数据

酒店运营管理/姜红主编. -- 2版. -- 武汉：华中科技大学出版社，2024.7(2025.1重印). --(普通高等学校"十四五"规划旅游管理类精品教材)(教育部旅游管理专业本科综合改革试点项目配套规划教材).
ISBN 978-7-5772-1048-3

Ⅰ.F719.2

中国国家版本馆CIP数据核字第2024JX5342号

### 酒店运营管理(第二版) 姜　红　主编
Jiudian Yunying Guanli(Di-er Ban)

| | |
|---|---|
| 总 策 划：李　欢 | |
| 策划编辑：李　欢　王　乾 | |
| 责任编辑：王梦嫣 | |
| 封面设计：原色设计 | |
| 责任校对：阮　敏 | |
| 责任监印：周治超 | |
| 出版发行：华中科技大学出版社(中国·武汉) | 电话：(027)81321913 |
| 　　　　　武汉市东湖新技术开发区华工科技园 | 邮编：430223 |
| 录　　排：华中科技大学惠友文印中心 | |
| 印　　刷：武汉市籍缘印刷厂 | |
| 开　　本：787mm×1092mm　1/16 | |
| 印　　张：16.75 | |
| 字　　数：433千字 | |
| 版　　次：2025年1月第2版第2次印刷 | |
| 定　　价：59.80元 | |

本书若有印装质量问题，请向出版社营销中心调换
全国免费服务热线：400-6679-118　竭诚为您服务
版权所有　侵权必究

# Abstract

"酒店运营管理"系教育部旅游管理类本科专业(酒店管理)的核心必修课程之一。本教材深入剖析了酒店运营管理的理论体系和实践方法,不仅深入剖析了酒店运营过程中遇到的实际问题,积累了宝贵经验,更是前瞻性地提出了行业内新颖的管理理念和前沿思考。本教材汇集众多实际案例,将理论与实践充分结合,旨在引导学生系统地学习和掌握酒店运营管理的核心知识,进而培养学生发现并解决问题的能力,从而为其未来的酒店职业生涯奠定坚实基础。

本教材共分为十章,包括酒店运营管理概述、酒店投资与开发、酒店窗口部门的运营与管理、现代酒店营销管理、现代酒店人力资源管理、现代酒店服务质量管理、酒店财务与收益管理、现代酒店信息化管理、现代酒店业全价值链管理和现代酒店集团化运营与管理。本教材精心设计了多样化的学习材料,包括丰富的知识活页、详尽的案例分析,以及引发深度思考的练习题目,不仅适用于高等院校旅游和酒店管理专业本科和 MTA 师生作为核心教材使用,也可作为旅游研究机构的专业人员、高等职业教育学习者以及自学考试人员的学习资料。此外,本教材还可作为旅游企业从业人员提升酒店运营管理能力的参考书,帮助其在实际工作中不断提升专业能力和素养。

"Hotel Operations and Management" is one of the core compulsory courses for undergraduate majors in Tourism Management (Hotel Management) under the Ministry of Education of the PRC. This textbook provides an in-depth analysis of the theoretical system and practical methods of hotel operation and management. It not only reveals the practical problems encountered and valuable experience accumulated in the hotel operation process, but also puts forward innovative management concepts and cutting-edge thinking in the industry in a forward-looking manner. By collecting numerous practical cases, this textbook fully combines theory with practice, aiming to guide students to systematically learn and master the core knowledge of hotel operation and management, and cultivate their ability to discover and solve problems, thus laying a solid foundation for their future career in the hotel industry.

This textbook is divided into 10 chapters, including introduction of hotel operation and management, hotel investment and exploitation, operation and management of hotel window department, modern hotel marketing management, modern hotel human resource management, modern hotel service quality management, hotel finance and revenue management, modern hotel information management, the whole value chain management of modern hotel, and operation and management of modern hotel group. This textbook has carefully designed a variety of learning materials, including rich knowledge leaflets, detailed case studies, and exercises that stimulate deep thinking. It is suitable not only for teachers and students majoring in Tourism and Hospitality

Management on undergraduate and MTA level in colleges and universities as the core textbook, but also for professionals in tourism research institutions, higher vocational education learners, and self-taught examinees as learning materials. In addition, this textbook can also serve as a reference book for tourism industry practitioners to enhance their hotel operation and management abilities, helping them continuously improve their professional abilities and qualities in practical work.

# 总 序

习近平总书记在党的二十大报告中深刻指出,要实施科教兴国战略,强化现代化建设人才支撑。要坚持教育优先发展、科技自立自强、人才引领驱动,开辟发展新领域新赛道,不断塑造发展新动能新优势。这为高等教育在中国式现代化进程中实现新的跨越指明了时代坐标和历史航向。

同时,我国的旅游业在疫情后全面复苏并再次迎来蓬勃发展高潮,客观上对现代化高质量旅游人才提出了更大的需求。因此,出版一套融入党的二十大精神、把握数字化时代新趋势的高水准教材成为我国旅游高等教育和人才培养的迫切需要。

基于此,在教育部高等学校旅游管理类专业教学指导委员会的大力支持和指导下,教育部直属的全国重点大学出版社——华中科技大学出版社,在党的二十大精神的指引下,主动创新出版理念和方式方法,汇聚一大批国内高水平旅游院校的国家教学名师、资深教授及中青年旅游学科带头人,在已成功组编出版的"普通高等院校旅游管理专业类'十三五'规划教材"基础之上,进行升级,编撰出版"普通高等学校'十四五'规划旅游管理类精品教材"。本套教材具有以下特点:

**一、深刻融入党的二十大报告精神,落实立德树人根本任务**

党的二十大报告中强调:"坚持和加强党的全面领导。"党的领导是我国高等教育最鲜明的特征,是新时代中国特色社会主义教育事业高质量发展的根本保证。因此,本套教材在编写过程中注重提高政治站位,全面贯彻党的教育方针,融入课程思政,融入中华优秀传统文化和现代化发展新成就,将正确政治方向和价值导向作为本套教材的顶层设计并贯彻到具体章节和教学资源中,不仅仅培养学生的专业素养,更注重引导学生坚定理想信念、厚植爱国情怀、加强品德修养,以期落实"立德树人"这一教育的根本任务。

**二、基于新国标下精品教材沉淀改版,权威性与时新性兼具**

在教育部 2018 年发布《普通高等学校本科专业类教学质量国家标准》后,华中科技大学出版社特邀教育部高等学校旅游管理类专业教学指导委员会副主任、国家"万人计划"教学名师马勇教授担任总主编,同时邀请了全国近百所高校的知名教授、博导、学科带头人和一线骨干教师,以及旅游行业专家、海外专业师资联合编撰了"普通高等院校旅游管理专业类'十三五'规划教材"。该套教材紧扣新国标要点,融合数字科技新技术,配套立体化教学资源,于新国标颁布后在全国率先出版,被全国数百所高等学校选用后获得良好反响。其中《旅游规划与开发》《酒店管理概论》《酒店督导管理》等教材已成为教育部授予的首批国家级一流本科课程的配套教材,《节事活动策划与管理》等教材获得省级教学类奖项。

此外,编委会积极研判"双万计划"对旅游管理类专业课程的建设要求,对标国家级一流本

科课程,积极收集各院校的一线教学反馈,在此基础上对"十三五"规划系列教材进行更新升级,最终形成"普通高等学校'十四五'规划旅游管理类精品教材"。

**三、全面配套教学资源,打造立体化互动教材**

华中科技大学出版社为本套教材建设了内容全面的线上教材课程资源服务平台:在横向资源配套上,提供全系列教学计划书、教学课件、习题库、案例库、参考答案、教学视频等配套教学资源;在纵向资源开发上,构建了覆盖课程开发、习题管理、学生评论、班级管理等集开发、使用、管理、评价于一体的教学生态链,打造了线上线下、课内课外的新形态立体化互动教材。

在旅游教育发展的新时代,主编出版一套高质量规划教材是一项重要的教学出版工程,更是一份重要的责任。本套教材在组织策划及编写出版过程中,得到了全国广大院校旅游管理类专家教授、企业精英,以及华中科技大学出版社的大力支持,在此一并致谢!衷心希望本套教材能够为全国高等院校的旅游学界、业界和对旅游知识充满渴望的社会大众带来真正的精神和知识营养,为我国旅游教育教材建设贡献力量。也希望并诚挚邀请更多高等院校旅游管理专业的学者加入我们的编者和读者队伍,为我们共同的事业——我国高等旅游教育高质量发展——而奋斗!

总主编

2023 年 7 月

# 前　言

党的二十大报告指出,在建设现代化产业体系的过程中,必须"构建优质高效的服务业新体系",同时还强调"坚持把实现人民对美好生活的向往作为现代化建设的出发点和落脚点",以及"鼓励共同奋斗创造美好生活,不断实现人民对美好生活的向往"。

酒店业是旅游业的重要支柱之一,是满足人民美好生活需要的幸福产业。在消费变革、科技革新加速的新形势下,旅游市场新业态不断涌现,行业转型升级加速推进,消费者的需求呈现个性化、多样化的新趋势,这对现代酒店行业从业人员提出了更高的要求,也使得高校的酒店管理人才培养必须主动迎接新的挑战。

为应对新一轮科技革命和产业变革对旅游酒店业人才培养的新要求,教育部制定并颁布了《旅游管理类教学质量国家标准》,其中,"酒店运营管理"是酒店管理专业的核心课程之一。本教材从顶层系统地梳理知识体系,同时润物细无声地将社会责任、专业素养、实践能力、创新精神、国际视野、文化自信、家国情怀等思政元素融入专业教学之中,在帮助学生学习知识、提升技能的同时,塑造良好的价值观。此外,本教材还包含以下特点。

第一,教材内容具有系统性、前瞻性和补缺性的特点。本教材在对酒店运营管理理论知识体系的系统编写的基础上,增加了酒店发展前沿问题探索,同时,补充了以往教材中稍有涉及但实用的知识,如 Cesim 软件的模拟管理、全价值链管理等。

第二,教材具有可读性强、启发性强、实用性强的特点。教材框架合理、教学资源丰富,除理论分析外,还有知识活页、同步案例和经典案例等内容,并有学习引导、本章小结、思考与练习和案例分析等内容,有利于激发读者的学习兴趣并扩充他们的知识量。本教材适合本科及大专院校旅游和酒店管理专业学生使用,并能够作为酒店行业从业者的培训和自学用书。

第三,教材具有配套资源丰富、线上教学资源补充合理、主编读者零距离沟通等特点。教材配套教学大纲、教学设计、试题库、案例库等教学资源,方便教学使用。同时,由主编团队亲自打造的"酒店运营管理"MOOC课程已上线智慧树平台和知到App,丰富的线上教学资源为本教材提供了全方位的补充。

本教材由获批酒店管理国家级一流专业和国家级一流课程的上海商学院酒店管理学院院长姜红老师策划并设计编写大纲。全书共分为十章:第一章、第二章、第六章由上海商学院姜红老师编写,第三章由上海光大会展中心有限公司李飒总经理、上海商学院裘亦书老师编写,第四章由上海商学院李思志老师编写,第五章由上海商学院赵丽丽老师、马颖杰老师、王博霖

老师编写,第七章由武汉商学院周耀进老师、雷鹏老师和上海商学院卢道典老师编写,第八章由上海商学院姜红老师、贾植涵老师编写,第九章由上海商学院钟伟老师、邴振华老师编写,第十章由上海商学院李思志老师编写。上海商学院老师周伟、连雨沁、丁延芳参与了部分章节资料的收集、整理及校对工作,教材微课视频选取由智慧树网饶蕾完成,全书由姜红老师校对、统编、定稿。

本教材在编写过程中,参考引用了部分专家、学者的成果,并将文献目录附于书后,在此一并表示诚挚的谢意。特别感谢华中科技大学出版社王乾编辑为本书的出版付出的辛勤工作。因学识局限和时间约束,本教材编写难免会有缺憾和不足,敬请各位同行与读者批评指正。

本书知识图谱

编 者
2024 年 4 月

## Contents

### 第一章　酒店运营管理概述
### Chapter 1　Introduction of hotel operation and management

第一节　酒店基本概念和分类　/2
❶　Basic hotel concepts and classifications

第二节　中外酒店业发展简史　/8
❷　A brief history of the development of hotel industry at home and abroad

第三节　酒店运营管理基础知识与方法　/10
❸　Basic knowledge and methods of hotel operation and management

第四节　"互联网＋"背景下的中国酒店业　/14
❹　Chinese hotel industry in the context of "Internet ＋"

### 第二章　酒店投资与开发
### Chapter 2　Hotel investment and exploitation

第一节　酒店投资概述　/22
❶　Introduction of hotel investment

第二节　酒店投资决策要素分析　/25
❷　Contents and methods of hotel investment decision analysis

第三节　酒店投资与开发测评　/31
❸　Economic considerations of hotel investment and exploitation

### 第三章　酒店窗口部门的运营与管理
### Chapter 3　Operation and management of hotel window department

第一节　酒店前厅部运营与管理　/44
❶　Operation and management of hotel lobby

第二节　酒店客房部运营与管理　/52
❷　Operation and management of hotel housekeeping

第三节　酒店餐饮部运营与管理　　/63
❸　Operation and management of hotel catering

## 第四章　现代酒店营销管理
Chapter 4　Modern hotel marketing management

第一节　酒店营销活动概述　　/73
❶　Introduction of hotel marketing

第二节　酒店服务营销　　/77
❷　Hotel services marketing

第三节　酒店关系营销　　/81
❸　Hotel relationship marketing

第四节　酒店营销创新　　/86
❹　Innovation of hotel marketing

## 第五章　现代酒店人力资源管理
Chapter 5　Modern hotel human resource management

第一节　酒店人力资源概述　　/96
❶　Introduction of hotel human resource

第二节　酒店员工的招聘　　/100
❷　Recruitment of hotel employees

第三节　酒店员工培训　　/106
❸　Training and development of hotel employees

第四节　酒店绩效管理　　/109
❹　Hotel performance management

第五节　酒店薪酬福利管理　　/115
❺　Hotel salary and welfare management

## 第六章　现代酒店服务质量管理
Chapter 6　Modern hotel service quality management

第一节　酒店服务质量概述　　/122
❶　Introduction of hotel service quality

第二节　酒店服务质量的评价　　/124
❷　Evaluation of hotel service quality

第三节　酒店服务质量管理策略 /128
❸ Strategies of hotel service quality management

## 138　第七章　酒店财务与收益管理
Chapter 7　Hotel finance and revenue management

第一节　酒店财务分析 /138
❶ Methods of hotel financial analysis

第二节　酒店收益管理 /146
❷ Hotel revenue management

第三节　资本市场中的酒店管理 /155
❸ Hotel management in capital market

第四节　基于 Cesim 软件的模拟管理方法 /160
❹ Management methods based on Cesim

## 173　第八章　现代酒店信息化管理
Chapter 8　Modern hotel information management

第一节　酒店电子商务概论 /174
❶ Introduction of hotel e-commerce

第二节　酒店网上订房 /176
❷ Hotel online booking

第三节　酒店 CRM 管理与实践 /185
❸ Hotel customer relationship management and its practice

## 196　第九章　现代酒店业全价值链管理
Chapter 9　The whole value chain management of modern hotel

第一节　现代酒店业全价值链解读 /196
❶ Interpretation of the whole value chain

第二节　现代酒店业全价值链投资策略 /207
❷ Investment strategies of the whole value chain

第三节　现代酒店业全价值链投资盈利模式 /212
❸ Profit model of the whole value chain

## 第十章　现代酒店集团化运营与管理
Chapter 10　Operation and management of modern hotel group

220

### 第一节　世界酒店集团化发展的历史与现状　/221
❶ History and present situation of global hotel group

### 第二节　酒店集团化运营的优势与管理模式　/225
❷ Operation strength and management models of hotel group

### 第三节　世界著名酒店集团化运营管理的策略　/227
❸ Operation and management strategies of global famous hotel groups

### 第四节　我国酒店集团化运营管理现状与趋势　/233
❹ Present situation and trends of Chinese hotel group management

243

## 附录
Appendix

249

## 参考文献
References

# 第一章

## 酒店运营管理概述

本章知识图谱

### 学习导引

酒店业作为旅游业重要的组成部分是改革开放后发展较快的行业之一,在中国的经济建设中发挥着非常重要的作用。酒店的内涵也随着客人需要的变化而不断发展,消费者对现代酒店的功能、经营管理提出了新的衡量标准。以此为基础,酒店的等级标准也在逐渐提高。现代酒店竞争格局的变化推动了现代酒店集团的产生与发展,它对酒店功能的设置与资源管理也提出了更为严格的要求。本章主要介绍了酒店的概念,酒店的种类、等级与功能,现代酒店的特点与管理研究的内容,现代酒店管理的特点与管理的内容,以及"互联网+"下的中国酒店行业的发展现状与发展趋势。

### 学习重点

通过本章学习,重点掌握以下知识要点:
1. 酒店的概念与定义。
2. 酒店产品的特点及作用。
3. 酒店的分类与等级。
4. 世界酒店业的发展历程。
5. 中国酒店业的发展历程。
6. 现代酒店管理的特点与管理的内容。
7. "互联网+"为酒店业带来的变化。

### 素养目标

学生通过学习上述知识要点,可以增强综合服务意识,提升行业理解能力、职业规划能力和预测研判能力,并在了解行业发展变化的过程中增强文化自信和民族自豪感。

# 第一节 酒店基本概念和分类

## 一、酒店基本概念

### (一) 现代酒店的概念

现代酒店,是指向各类旅游者提供食、宿、行、娱、购等综合性服务,具有涉外性质的商业性公共场所。

现代酒店的概念特别强调综合性服务、涉外性质、商业性和公共场所四个子概念。

#### 1. 综合性服务的概念

综合性服务的概念表明现代酒店与一般企业不同,酒店所提供的产品是多种产品的组合,这些产品既有有形产品,又有无形产品;既有一次性消费产品,又有多次性、连续性消费产品。综合性服务的概念不仅表明了酒店产品形式的综合性,还表明了酒店产品在产、供、销方面的综合性;不仅表明了酒店在对客服务中的综合性,还表明了酒店经营管理中的综合性。在酒店的服务管理中经常提到的"100-1=0"和"100-1<0",就是对现代酒店综合性服务概念的一种反映。现代酒店中的综合性服务概念使酒店的管理困难重重。

#### 2. 涉外性质的概念

涉外性质的概念表明了现代酒店在酒店的服务管理中不仅要接待各类国内旅游者,还要接待各类国际旅游者。酒店的服务管理人员不仅要了解酒店所在地政府的方针、政策,还要了解国际惯例、风俗习惯以及国与国之间交流往来的政策;不仅要提供符合本国、本地区旅游者所需要的服务,还要提供满足各类国际旅游者的服务。现代酒店中的涉外性质概念使酒店的经营管理趋于复杂化。

#### 3. 商业性的概念

商业性的概念表明了现代酒店是一个经济实体,是一个必须产生经济效益才能生存的企业,它要求酒店的经营管理必须符合市场的规律,必须迎合市场的需求和满足市场的需要;要以顾客、市场为导向,要做到"宾至如归";要考虑酒店产品的产、供、销,不断提升产品的质量,提高市场竞争力;要遵循经济规律,搞好经济核算,控制成本,提高利润;面对市场,要敢于竞争、善于竞争。现代酒店的商业性概念使酒店的经营管理具有风险性。

#### 4. 公共场所的概念

公共场所的概念反映了现代酒店是一个生活、文化和科技交流及社交活动的中心,是一个除了"衣冠不整者不准入内",其他人都可以进入的公共区域。这个概念要求酒店的管理人员要具有安全保卫的意识,既要保护酒店财产的安全,又要保护客人的生命、财产安全;既要维护客人的各种利益,又要维护酒店的利益。这个概念要求酒店的经营管理者要充分认识和理解客人的需求,既要满足住店客人的需求,又要满足各种进入酒店的非住店客人的需求;既要让住店客人感到酒店的安全和温馨,又要保证酒店作为公共场所的形象和作为生活、科技和文化交流及社交中心的功能。现代酒店中的公共场所概念使酒店的经营管理复杂化。

（二）现代酒店应具备的条件

现代酒店是在古代"亭驿""客舍"和"客栈"的基础上，随着人类的进步，以及社会经济、科技、文化、交通、通信的发达而发展起来的。现代社会经济的发展，带来世界旅游业的兴旺，酒店业也随之迅速发展起来，并且越来越豪华、越来越现代化。用现代眼光来看，旅游酒店应该是现代化的酒店。现代化的酒店应具备下列条件：

（1）它是一座现代化的、设备完善的高级建筑物；
（2）除提供舒适的住宿条件外，它还必须有各式餐厅，提供高级餐饮；
（3）它具有完善的娱乐设施、健身设施和其他服务设施；
（4）它在住宿、餐饮、娱乐等方面具有多类型、高水准的服务。

（三）酒店的地位和作用

随着社会的发展、交通的便利，人们会经常外出旅游、探亲、度假，或外出进行文化交流、经商等，酒店会为这些旅行者提供住宿、餐饮、娱乐的便利。随着世界旅游业的发展和国际交往次数的增多，酒店业在国民经济中的地位日趋重要，它对国民经济发展起着重要的作用。

1. 酒店是旅游业的重要支柱之一

酒店是旅游业发展的物质基础，在旅游活动中为旅游者提供餐饮、住宿、娱乐的场所。除此之外，现代酒店还为人们提供保健、社交、会议、消遣与购物的场所。它以一种特殊的商品形式，吸引人们用较多的货币去享受在家庭和其他地方享受不到的东西，以提供各种优质服务来获得盈利，从而促进了旅游业的发展，并直接促进了国民经济的发展。

2. 酒店是国家外汇收入的重要来源之一

现代酒店是一种不出口的商品外贸经营方式，它的创汇率在某种程度上比商品出口的创汇率高。在我国，高星级酒店的接待对象有外国客人、港澳台同胞和外籍华人等，这些客人在酒店内消费后所支付的费用都以外汇结算。因此，酒店是创造外汇收入的重要场所。同时，酒店也是国家对外政策的直接执行者，是体现国家形象的一个窗口。

3. 酒店是一个综合性的服务行业，它的发展势必促进社会上其他行业的发展

酒店能够促进一些行业，如建筑业、装修业、轻工业、电气行业和食品加工业等的发展，对活跃国民经济起到了极大的促进作用。

4. 酒店为社会创造直接和间接的就业机会

酒店需要管理人员和服务人员。按我国目前酒店的人员配备状况计算，平均每间客房配备1.5~2人，若新建一座300间客房的酒店，将创造450~600个直接就业机会。同时，为酒店提供设备、家具、食品、装修材料等商品的其他行业也需要大量的人力，因此又提供了间接就业机会。

5. 酒店是文化交流、科学技术交流、社交活动的中心

酒店的客人来自世界各地，包含各界人士，他们的来访促进了文化艺术、科学技术的交流。同时，现代酒店中设施设备的引进和现代管理技术的运用，也促进了科学技术的交流。除此之外，酒店提供的娱乐场所也促进了社交活动的发展。

二、酒店的种类、等级与星级的审批和管理

（一）酒店的种类

世界上酒店的种类特别繁多，为了满足各类旅客的需要和满足酒店赢利的需要，酒店的模

式也越来越多样化、奇特化。一般根据酒店的用途、特点、经营方式、规模大小等不同情况来分类,被划分为同一类的酒店虽有共性,但也有许多不同的个性特点。

1. 按用途分类

(1) 商务酒店。这类酒店以接待暂住客人(经商客人)为主,一般建在商业中心(市区内),除了给客人提供舒适的住宿、饮食起居和娱乐条件,还必须有经商所必需的现代化通信设施,以及打字、速记、文秘、录像及投影等服务项目。高星级酒店还应有24小时送餐服务、24小时洗衣服务。

(2) 旅游酒店。这类酒店以接待暂住的旅游者为主。一般建在旅游点附近,为了使旅游者在精神上和物质上获得满足,酒店除了要有高级的餐饮和住宿设施,还要向客人提供娱乐、保健及购物等服务设施。

(3) 住宅(公寓、别墅)式酒店。此类酒店是为长住客人而建的。除提供商业酒店的一般设施外,这类酒店的客房一般采用家庭式结构,并提供厨房设备、办公设备及小孩游戏的设施,使住客能充分享受家庭之乐。长住客人与酒店之间一般都签订租约。同时,住宅式酒店也有相当一部分房间接待暂住客人(旅游酒店和商业酒店同样也有一部分长住客人)。

(4) 度假酒店。这类酒店主要接待旅游度假者,通常坐落在风景名胜地区(如海滨、著名山庄、温泉附近)。地理环境是建立度假酒店的一个重要因素。度假酒店是一个度假中心,专门为客人提供娱乐和享受,一般有沙滩、游泳池、滑雪场、溜冰场、高尔夫球场和运动场,甚至跑马场。度假酒店的客源受季节影响较大。

2. 按经营方式或所有权分类

(1) 全民所有制酒店,生产资料归国家所有。

(2) 集体所有制酒店,属于公有制企业,但生产资料及其产品归有关劳动集体所有。

(3) 合资酒店,由两个或两个以上的投资者合作兴建并联合经营的酒店。投资方可以是全民与集体、全民与外资或集体与外资等。

(4) 独资酒店,多指外国(或华侨)投资者在我国境内开设的独资酒店。

(5) 个体酒店,由个人投资经营,目前在我国酒店中尚属少数,且规模较小。

3. 按规模大小分类

酒店的规模没有明确的规定,一般是以酒店的房间数、占地面积、酒店的销售数额和纯利润为标准来衡量酒店的规模,其中主要是房间数。目前国际上通行的划分标准有以下三种:

(1) 小型酒店,客房数小于300间(有的划分为200间以下);

(2) 中型酒店,客房数为300~600间(有的划分为200~700间);

(3) 大型酒店,客房数大于600间(有的划分为700间以上)。

以规模大小分类是比较客观的分类法,因为它便于酒店之间进行比较。

(二) 酒店的等级

世界上酒店种类繁多,为推销和方便旅客选择酒店,各国政府或旅游业的团体机构都会根据酒店的软硬件条件,将酒店划分为不同的等级。

酒店等级的确定主要是依据酒店的位置、设施的配备情况、服务水准的高低来划分。虽然目前国际上在划分酒店等级上还没有正式的规定,但有些标准已被公众认定,因此在划分等级上比较统一,如清洁程度、设施水平、家具品质、酒店规模、豪华程度、服务质量、管理水平等。

1. 国际上通用的等级划分标准

目前在国际上比较通用的是五星等级划分标准,即一星至五星。星级越高,设施和服务越好。

(1) 一星级酒店:设备简单,具备食、宿两个基本功能,能满足客人最简单的旅行需要,提供基本的服务。一般标准间面积为12～14平方米,块料地板,一般墙面;卫生间有浴盆或淋浴,供热水时长6小时以上;设有餐厅、酒吧。此类酒店属于经济等级,适合经济能力较差的旅游者。

(2) 二星级酒店:设施一般,除具备客房、餐厅外,还设有购物、邮电、美容等综合服务设施,服务质量较好。一般标准间面积为14～16平方米,有空调,一般墙面,有地毯或局部床边地毯,有电视、电话;卫生间面积为3～3.5平方米,配有138厘米的浴盆,以及淋浴头、抽水马桶,全天供应热水;有中西餐供应,设有餐厅、咖啡厅或酒吧,有1～3间小宴会厅、陪同人员餐厅。此类酒店属于一般旅行等级,所接待旅游者的经济能力为中下等。

(3) 三星级酒店:设备齐全,除提供优质的食宿外,还有会议室、游艺厅、酒吧、咖啡厅、美容室等综合服务设施。标准间面积为16～20平方米,上等地毯、墙面,有消防装置,全空调(中央空调),房内设有电视、电话、音响、唤醒器;卫生间面积为3.5～5平方米,配有152厘米浴盆,以及抽水马桶、排气装置、梳妆台,全天供应热水;设有中西餐厅和内部餐厅、酒吧、咖啡厅等。三星级酒店适合中等经济水平的旅游者,目前最受旅游者的欢迎。因此,此类酒店数量最多。

(4) 四星级酒店:设备豪华,各种服务齐全,设施完善,服务质量高,店内环境高雅。标准间面积在20平方米以上,配备高级地毯和各种豪华设施;卫生间面积为5～6平方米,配有168厘米以上的浴盆、低噪声马桶、紧急呼唤器、红外线取暖器等设备;设有中西餐厅、多个小宴会厅、咖啡厅、酒吧及内部餐厅等,有较齐全的健身娱乐设施和服务项目。顾客在此可以得到物质和精神的高级享受。其主要客源为上层旅游者和公务旅行者等。

(5) 五星级(或四星级超豪华)酒店:这是酒店的最高等级。设备十分豪华,服务设施十分齐全,服务质量高。整个酒店可以说是一个亲切快意的小社会,设有各种各样的餐厅和会议厅,有游泳池、网球场、桑拿房、日光浴室等大型健身娱乐场地。标准间面积为26平方米,卫生间面积为10平方米。五星酒店的整个标准可以用两个字——"突出"来概括。它给每位客人留下如此印象——在此停留是一件值得记忆的事。五星级酒店的客源主要是社会名流、上层管理人员、高级技术人员、著名学者等。

2. 国际上酒店等级划分的差异

酒店等级的划分因国家不同而有所不同。欧洲的酒店设有三个等级;瑞士酒店协会采用五星等级制;美国汽车协会采用五粒钻石等级制度,将酒店划分为一般、好、佳、优及突出等级;罗马尼亚将酒店分为特级、一级、二级、三级四个等级;日本将酒店分为高级、简易酒店和国民宿舍三个等级。

我国早期酒店等级划分是按照酒店标准房间的净面积、装饰、设备等条件划分为五个等级,即特级酒店,相当于国际的五星级标准;一级酒店,相当于国际的四星级标准;二级酒店,相当于国际的三星级标准;三级酒店,相当于国际的二星级标准;四级酒店,相当于国际的一星级标准。目前我国采用与国际接轨的五星等级制。

我国从1987年开始制定饭店业星级标准,1988年8月22日,国家旅游局(现文化和旅游

部)发布了《中华人民共和国评定旅游(涉外)饭店星级的规定》。1993年颁布了《旅游饭店星级的划分与评定》,并于1997年、2003年、2010年和2023年对该标准进行了修订。自2009年底国务院印发《关于加快发展旅游业的意见》之后,饭店业正式进入了国家战略体系,作为中国经济社会发展体系的重要组成部分,需要转型升级,需要与时俱进的统一标准来规范行业发展,提升整体竞争力。基于此,国家市场监督管理总局、国家标准化管理委员会于2023年11月正式颁布《旅游饭店星级的划分与评定》(GB/T 14038—2023),该标准从2024年3月1日起正式实施。新版标准主要呈现出以下六个特点:

一是强调新发展理念。新版标准更加注重贯彻新发展理念,通过更新和修订标准内容,以更好地适应当前旅游饭店行业的发展趋势,并引领行业向前发展。

二是关注游客核心需求。新版标准在修订过程中,更加关注游客的实际需求和体验,确保标准内容能够切实满足游客的多元化、个性化等需求,提高游客满意度。

三是考虑企业经营负担。新版标准在修订时,也考虑到了企业的经营负担问题,通过优化标准相关内容,降低企业经营成本,提高企业竞争力,使其更好地适应当前的市场环境。

四是重视硬件环境条件。新版标准强调星级饭店应重视硬件设施设备的"舒适度、方便性、体验感、安全性",要求饭店加强设施设备日常维护和保养,确保设施设备能够持续提供优质的服务体验。

五是突出服务质量。新版标准明确指出,服务质量是星级旅游饭店的核心竞争力。这要求饭店不仅要关注硬件设施设备的完善,还要注重提高服务质量和水平,以满足游客的多元化需求。

六是内容全面系统。新版标准正文有11个部分,包括范围、规范性引用文件、术语和定义、星级和标志、基本要求、安全管理、服务质量管理、公共卫生管理、运营管理、星级的划分条件与评定办法、其他,形成了一个全面而系统的标准体系。

(三)星级的审批和管理

1. 星级评定的责任分工

我国旅游酒店星级评定机构总体实行"分级管理、下放星级标准与星级评定权"措施。文化和旅游部设全国旅游星级饭店评定委员会(简称"全国星评委"),负责全国旅游酒店星级评定的领导工作,并具体负责五星级酒店的评定。各省、自治区、直辖市文化和旅游厅(局)设省级旅游星级饭店评定委员会(简称"省级星评委");副省级城市、地级市(地区、州、盟)文化和旅游局设地区旅游星级饭店评定委员会(简称"地区星评委")。这些机构都要根据上级星级评定委员会的授权开展星级评定和复核工作。

2. 星级的申请

星级评定遵循酒店自愿申报的原则。凡在中华人民共和国境内正式营业1年以上的旅游酒店,均可申请星级评定。经评定达到相应星级标准的酒店,由全国旅游酒店星级评定机构颁发相应的星级证书和标志牌。星级标志的有效期为3年。

3. 星级的评定规程

由酒店提出星级申请,按属地原则各级星评委受理星级申请,并应在接到申请一个月内安排评定检查,一、二、三星级酒店的评定检查工作应在24小时内完成,四星酒店的评定检查工作应在36小时内完成。全国星评委保留对一星级到四星级酒店评定结果的否决权。对于以住宿为主营业务、建筑与装修风格独特、拥有独特客户群体、管理和服务特色鲜明且业内知名度较高的旅游酒店的星级评定,可按照星级评定程序直接申请评定五星级酒店。

4. 星级的评定原则

酒店所取得的星级表明该酒店所有建筑物、设施设备及服务项目均处于该星级同一水平。如果酒店由若干不同建筑水平或不同设施设备标准的建筑物组成,旅游酒店星级评定机构应按每座建筑物的实际水平评定星级。评定星级后,不同星级的建筑物不能继续使用相同的酒店名称。酒店取得星级后,因改造发生建筑规格、设施设备和服务项目的变化,关闭或取消原有设施设备、服务功能和项目,导致达不到原星级标准的,应向原旅游酒店星级评定机构申报,接受复核或重新评定。某些特色突出或极具个性化的酒店,若其自身条件与标准执行的条件有所区别,可以直接向全国旅游酒店星级评定机构申请星级。

5. 星级的复核及处理

星级复核是星级评定工作的重要补充部分,其目的是督促已取得星级的酒店持续达标。星级复核,分为年度复核和3年期满的评定性复核。年度复核工作由酒店对照星级标准自查自纠,并将自查结果报告相应级别星级评定委员会,星级评定委员会根据酒店自查结果进行抽查。评定性复核工作由各级星级评定委员会委派星级评定员以例行检查或暗访的方式进行。对于复核结果达不到相应标准的星级酒店,星级评定委员会根据情节轻重给予限期整改、取消星级的处理,并公布处理结果。目前我国星级评定检查工作暂不收费。星级评定员往返受检酒店的交通费以及评定期间在酒店内所发生的合理费用由受检酒店据实核销。

## 三、酒店的功能

酒店的功能有一个逐步发展的过程,它的产生和发展均以客人的需求为基础,按照它出现时间的久远,可将酒店的功能分为酒店的传统功能和酒店的现代功能。

### (一)酒店的传统功能

酒店的传统功能是指酒店出现之初就已具有的功能,主要包括住宿功能、饮食功能和集会功能。

(1)住宿功能。住宿功能是指酒店向客人提供舒适方便、安全卫生的居住和休息空间的功能,现代酒店按照其星级,向客人提供不同标准和等级的设施与服务。酒店的星级越高,其提供的设施越豪华、服务越完善。

(2)饮食功能。饮食功能是指现代酒店向游客提供饮食及相关服务的功能。星级酒店通常具有多种不同风味和消费层次的餐厅和酒吧,以适应来自不同国家、地区,具有不同消费习惯的客人的需要,向客人提供多样性的美食和饮品,使客人流连忘返。

(3)集会功能。集会功能也是酒店传统功能中的一种,现代酒店通过这种功能向所在社区开放,为社区的集会、文化交流和信息传播等活动提供场所和相关服务。现代酒店的会议设施和会议服务功能也在不断地完善和发展,满足了不同层次客人的需要。比如现代酒店的远程会议服务系统,能将远在天涯的两个会议场所连接起来,进行近在咫尺的交流,极大地方便了外出的商务客人。

### (二)酒店的现代功能

酒店的现代功能是随着社会的变化和客人的需要逐渐建立和完善起来的。现代酒店都力图通过完善的设施和尽善尽美的服务来满足客人的需求,以期招徕更多的客人。酒店的现代功能可以归结为以下四种，即文化娱乐功能、商业服务功能、购物服务功能以及交通服务功能。

（1）文化娱乐功能。文化娱乐功能是指现代酒店通过举办文化活动、提供康体设施，以满足客人的休闲和康体需求的功能。随着生活水平的提高，人们对文化、娱乐、康体、休闲的要求越来越高，而现代酒店作为人们文化交流、社交活动的高级场所，需要提供多样的高级服务项目以满足客人的需要，并进一步拓宽酒店的发展渠道。同时，这也是高星级酒店的一个评定标准与要求。

（2）商业服务功能。商业服务功能主要是指酒店为客人的商务活动提供各种设施和服务的功能，它包括为客人的商业活动提供展览厅、写字间等操作场所，为客人提供程控电话、传真、上网工具等现代化的通信设施设备，让客人能够随时与外界进行沟通，能够及时收发信息，这对于商务客人来说是至关重要的。在当今这个信息时代，酒店是否拥有这些通信设备是衡量其现代化程度高低的一个重要指标。

（3）购物服务功能。购物服务功能也是现代酒店的一个常见功能，酒店可以根据自身的特点和客源结构，组织一些满足客人需要的旅游纪念品、高级消耗品，甚至可以是普通生活用品，主要是能够与主要住店客人的喜好相符。

（4）交通服务功能。现代酒店通常被要求能够为客人提供市内交通工具，能够为客人提供火车票、飞机票等交通客票的预订服务，以消除客人的后顾之忧。在现实生活中，许多高星级的酒店通常都拥有自己的专用车队。

客人的需求在变，现代酒店的功能与要求也在逐渐地延伸。一家好的酒店应该想客人之所想，尽量为客人提供一些个性化服务。当然，现代酒店在设置这些功能与服务的时候，也应该与所在社区进行功能对接，互相补充，以降低酒店的经营成本。

## 第二节　中外酒店业发展简史

### 一、国际酒店集团

现代酒店集团诞生于 20 世纪 40 年代末的欧美国家，在多年的发展历程中，国际酒店集团已经逐步完成了从小到大、从单一到多元、从国内到国际的发展过程。国际酒店集团在预订、推销和管理方面的优势，对单体酒店造成威胁，因而众多酒店纷纷联合，朝着集团化、系列化、垄断化和规范化的方向发展。

国际酒店集团的扩张成长有收购兼并、特许连锁和管理输出等途径。收购兼并是酒店集团快速或超速成长的主要途径，其缺点是扩张成本较高，需要较多的资金。特许连锁、管理输出等方式扩张成本低，但是成长较慢。进入 20 世纪 90 年代，国际酒店集团掀起并购狂潮，1998 年假日酒店集团集体易手，1999 年希尔顿酒店集团公司收购大型特许联号集团普罗姆斯酒店公司(Promus Hotel Corp.)，其客房总数从 8.5 万间猛增到 29 万间，净增长达 241％，圣达特(Cendant)集团的客房总数达 542630 间，荣登 1999 年度国际酒店集团的榜首。其中，六洲(原 Bass 集团，曾经并购假日酒店集团)、马里奥特、雅高、最佳西方国际等酒店集团的发展也非常快。国际酒店集团不仅每年增加其客房数量，而且为了争夺市场占有率，它们也发展多种经营方式，不断开发新产品。

随着中国综合实力的增强和旅游事业的发展，国际知名酒店集团纷纷涉足中国市场，并迅速发展成为中国酒店市场，尤其是高端市场的主力军。

国际酒店集团在中国的发展大致分为三个阶段，分别为20世纪80年代的初期引进阶段、20世纪90年代的全面铺开阶段和21世纪初的纵深发展阶段。

国际酒店集团在中国主要采取多品牌策略、两极化策略、网络化策略和本土化策略。多品牌策略主要采用品牌组合模式，涵盖公司品牌、亚品牌、受托品牌、独立品牌四种类型的品牌结构。两极化策略主要体现在酒店市场的两极化，即侧重超豪华品牌酒店与经济型酒店两大极端市场。网络化策略主要体现在地域分布的网络化和销售的网络化两个方面。本土化策略主要体现在人才的本土化和酒店文化的本土化两个方面。

### 二、国内酒店集团

我国第一家酒店集团（公司）——锦江国际集团，成立于1984年3月，现在已经发展成为具有各种功能的第三产业企业集团公司。自1988年国务院办公厅发布《国务院办公厅转发国家旅游局关于建立饭店管理公司及有关政策问题请示的通知》至2001年末，全国共有星级酒店7358家，已有近百家国产的酒店管理公司，酒店集团管理的酒店数量约占全国酒店数量的10％。其中不乏规模较大的集团，如锦江国际集团。这些酒店集团大都分布在我国东部沿海地区的大中城市，较早与国际标准接轨，不仅建立了一套适合中国国情的酒店管理系统，培养出一批现代化酒店的高级管理人才，而且获得了良好的经济与社会效益，在国内外赢得了广泛赞誉。例如，广州白天鹅宾馆由于经营管理有方、服务质量高，1985年成为世界一流酒店组织的成员。南京金陵饭店也以良好的服务质量闻名中外，1986年其总经理周鸿猷同志荣获美国旅馆与汽车旅馆协会颁发的"合理酒店管理者"证章等。

几十多年来，我国酒店集团经历了初创阶段、吸收模仿阶段，并开始进入了整合突破阶段，经历了从无到有、从小到大和艰苦的创始、模仿、思索、整合的过程，在数量与质量上均产生了质的飞跃。目前在全球酒店集团300强中，锦江国际集团、首旅酒店集团等国内酒店集团均榜上有名。

我国酒店集团基本可以分为三种类型：投资管理的酒店集团、委托管理的酒店管理公司、酒店联合体。投资管理的酒店集团大多通过直接投资、收购兼并、参股控股等资本联结方式对下属酒店进行集团化管理，如港中旅酒店有限公司、中远酒店物业管理有限公司等；委托管理的酒店管理公司则是通过管理合同方式接管国内的单体酒店并组成管理权与所有权分离的酒店集团，如锦江国际集团、南京金陵饭店集团、白天鹅酒店集团等，这种类型在我国酒店集团中占最大比重，其特征是以输出管理经验为主，成本较低；酒店联合体在不改变酒店的所有权、管理权、品牌名称的基础上，相互介绍客源，交流经验，促销品牌，是一种松散的集团形式，如友谊文旅集团等，其特征是集团内部联系较少，扩张较便捷。

除酒店管理集团（公司）外，我国许多知名酒店也在国内组成了一些跨省市的协作集团式松散型联合体，以适应市场竞争的需要。例如，北京饭店、福州西湖大酒店、厦门悦华酒店等多家酒店组成的"中国名酒店组织"就是一个松散型跨省市的酒店联合体。

我国的酒店集团（公司）目前还处于发展阶段，与国际著名酒店集团相比，在管理模式、管理实践经验等方面还存在一些差距，今后仍应不断学习国际先进经验，充分发挥自身特色，打响中国酒店集团品牌知名度。

## 第三节  酒店运营管理基础知识与方法

酒店的经营管理是以管理学为基础,综合运用多种学科知识研究酒店业务特点和经营管理特点的一门独特的学科,有自己的特点与研究内容。

### 一、酒店经营管理的特点

酒店经营管理是指酒店的管理人员为了达到酒店的目标而有意识、有计划地进行各种经济活动的总称。这些活动包括确定酒店的经营目标、方针、策略和正确执行既定的方针、策略,以保证酒店经营目标的实现。现代酒店的经营管理有着不同于其他企业经营管理的独有特点。

现代酒店的管理特点主要体现在酒店所具有的整体性、层次性、系统性、涉外性和多样性。

#### (一)整体性

现代酒店本身就是一个有机的整体,酒店所进行的经营管理活动要研究酒店的整体目标、整体功能和整体效用,要使组成酒店的各要素以及各要素之间的关系和层次结构都适应整体的需要。现代酒店的整体目标是由各要素综合组成的,现代酒店的整体功能就是这些要素协调作用的结果。现代酒店的整体效用是在内部各要素的相互作用中产生的。酒店管理者要考虑酒店的整体利益,充分发挥酒店的人力、物力、财力以及信息的作用。

#### (二)层次性

现代酒店管理的层次性,是指酒店管理的阶梯结构。现代酒店管理层次按照管理机构在管理工作中所处的地位,分为最高层管理机构、中层管理机构和基层管理机构。最高层管理机构是负责统一领导和管理酒店全部业务经营活动的决策机构。中层管理机构是处于最高层管理机构和基层管理机构之间的管理执行机构。它们的主要职责是实现最高层管理机构在某一方面的决定和指示,把最高层管理机构的指示与本部门的职责结合起来,传达给基层管理者,以协调组织各部门的经济活动,并就某一方面的管理工作向最高层管理机构提出建议,以达到和实现酒店的经营目标。中层管理机构起着承上启下的作用。基层管理机构既是现代酒店最低一级的管理层次,又是最末的管理环节。酒店根据业务经营的性质、接待服务的任务和管理的需要划分若干班组,班组要分工负责,完成所承担的任务。这种阶梯结构反映了现代酒店内各要素在整体中的地位、作用和关系。

#### (三)系统性

现代酒店要建立和健全以总经理为首的统一的、权威的业务经营管理系统,向顾客提供"一条龙"服务。在顾客从进店到出店的全过程中,酒店各部门应相互配合,为顾客提供系统服务,满足客人住店期间的需求。

#### (四)涉外性

现代酒店经营管理的业务活动,除接待国内客人外,还会接待大量国外客人,因此,现代酒店具有涉外的特性。酒店在经营管理活动中,应根据不同国家、不同民族的生活习惯,安排好各种服务项目,以满足国外客人的需求。同时,酒店管理人员和服务人员要贯彻执行本国有关对外的方针政策,做好各项服务工作,加强各国人民之间的相互了解,增进友谊。

### （五）多样性

现代酒店的客源多样化，客人的需求也各不相同，酒店不仅要满足客人吃住的需要，还要满足其对多种多样的服务设施和服务项目的需求，使他们得到精神上和物质上的满足与享受。

此外，酒店的多样性还体现在它在创造经济效益的同时，也要创造社会效益；除提供日常生活必需品外，还应提供业务活动场所；除提供物质需求外，还应提供精神享受等。

## 二、现代酒店管理的内容

现代酒店是由多种业务、多个部门综合而成的一个整体组织。各部门的接待业务各不相同，这就形成了酒店庞杂的业务和烦琐的事务。在经营管理中，管理者必须抓住酒店管理的基本内容以便管理好酒店。现代酒店管理包括以下几个基本内容。

### （一）现代酒店系统管理

现代酒店是一个独立的经济实体，是一个具有综合性和整体性的系统。从系统工程角度来看，现代酒店系统管理包括酒店系统分析与评价、酒店组织管理系统、酒店计划管理系统和酒店管理控制系统等内容。酒店系统分析主要分析现代酒店系统的功能、结构、状态和系统的环境；酒店系统评价主要研究系统绩效的评价方法和酒店系统的优化。酒店组织管理系统主要研究组织管理系统理论、组织效能与组织气氛、酒店组织管理系统的运作与整合、组织制度等方面的内容。酒店计划管理系统主要研究计划指标与计划体系、现代酒店计划编制和现代酒店计划管理。酒店管理控制系统主要研究酒店管理控制系统结构、控制系统的运转和控制系统中的可控与不可控因素。

### （二）现代酒店资源管理

现代酒店资源管理涵盖面广、涉及内容丰富，包括现代酒店人力资源管理、财力资源管理、物力资源管理、信息资源管理、时间资源管理和现代酒店形象与口碑管理六大方面。现代酒店的这六大资源既有对内的管理资源，又有对外的经营资源，六者相辅相成，共同构成现代酒店经营管理的资源基础。资源的管理既包括对现有资源的利用，又包括对新资源的开发，它是一个动态的循环过程，管理者应正确地处理好利用与开发的关系。

### （三）现代酒店服务质量管理

酒店服务质量是酒店的生命线，是酒店工作的重点。酒店服务质量管理主要包括以下内容。

（1）服务质量的认知。所谓认知就是对服务质量有一个全面完整的认识。服务质量是指酒店向客人提供的服务在使用价值、精神及物质方面适合和满足客人需要的程度。服务质量的内涵应该包括设施设备、服务水平、饮食产品、安全保卫四个方面。服务质量是综合性的概念，其中每个元素都会对酒店服务质量产生影响，这就需要从总体上认识酒店服务质量的标准、特性，分析其运动规律，分析每个元素的性质及其对服务质量的影响，研究控制每个元素对服务质量的影响的方法，研究控制服务质量的方法。

（2）制定衡量服务质量的标准。酒店管理者要根据酒店及部门的服务质量要求，分门别类地制定出各种衡量服务质量的标准。这种标准一般可以分成两大类：一类是静态标准，如饮食质量标准、卫生标准、水质标准、电力标准、冷暖设备标准等；另一类是动态标准，如客人投诉率、客房出租率、餐厅上桌率等。各种标准都要详细、具体和明确。

（3）制定服务规程。为了保证服务过程达到标准，需要针对服务过程制定服务规程。服务规程即以描述性的语言规定服务过程的内容、顺序、规格和标准，它是规范服务的根本保证，是服务工作的准则和法规。管理人员要重点做的工作是确定服务规程的形式，制定服务规程，执行服务规程，调整和改进服务规程。

（4）控制服务质量。要落实服务质量标准，必须对服务质量进行控制。对服务质量的控制主要通过建立服务质量评价体系、建立服务质量承诺与保证体系、推行全面质量管理的方法来实现。

### （四）现代酒店业务管理

业务管理的目的是保证酒店业务的正常开展。酒店业务是由每个部门所承担的业务组成的。因此，酒店里的每一个部门、每一个管理人员都有所属的业务管理范围。管理人员的业务管理就是对所辖的业务进行事前、事中和事后的管理。管理人员要明确酒店的业务范围，对管理范围内的业务性质、业务内容要有深刻全面的认识。合理地设计业务过程，有效地组织并指挥业务活动，合理地设计与设置业务信息系统和财务控制系统，科学地配备人员、安排班次，是有效地进行酒店业务管理的重要内容。

### （五）现代酒店安全管理

酒店的安全包括酒店自身的安全和客人的安全两部分。酒店自身的安全主要指酒店的财产安全和酒店员工的人身安全两个方面；客人的安全包括客人的人身安全、财产安全和隐私安全三个方面。现代酒店安全管理主要包括以下几方面的内容。

（1）建立有效的安全组织与安全网络。现代酒店的安全组织和安全网络由现代酒店的各级管理人员和一线服务人员组成，他们与现代酒店的保安部共同完成安全管理。安全管理工作的内容包括现代酒店的消防管理、治安管理以及日常的楼面安全管理。

（2）制订科学的安全管理计划、制度与安全管理措施。现代酒店安全管理计划、制度与安全管理措施包括犯罪与防盗的控制计划与规律措施、防火安全计划与消防管理措施、常见安全事故的防范计划与管理措施。安全制度包括治安管理制度、消防管理制度等内容。

（3）紧急情况的应对与管理。它一般指酒店出现停电事故，客人违法事件，客人伤、病、亡事故，涉外案件等紧急情况的应对与管理。

## 三、酒店管理的基础知识

### （一）酒店管理人员的素质

#### 1. 专业能力

作为主管，其必须掌握一定的专业知识和专业能力，随着其管理职位的不断提升，专业能力的重要性将逐渐下降。基层主管的个人专业能力非常重要，要达到的程度是能直接指导下属的实务工作，能够代理下属的实务工作。专业能力的来源有两个方面：一是从书本中来，二是从实际工作中来。在实际工作中，主管需要向上级、同事和下属学习，"不耻下问"是每一个主管应具备的态度。

#### 2. 管理能力

对一个主管而言，管理能力与专业能力是相对应的，当其职位需要的专业能力越强，所需要的管理能力就越强。反之，当职位越高，对管理能力的要求就越高。管理能力是一项综合能力，包括指挥能力、决断能力、沟通协调能力、专业能力，以及工作分配能力，等等。管理能力来自书本，但更多来自实践，因此要提高管理能力，就需要不断地反思日常工作，时常地回顾工作、总结工作。

3. 沟通能力

所谓沟通，是指疏通彼此的意见。这种沟通包括两个方面：一是跨部门间的沟通，二是本部门内的沟通（包括下属、同事和上级）。公司是一个整体，主管所领导的部门是整体中的一个单元，必然会与其他部门发生联系，沟通也就必不可少。沟通不是为了争谁输谁赢，而是为了解决问题，解决问题的出发点是为了公司利益，部门利益需服从公司利益。部门内的沟通也很重要，下属工作中的问题、下属的思想动态，甚至下属生活上的问题，主管都需要了解和掌握，并且去指导、去协助、去关心。反之，对于上级，主管也要主动去报告，报告也是一种沟通。

4. 培养下属的能力

作为主管，培养下属是其基本且重要的一项工作。不管所领导的单位有多大，主管要牢记单位是一个整体，要用团队的力量解决问题。很多主管都不愿将一些事交给下属去做，理由是交给下属去做，要跟他讲，讲的时候下属还不一定明白，需要重复，然后还要复核，与其这样，还不如自己做来得快。但关键的问题是，如此发展下去，主管将有永远都忙不完的事，下属永远做那些主管认为可以做好的事。让下属能做事、会做事，是主管的重要职责。一个部门的强弱，不是主管能力的强弱，而是所有下属工作能力的强弱。就像绵羊可以领导一群狮子轻易地打败狮子领导的一群绵羊，作为主管，其重要职责就是将下属训练成狮子，而不只是将自己变成狮子。

5. 工作判断能力

所谓工作能力，本质上就是一种工作判断能力，这对于所有工作的人都非常重要。培养一个人的工作判断能力，其一，要有豁达的心胸，以及良好的道德品质，这是工作判断的基础。对于世事的对错，只有具备工作判断能力，才能有正确的判断，才能明辨是非。其二，对于你所从事的工作，不管是大事还是小事，该怎么做，该如何做，该由谁做，作为主管，其应该有清晰的判断。工作判断能力是上述四项能力的综合，主管能力的体现就是其工作判断能力的体现。

6. 学习能力

当今的社会是学习型的社会，当今的企业也必须是学习型的企业，我们每个人也必须是学习型的主体。学习分两种，一是书本学习，二是实践学习，两者应交替进行。只有不停地学习，我们才能更好地、更快地进步，才能跟上社会的发展。走上社会的我们，要主动地去学习，视学习为一种习惯、为生活的一种常态。学习应该是广泛的、专业的、管理的、经营的、生活的、休闲的、各种各样的。未来人与人之间的竞争，不是过去的能力怎样，现在的能力怎样，而是现在的学习怎样，现在的学习是未来竞争的根本。

7. 职业道德

但丁认为，智慧的缺陷可以用道德弥补，但道德的缺陷无法用智慧弥补。对于工作中的人，不管是员工，还是主管，职业道德都应是第一位的。这就好比对个人而言，健康、财富、地位、爱情等都很重要，但健康是"1"，其他的都是"0"，只有"1"（健康）存在，其他存在的意义才能被无限放大。职业道德对工作的人而言，就是那个"1"，只有良好的职业道德存在，上述的六种能力才有存在的意义，对于公司而言，这样的人才是一个合格的人才。职业道德不等同于对企业的向心力，但作为一个员工或作为一个主管，不管公司的好坏、职位的高低、薪水的多少，对自己职业的负责是一种基本的素养，是个人发展的根基。"做一天和尚撞一天钟"，只要你在公司一天，就要好好地工作一天。俗话说："师傅领进门，修行靠个人。"一切都要靠自己去感悟，才能将学到的东西真正变成自己的东西。

（二）酒店管理的方法

酒店管理的方法就是酒店管理者在管理过程中要遵循一定的管理原则,把酒店管理的基础理论、原理等通过一定形式和方法转化为实际的运作过程,以提高酒店管理成效,达到酒店管理目标。具体方法主要有经济方法、行政方法、法律方法、数量方法、社会学及心理学方法等。

1. 经济方法

它是指酒店运用价格、成本、工资、奖金、经济合同、经济罚款等经济杠杆,用物质利益来影响、诱导企业员工的一种方法。

2. 行政方法

它是指酒店依靠企业的各级行政管理机构的权力,通过命令、指示、规章以及其他有约束性的计划等行政手段来管理企业的方法。

3. 法律方法

它是指酒店以法律规范和具有法律规范性质的各种行为规则为管理手段,调节企业内外各种关系的一种方法。

4. 数量方法

它是指酒店运用数学的概念、理论和方法,对研究对象的性质、变化过程以及它们之间的关系进行定量的描述,利用数量关系或建立数量模型等方法对企业的经济活动进行管理的方法。

5. 社会学及心理学方法

它是指酒店借助于社会学和心理学的研究成果与方法,协调处理员工与员工之间、员工与酒店之间的关系,以调动员工的工作积极性,提升企业效益的方法。

## 第四节 "互联网＋"背景下的中国酒店业

"互联网＋"计划的目的在于充分发挥互联网的优势,将互联网与传统产业深入融合,以产业升级提升经济生产力,最后实现社会财富的增加。酒店行业也在"互联网＋"领域试水,让我们看看"互联网＋酒店"到底能碰撞出怎样的火花?

扩充视频　　　　　"互联网＋"酒店

一、"互联网+"下的酒店现状

伴随着高新技术产业的蓬勃发展,社会生产力有了明显的进步,从而促进了人们生活水平的提高。而在物质生活条件不断完善的现在,精神需求日益增长旺盛,旅游市场也在不断发展壮大,形成了空前盛况。在这种市场氛围里,酒店行业却是寒冬景象。首当其冲的是在传统的酒店集团豪强和兴起的在线旅行商(OTA)联合"围剿"下,单体酒店的发展形势严峻。其次是传统的酒店行业与高速发展的互联网行业之间的融合冲突问题,以人为第一要素的服务业究竟如何才能抓住互联网时代的机遇呢?

面对以上难题,酒店想要突破当前的困境,自然就要寻求一条与以往截然不同的新道路。从传统意义上来说,至少要以极具开拓精神和勇敢品质的新面貌来迎接市场的考验和挑战。在这种情况下,以鲜明地域特色和异国风情或是风景旅游名胜为标志的民宿民俗风席卷而来。在为市场注入新鲜血液的同时,也引领着新的消费潮流。

但经过一段时间的发展和繁荣以后,民宿民俗风格的住宿市场已经趋于饱和,很难再有新的突破和进展,更重要的是其限制因素尤为明显,不适合大范围、大面积地推广宣传。而对已经建立的酒店来说,民宿民俗风格并不适合,也毫无必要,甚至根本没用。那么对于酒店行业内众多的单体酒店来说,解决当前难题的出路在哪里?究竟有没有能够突破行业困局,同时推动互联网与酒店业融合发展的两全之策呢?

扩充视频　　"互联网+"时代

二、"互联网+"下的酒店发展趋势

(一)"互联网+"时代的酒店变革

"互联网+"时代的到来促成了又一次的技术革新,大数据、云平台、共享生活、绿色环保在我们的生活当中无处不在,并且迅速影响着酒店的经营模式和服务体系。酒店行业涌现出一大批智能化酒店解决方案,为酒店带来了巨大的变革,为顾客带来更舒适的入住体验。从传统的入住到自主"Check-in",扫码乘梯、手机开门、无卡取电、电子早餐券、手机续房、手机客控、一键退房、电子发票等一系列智能化应用现身酒店行业的大舞台,这为酒店行业发展带来了巨大的机遇,同时也带来了诸多的挑战。"互联网+"思维的模式和智能化运营理念成为酒店品牌前行的一条光明大道,同时也成为酒店形象的一大亮点。图1-1所示为"互联网+"时代下的酒店住宿流程。

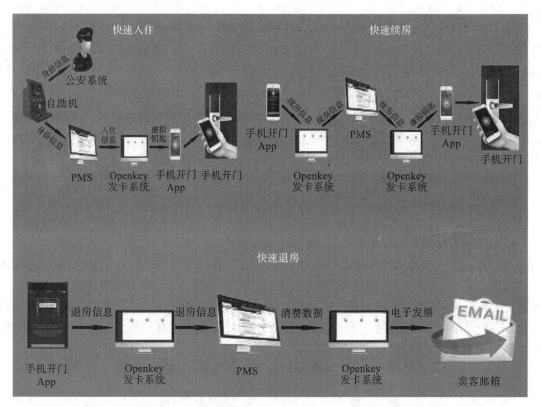

图 1-1 "互联网+"时代下的酒店住宿流程

(二)"互联网+"时代下酒店的挑战

1. "互联网+"时代下的顾客转变

随着现代信息技术不断发展,大数据时代已经来临。个人信息因其重要的数据资源价值,往往成为犯罪分子非法获取和交易的对象。在利益的诱惑下,一些公司通过各种合法或非法的手段不断攫取用户的数据,导致我们每个人都成为大数据时代的"透明人"。

互联网的最大特征就是信息的传播。新的设备、新的技术的出现给顾客提供了更多的渠道去了解酒店。大家对于互联网的看法众说纷纭,互联网时代在缩小这个世界,因为大家足不出户便可以知天下,但也使入住酒店的顾客变得更加挑剔,更加没有耐心,甚至比酒店的员工更了解和熟悉酒店。互联网改变的不单单是事物,还将酒店的模式也改变了,更改变了酒店的顾客。

2. "互联网+"时代下的酒店竞客

"互联网+"的到来为酒店竞客带来了新的福音。大家都知道以往酒店行业的销售大都依赖于 OTA,并且要实行利益分成,提高酒店自销成为各个酒店的痛点所在,然而微信推出的小程序功能(见图 1-2),使得酒店依赖于 OTA 的局面彻底被打破。一些酒店开始开发自己的微信自销平台,运用小程序的便捷性,将自主平台镶嵌于微信当中,将自己的会员机制引入微信自销平台,从而获得长期顾客,大大降低获客成本,并且基于小程序开发出预订、支付、入住、手机开门、续房、退房开门、灯光、酒店功能区展示等一系列的智能化服务,从而提升品牌形象,增加产品销量,扩大利润空间。图 1-3 所示为酒店微信自销平台优势。

图 1-2　微信小程序

图 1-3　酒店微信自销平台优势

（三）"互联网＋"时代下酒店危机的解决方案

想要找到最能解决问题和最适合的方法，就必须了解酒店危机的重要性和次要性，以及酒店与互联网融合的矛盾所在。酒店危机最根本的原因就是市场份额，准确来说是新生的消费群体和传统酒店行业的需求供应关系发生了改变。这一点，最直观的变化就是酒店客源发生了改变，从过去旅行社到现在的 OTA，第三方或是中间商角色发生了转变。这既是互联网的作用，也是消费者的选择。而酒店与互联网的冲突就在于一体性，即酒店的宣传印象与真实体验的完整度和期望度是否维持在合理的心理落差之中。更重要的是，OTA 的转移服务和酒店的承接服务是否沟通顺畅，真正实现"一条龙"服务。

在了解清楚这些情况以后，要想找到解决难题的方法就容易了许多。为此，我们列举了以下几种方法帮助酒店摆脱当前困境。

1. 酒店服务智能化

酒店智能化方案必定是解决酒店各种痛点问题的关键所在。随着"互联网＋"的快速发展，智能化酒店将会在未来更加普及，酒店的未来必定是数字化的未来。在这样迅速的发展下，未来几年的酒店运营模式和服务体验必将迈上一个更高的台阶。传统酒店的入住模式必将终结，智能化、数字化的酒店时代即将来临。

2. "以人为本"的营销策略

现在，时代发生了很多新的变化，不管任何场所，人们看手机的频率大大增加。因为客户减少了聆听，他们不再需要酒店面向客户去宣传自己，这使得"刷单"现象频繁发生。如果所有

酒店都去"刷单",那么酒店就无法通过大数据去分析自己的客户人群,也就更别提去维护入住客户了。这是一个恶性循环。虽说"刷单"是一种提高酒店自身排名的手段,但如果酒店自身建设和服务并没有让客户认同和满意,这反而对酒店自身是一种负面的宣传。

无论时代的变迁还是技术的更新,都只是酒店发展的利用工具和渠道,让消费者通过更多渠道去了解酒店的信息。互联网思维非常注重人的价值,尤其是对酒店行业来说,接触、沟通和服务客户的各种方式,就是"以人为本"宗旨的最佳体现。

3. 定位精准市场,抓取潜在客户

虽然旅游市场空前繁荣,但在当下,消费群体和消费习惯都有了显著的变化趋势。所以传统的酒店行业必须敏锐地察觉消费市场的未来潮流和方向,并及时地做出反应。就酒店自身来说,了解消费市场和用户需求是第一位的。要做到这一点,首先就要明确酒店的市场定位,确定客户门槛,从广阔的大数据中分流吸纳。

在线下的消费环境中,"年轻化""个性化""圈子化"已经成为住宿消费的三个关键词,因此酒店找到精准用户也就有据可循,且迫在眉睫。

4. 完善品牌战略,提升酒店附加值

对于高端酒店集团和连锁酒店,其雄厚的实力和大范围的城市区域占领份额便足以给消费者留下深刻的品牌印象。即使不能成为最佳选择,也会是客人的备选。但对于单体酒店,其立根的基础更多是当地的人文和区域特色,很少能扩大范围跨越地域传播,当然少数极为火爆的酒店因其自身特色还是能做到的,关键还是在于酒店的品牌。如同民宿的兴起一般,这可以看作酒店品牌的一次觉醒,即住宿环境的场景化和区域化。对于已经营业的单体酒店,它既没有太多精力和财力来做无法预期的宣传推广,也没有可以仰仗的得天独厚的外在优势,对比之下,其在市场环境中更显势单力薄。好在OTA的崛起,给单体酒店带来了一定的展示和印象输出的机会。但随着OTA的不断壮大发展,实力占据上风的OTA已经明显调整了战略,酒店在一边"输血"的同时也在一边"出血"。品牌建设似乎也就成了酒店不得不打的一张牌,从酒店会员到酒店周边,无一例外的都是承担着对外品牌输出的工具。

更重要的是酒店行业内对于品牌价值的认同度也逐渐提升,从民宿品牌连锁到酒店联盟体的出现,酒店与酒店之间的差异不断缩小,整体服务水平不断提升,在这种情况下,完善酒店的品牌战略,提升其品牌附加值就显得尤为重要了。

5. 完善服务体系,实现"线上+线下"完美的双模式

酒店必须对线上服务进行优化,不仅提供易于访问和使用的网站或移动应用,具备便利、安全的在线支付和预订功能,还要加强线上展示,利用虚拟现实(VR)或增强现实(AR)技术,展示酒店的产品和服务细节,包括房间图片、设施介绍、餐饮选择等,让客户能够全面了解酒店,为其提供更加真实、沉浸式的体验。此外,酒店还应加强客户关系管理,通过收集客户信息和反馈,了解客户需求和偏好,利用数据分析工具,分析客户行为和消费习惯,为营销策略的制定提供数据支持,最终为客户提供定制化、个性化的服务。

酒店同时也要关注线下服务的持续提升,一方面要通过全面培训提升服务质量,鼓励员工重视客户需求和细节服务,如房间清洁情况、床铺舒适度、网络连接状态等,多提供增值价值,如免费早餐、免费停车等,不断改善服务态度和提升专业技能;另一方面要提升产品和服务的真实价值,定期维护和更新设施,保持设施的良好状态,提高客户的舒适度,确保线下的产品和服务与线上宣传内容一致,避免客户产生心理落差。

酒店的线上服务与线下服务必须充分融合。酒店不仅允许客户在线上进行预订、选房、支

付等操作,还可在线下直接入住,以及提供线上咨询和线下服务相结合的服务模式,确保客户在任何时候都能得到及时的帮助和支持。在会员服务方面,酒店要加强内部沟通与协作,整合线上线下会员数据,实现线上线下业务数据信息共享和资源整合,确保线上线下服务能够协调一致、高效运行。通过这些措施,酒店可以为客户提供更加便捷、高效、个性化的服务体验,从而提高客户满意度和忠诚度。

## 本章小结

随着市场的快速增长,酒店行业发展迅速,酒店运营过程中需要应用专业知识和技术以及引进专业的人才来管理。为了让学生能够更加全面地掌握酒店管理的相关知识,本章首先介绍了现代酒店的概念,并且特别强调综合性服务、涉外性质、商业性和公共场所四个子概念;其次,本章分别按照酒店的用途、特点、经营方式或所有权和规模对酒店进行了分类,并且对酒店等级如何划分、国内外酒店等级划分的差异、星级酒店如何进行审批和管理以及酒店的功能都逐一进行了阐述;再次,本章梳理了国际以及国内酒店的发展历程,并在此基础上,根据酒店所具有的整体性、层次性、系统性、涉外性和多样性的特质进一步展开对酒店管理内容和基础知识的介绍;最后在现代"互联网+"背景下,揭示了中国酒店行业发展的现状,阐述了目前酒店行业面临的挑战以及未来的发展趋势。

## 思考与练习

1. 如何正确理解现代酒店的概念?
2. 现代酒店应具备哪些基本功能?酒店功能的设置应以什么为标准?
3. "互联网+"时代下酒店面临哪些挑战?如何应对这些挑战?
4. 酒店经营管理有哪些特点?
5. 酒店管理需要具备哪些基础知识?

### 布丁酒店:巧用互联网、定制产品、经营用户

伴随着移动互联网的兴起,酒店基于LBS的即时服务和提供住宿中服务成为可能,因此可以说,互联网使得酒店进入O2O时代。那么究竟该如何运用酒店O2O营销,巧用互联网,抓住年轻用户呢?下面以布丁酒店为例进行分析。

"布丁"作为住友酒店集团旗下的经济型酒店品牌,将千禧一代锁定为它的主要用户群体。这一群体是伴随着互联网的发展成长起来的一代,个性十足但消费又不失理性,布丁酒店针对这些特点打造出简约而时尚的客房,受到千禧一代的追捧。

所有布丁酒店全部实现免费高速Wi-Fi全覆盖;与阿里旅行合作;使用NFC技

术自助 Check-in；与微信合作提供微信订房功能；在百度地图上上线集团直销；开通支付宝钱包公众账号服务等。布丁酒店与一系列深受千禧一代喜爱的线上营销平台合作，博得了千禧一代的欢心。

布丁酒店建立了微信公众号，不仅可以下单、零秒退房，更有趣的是它与用户的互动性。人工操作的卡通人物"阿布"，每天会发布一些主题以调动用户的参与感。在其微信公众号内，用户甚至自发建立了"聆听微电台"，上传好听的音乐等，构建了社区 UGC 模式。

目前布丁酒店官方微信公众号已经有百万粉丝，粉丝活跃度 35%，每天产生数百单的订单，重复购买率达到 50%，推广费用几乎为零。布丁酒店调动用户去参与、传播，充分运用了互联网的粉丝效应来进行口碑营销。

未来的酒店将实现数据化、智能化、移动化、社交化和全球化。酒店要具备互联网思维，重视数据、使用数据，让数据驱动酒店的经营和管理，根据现有的数据分析和改善服务。移动互联技术将全面应用于酒店各个环节，改变酒店服务模式，降低人工成本，并大大改善用户体验。处于"互联网＋"背景下的酒店将实现跨界联合。但无论环境如何变化，"互联网＋酒店"的本质还是产品与服务，这也是各大酒店集团一直以来都以"品质"为核心精神的最好诠释。在互联网的大潮下，传统酒店业如果主动拥抱互联网，积极创新，把产品和服务做到极致，处处为用户着想，就不会处处受制于OTA，且会拥有更强的议价能力和更大的腾挪空间。

问题：
布丁酒店的经营管理具有哪些特点？

# 第二章

## 酒店投资与开发

本章知识图谱

### 学习导引

随着中国经济的发展及旅游业、房地产业的兴盛,投资酒店成为众多资本的选择之一。投资酒店不仅可以为业主带来稳定的现金流,其作为房地产投资类型,还可通过资本投入、资本培育、资本转让的增值循环过程,以地产交易形式取得回报。但酒店属于重资产,前期投入资金多且后期运营的不确定性强,投资酒店的风险性相对较大。学习和掌握酒店投资的方法,熟悉酒店投资决策分析的工作内容及工作方法对酒店投资而言就显得极其重要。

### 学习重点

通过本章学习,重点掌握以下知识要点:
1. 酒店投资的定义及特征,酒店投资的类型、动机与风险。
2. 酒店投资的基本步骤及方法。
3. 酒店投资项目的投资环境、投资区位、市场情况、产品及市场定位、竞争力、投资风险等分析的基本方法。
4. 酒店产品设计的基本要求。
5. 酒店投资经济考量的基本含义,酒店投资经济考量主要指标的定义及应用。

### 素养目标

学生通过学习上述知识要点,可以增强投资开发意识,提升系统思辨能力、市场分析能力和投资决策能力,并能从促使投资与开发系统平衡的视角树立科学发展观。

## 第一节 酒店投资概述

### 一、酒店投资的含义

**（一）投资的含义**

投资是企业经营的一种常态活动,包括新建项目、扩建项目、技术改造、参股控股投资等。每一项投资都蕴含着新机会,但每一次投资也都面临着不可预测的风险。从理论上讲,投资是将货币资金转化为资本的过程,可分为实物投资和证券投资。前者是以货币资金投入企业,通过生产经营活动取得利润;后者是以货币资金购买企业发行的股票和债券等金融产品,间接参与企业的利润分配。从金融的角度看,投资涉及财产的累积,以求在未来获得收益。

企业的投资活动分为两类:一是为对内扩大再生产奠定基础,即购建固定资产、无形资产和其他长期资产所开展的活动;二是对外扩张,即对外进行股权、债权投资所开展的活动。

**（二）酒店投资的特征**

(1) 酒店投资是一种实物投资。所谓实物投资就是将投资资金用于购置固定资产或流动资产,直接用于生产经营,以获得预期收益的一种投资形式。这种投资形式具有投资周期长、资金周转慢、期望收益高等特点。酒店最大的投资在它的建设期,也就是它的前期建设。中高端酒店投资的回报周期相对比较长,一般来讲为15~20年,且每个阶段均需要不断追加资金,不断投资。

(2) 酒店作为房地产投资类型,可实现产权的交易。通过资本投入、资本培育、资本转让的增值循环过程,酒店投资能以地产交易形式取得回报。因而,酒店具有保值、增值、融资等综合的效用。

(3) 酒店投资成本的不可逆性。酒店投资成本不可逆性是指对某些资产的投资无法通过变卖转变用途等方式收回投入成本的特性。酒店之所以有投资成本的不可逆性,是因为酒店有实体的建筑物成本和土地成本,酒店资产的专用性强,很难转化为其他的产品,酒店资产的退出多表现为产权主体和经营主体的转移和退出。

(4) 酒店投资的不确定性。酒店投资的不确定性是指投资者无法确切知道未来的投资收益情况。因为酒店的经营受政治、经济、交通、市场环境、管理水平等多因素的影响,所以酒店投资收益具有很大的不确定性。

(5) 酒店投资风险的客观存在。酒店投资的不确定性说明投资风险是客观存在的,这种风险包括系统性风险和非系统性风险。系统性风险包含政策风险、经济风险、市场风险、自然环境风险等;非系统性风险包括财务风险、经营风险、人事风险等。酒店的规划管理、竞争环境、国家政策及经济状况等因素的变化,是酒店投资所面临的较大的风险。

(6) 酒店投资类型的多样化。酒店产权的投资和酒店非产权的投资是酒店投资类型的主要形式,投资者可以直接进行产权的投资,也可以通过租赁的方式实现酒店非产权的投资。投资者可以根据不同的偏好以及市场的需求,投资不同类型、不同档次的酒店。

**（三）酒店投资的动机**

**1. 利润动机**

投资者投资酒店应该获取相应的利润,其获取利润的方式有以下几种:①酒店作为一种实物的投资,具备抵御通货膨胀风险的特性;②酒店作为融资工具,通过经营抵押、产权抵押获取融资渠道;③酒店可以通过折旧为酒店提供税收的优惠。固定资产每年都有一定的折旧,中高端酒店折旧时间一般为15~20年;同时,酒店的业主可以将待分配的利润转为酒店投资,进行合理避税。

2. 连带效应的动机

①投资酒店可以产生品牌的效应,彰显企业的实力,提升企业的地位及融资能力;②投资酒店可以获得稳定的现金流,并且通过酒店的品牌效应,提升周边土地及房产的价值,以实现酒店投资的连带效应。

3. 结构动机

①企业本身有多元化发展的需要,通过投资酒店,可实现多元化发展的路径;②企业有满足其自身接待的需要,通过酒店投资迎合政府的需求,可获取土地的支持。

## 二、酒店投资决策

(一)酒店投资决策的定义

投资决策指的是投资者为实现预期投资目标,运用一定的科学理论、方法和手段,通过一定的程序对投资的必要性、投资目标、投资规模、投资方向、投资结构、投资成本与收益等经济活动中的重大问题进行的分析、判断和方案选择。投资决策是企业经营管理的重要过程,简单而言,就是企业在投资前对某一项目(包括有形资产、无形资产、技术、经营权等)进行的分析、研究和方案选择。

酒店投资决策指投资者按照自己的意图、目的,在调查、分析和研究的基础上,对酒店投资规模、投资方向、投资结构、投资分配、投资项目的选择和布局等进行技术经济分析,判断酒店投资项目是否必要和可行的一种选择。

(二)酒店投资决策的特点

1. 针对性

没有明确的投资目标就无所谓投资决策,而达不到投资目标的决策就是失策。

2. 现实性

投资决策是投资行动的基础,是"决策—执行—再决策—再执行"反复循环的投资经营管理过程的核心。因此可以说,酒店的投资经营活动是在投资决策的基础上进行的。

3. 择优性

投资决策与优选概念是并存的,投资决策过程就是对多个投资方案进行评判选择的过程。优选方案不一定是最优方案,但它应是众多可行投资方案中最满意的投资方案,合理的选择就是优选。

4. 风险性

风险的发生具有偶然性和客观性,是无法避免的。投资决策应顾及实践中将出现的各种可预测或不可预测的变化。

(三)酒店投资决策的意义

一个酒店投资建设项目从投资意向开始到投资终结的全过程大体分为四个阶段:酒店项目的策划和决策阶段、项目实施前的准备工作阶段、项目实施阶段、项目建成和总结阶段。酒店投资决策必须慎之又慎,主要是因为:①投资一般要占用酒店大量资金;②投资通常会对酒店未来的现金流产生重大影响;③投资决策存在着风险和不确定性,很多投资的回收在投资发生时是不能确定的;④一旦做出某个投资决策,一般不可能收回该决策,因为这么做代价很大;⑤投资决策对酒店实现自身目标的能力产生直接影响。

由此可见,投资决策决定着酒店的未来,正确的投资决策能使酒店降低风险、取得收益,所以我们理应经过深思熟虑并在正确原理的指导下做出正确的酒店投资决策。

### 三、酒店开发的基本步骤

酒店项目的开发需要一个相当长的过程,特别是规模较大的中高端酒店,以下五个按时间顺序排列的阶段,构成了一个典型的酒店项目的开发过程。

#### (一)项目启动

项目启动包括阐明项目目标,确定发展的相关问题,确定项目地是否存在土地使用方面的限制,决定酒店的结构(提供的服务项目、房间数量),形成项目流程图,形成发展总体计划预案。

#### (二)项目可行性分析

项目可行性分析的主要工作包括挑选一个合格的咨询者开展研究工作,确定和选择研究中应该涵盖的要素,作为可行性研究的成果。

#### (三)项目开发

项目开发包括选择一家酒店运营者并与其签订特许经营、联营或管理支持合同,制订全面的土地使用计划,挑选项目设计及建造单位,制定项目开发预算、时间表及设计方案,得到必要的政府许可及其批文,确定所有权结构并获得融资。

#### (四)项目建设

项目建设包括形成建筑设计和实物布局概念并完成设计和布局,形成酒店空间配置设计,形成酒店的能源和技术系统设计,将建筑、景观美化和内部设计相结合。

#### (五)项目管理

项目管理的主要工作包括启动销售和营销活动,招募和培训员工,组建酒店各个部门,维护和保养酒店设施设备。

酒店位置确定以后,应该形成一个概念化的酒店项目总体发展规划。这是酒店设计和决策中最具有创造性的部分。初步可行性分析和市场研究贯穿整个酒店的规划和发展的过程,初步的项目开发总体规划应该根据地点和建设方面的分析、市场可行性研究、建筑和工程方面的规定、财务方面的考虑、政府法规和其他起作用的因素进行修改和提炼。

扩充视频　　酒店开发的基本步骤

## 第二节　酒店投资决策要素分析

### 一、酒店投资决策分析的目的

酒店投资决策分析的目的是为酒店项目的投资决策提供科学可靠的依据，包括以下几方面：①拟建酒店项目是否符合国家经济和社会发展的需要；②产品方案、产品质量、生产规模是否符合生产需要，在市场竞争中是否具有竞争力；③酒店项目建成后，投入品的供应和有关配套条件是否满足持续经营的需要；④酒店项目建成后，财务效益、社会效益及环境效益能否满足各方需要；⑤资金投入和各项建设条件是否满足项目实施的要求；⑥酒店项目各项风险是否得到识别并采取了必要规避措施；⑦建设方案是否进行了多方案比较，达到方案的最优化。

在决策分析中，有以下要求：①分析资料数据要准确可靠；②分析方法要科学合理，并运用多方法验证；③分析过程要有逻辑性及说服力。

### 二、酒店投资决策分析的工作内容与基本步骤

项目投资决策分析工作一般是分阶段由粗到细、由浅入深地进行。

**（一）投资意向研究阶段**

投资意向研究阶段的主要工作包括提出投资设想，即初步投资建议，重点分析投资环境，鉴别投资方向，选定建设项目，为下一步研究打下基础。

**（二）可行性研究阶段**

可行性研究阶段，即围绕酒店项目的可行性进行研究，对拟投资建设的酒店项目的市场需求状况、建设条件、生产条件、协作条件、设备、投资、经济效益、环境和社会影响、风险等问题，进行深入调查研究，充分进行技术经济论证，做出项目建设是否可行的结论，并推荐优化方案，为酒店投资项目的决策单位或业主提供决策依据。

**（三）编制项目建议书阶段**

编制项目建议书阶段也称初步可行性研究阶段，即围绕项目的必要性进行分析研究，是在机会研究的基础上对项目方案的技术、经济条件进行进一步论证。主要工作有编制项目建议书，提出项目总体轮廓设想，以国民经济和社会发展长期规划、行业规划、地区规划和国家产业政策等为依据，重点分析酒店项目建设的必要性和可能性。

**（四）项目评估阶段**

项目评估阶段由具有一定资质的咨询评估单位对拟投资建设的酒店项目本身及可行性研究报告进行技术上、经济上的评价论证。从客观的角度对项目进行分析评价，判断项目可行性研究报告所提出的方案是否可行，科学、客观、公正地提出对项目可行性研究报告的评价意见，为决策部门、单位或业主提供项目审批决策的依据。此外，对于重要的项目，项目建议书编写出来以后也要进行一次评估。

项目评估是在初步可行性研究的基础上，通过对与项目有关的资料、数据的调查研究，对项目的技术、经济、工程、环境等进行最终论证和分析预测，必要时需要对项目的必要性进行进一步论证。

### (五)项目决策审批阶段

项目决策审批阶段,即酒店投资项目的主管单位或业主,根据咨询评估单位对项目可行性研究报告的评价结论,结合国家宏观经济条件,对项目是否建设、何时建设进行审定。

以上阶段是对项目投资决策过程的划分,各阶段之间具有内在的逻辑联系,在一定意义上是一种科学的程序化。

### 三、酒店投资项目的市场分析

酒店投资项目的市场分析是酒店投资者已经制订了明确的酒店投资计划,需要进一步从市场调查、供需预测、价格预测等方面剖析投资项目的影响因素,为酒店投资项目及优化决策奠定基础。

#### (一)市场调查

酒店市场调查主要是指针对酒店服务产品市场现状和既往历史时期的情况进行的调查。其目的是获得各类相关数据或资料,为酒店投资决策分析打下基础。市场调查的内容包括以下几点。

1. 市场容量调查

市场容量调查分为供应状况调查和需求状况调查两方面。供应状况调查主要是调查拟投资区域市场的酒店数量、酒店所在的地理位置、酒店档次与类型、酒店经营项目、酒店客房数量。需求状况调查则是主要调查拟投资区域市场的酒店消费者细分市场、消费构成等。

2. 价格状况调查

价格状况调查包括国内及拟投资区域市场各类酒店的最高房价、平均房价及价格变化情况,以及酒店挂牌价、散客入住执行价与协议价等。此外,还要对地方政府对房价的调控情况进行调查。

3. 竞争力状况调查

竞争力状况调查,即重点调查区域市场主要酒店的产品特性、主要的竞争手段、市场份额、市场地位等。

市场调查方法可以按照调查资料来源及资料收集方法分为文案调查(又称第二手资料调查)和实地调查(又称第一手资料调查)两大类。

#### (二)供需预测

预测是对事物未来或未来事物的推测,即通过科学分析,根据已知事件去推测未知事件。供需预测是采用适当方法,根据市场调查得到的一系列数据来预测一定期限(一般为5~10年)的酒店产品的供需状况。对于供需预测,首先,应考虑国民经济社会发展对酒店各类服务产品供需的影响;其次,应考虑酒店相关产业产品和酒店上下游产品的情况,以及它们对酒店各类服务产品供需的影响;再次,应考虑酒店服务产品结构的变化及其对供需的影响;最后,应考虑不同地区和不同消费群体的消费水平、消费习惯、消费方式及变化,以及其对酒店服务产品供需的影响。

1. 供需预测的内容

供需预测的主要内容为需求潜量和销售潜量。其中,需求潜量指的是未来市场上有支付能力的需求总量;销售潜量指的是拟建酒店项目的产品在未来市场上的销售量。销售潜量可通过估计市场占有率来测算,即销售潜量=需求潜量×市场占有率。

2. 预测步骤及方法

通过供应预测、需求预测、供需平衡分析的方法来预测未来市场容量,并分析酒店产品可能的市场份额。需要注意的是,预测期限应尽可能包括项目计算期年份,一般而言,最低要求预测期限为今后的5年。

除政治稳定性问题(会使投资和项目处于突发的风险中)外,市场可行性对投资者来说,是酒店项目中第二重要的考虑因素。投资者必须看到来自酒店运营的长期获利潜力及投资回报。对开发商来说,开发一个项目的成本及项目在完成时的出售潜力,是评价该项目的主要标准。这些动机也将影响投资者的最终利益。不管哪一种情况,市场的潜力越大,越能够坚定开发商或业主的投资信心。

初步的需求或市场分析主要由三部分组成:①确定目标市场;②对当前和预期的市场状况的分析;③对出租率和房价潜力的估计。此外,还需分析项目所在地的自然、文化、商业等因素对该项目的影响,并且要注意当地酒店业发展和竞争的程度、到访人数及旅行方式的变化趋势等。

(三)价格预测

产品价格是分析酒店投资项目的基础,也是影响酒店投资项目效益的关键因素。在酒店投资项目决策分析与评价阶段,可行性研究工作的一项重要内容,即价格的预测和确定,对酒店投资项目效益估算的准确性和评价结论的可靠性产生至关重要的影响。

1. 价格预测需考虑的因素

价格预测应充分考虑影响价格的各种因素,包括:①酒店客房价格及酒店其他服务产品价格的变动趋势;②所处地域对上述价格的影响;③生活水平和消费习惯的变化;④某些因素导致的生产成本的变化以及经济政策的变化等。

2. 价格预测的要求

(1)价格预测应特别强调稳妥的原则,避免人为低估投入品价格或高估产出品价格而导致评价结果失真。

(2)市场经济下,市场定价的产品价格一般以均衡价格为基础,价格形成的主要因素是产品的供求关系。

(3)价格预测的可靠性与所使用的预测方法有关,也与历史数据的采集有关,应尽可能提高所收集数据的可信度以达到提高可靠性的目的。

投资者应该在较早的阶段做出一个初步的销售额预测,以确定酒店投资项目在经济上的可行性。一般而言,影响预测的因素主要有市场发展趋势、在同一产品类别中进行竞争的酒店数量、竞争者的优势、潜在的市场份额,以及季节性、预期的平均房价和出租率、规划进行的销售和市场营销计划等。一般而言,酒店很难在国际市场中科学、精确地预测销售额,因为预测需要将汇率、通货膨胀率及政治等各种因素纳入考虑。此外,销售额的预测必须同现金流预算相结合进行考虑,以便投资者确定是否有足够的收入来满足偿债要求。

四、投资环境分析

投资环境是指投资经营者所面对的客观条件,是投资者无法改变和控制,而又对投资者的投资行为产生较大影响的政治、经济、社会和技术等方面的因素与力量。投资效果与投资地区客观条件的好坏直接相关,因此,投资者必须考察拟投资地区的投资环境,只有把资金投向有利的环境,才有可能保证投资项目获得较高的投资收益。

### (一)政治环境因素

政治环境因素对酒店投资的影响表现在两个方面:一是地方政府所制定的区域产业政策对酒店投资行为本身的态度是欢迎、鼓励、支持,还是限制;二是一个国家或地区政治制度、体制、政策方针、法律法规等因素以什么方式、在多大程度上制约并影响酒店的经营行为,从而影响酒店的长期投资行为。

一般而言,在进行某个地区酒店投资的政治环境因素分析时,应围绕以下几方面展开。

(1)政局的稳定性:是否可以保障酒店长期、持续、稳定地经营。

(2)政策的有利性:是否会改变法律从而加强(或放松)对酒店的监管,并收取更多(或更少)的赋税。

(3)产业政策:是否支持或限制酒店业的发展,具体的措施是什么。

(4)政府之间的合作:是否与其他政府组织签订过有关促进贸易,尤其是旅游观光方面的协定。

### (二)经济环境因素

经济环境因素指的是国民经济发展的总体状况、国际和国内经济形势及经济发展趋势、企业所面临的产业环境和竞争环境等。酒店投资主要受到以下关键经济变量的影响,包括:区域经济总量及其增长率、区域基础设施发展水平、货币与财政政策、居民可支配收入、预期的居民消费倾向与消费模式等。

经济环境因素对酒店投资产生两方面的影响:①区域经济发展水平与居民收入水平及其相关条件对居民度假休闲、观光旅游的需求水平与需求模式的影响;②区域基础设施发展水平以及货币、财政政策等相关因素对酒店投资建设与运营成本的影响。

### (三)社会环境因素

社会环境指的是一定时期整个社会发展的一般状况,主要包括一个国家或地区的居民的受教育程度和文化水平、宗教信仰、风俗习惯、审美观点、价值观念等。其中,对酒店投资活动影响较大的社会环境因素主要有居民的受教育程度和文化水平、审美观点、价值观念。受教育程度和文化水平会影响消费者对酒店的需求层次,而价值观念和审美观点则会影响消费者对酒店消费的态度。

### (四)技术环境因素

技术环境指的是目前社会技术的总体发展水平及其变化趋势。科学技术不仅是社会与经济发展的驱动力,也是企业的核心竞争优势。酒店主要在经营层面受到技术环境因素的影响,高科技的运用可以:①降低酒店的服务成本,提高酒店服务质量;②为酒店及顾客提供更多的创新服务和产品,如酒店的网络预订系统、顾客在住店期间的网络办公等;③改变酒店的分销渠道,如网络直播销售等;④降低酒店的运营管理成本,如优化酒店内部的信息化管理平台、酒店集团的中央电子采购网等。

## 五、竞争力分析

项目竞争力分析是研究拟建或拟投资酒店项目在一定区域市场竞争中获胜的可能性和获胜能力,也是确定营销策略的基础。进行竞争力分析既要研究项目自身的竞争力,也要研究竞争对手的竞争力,并对二者进行对比,据此进一步优化项目的投资方案。

（一）竞争优劣势分析

酒店项目的优劣势分析内容包括以下几方面。

(1) 自然条件：空气和采光等气候条件、自然景观条件。
(2) 技术和装备：客房面积、卫生设施、隔音设施、冷暖设施、安全设施。
(3) 规模：客房数量。
(4) 管理与服务：规范化管理程度、个性化服务、标准化服务、超值服务。
(5) 配套服务项目：网球场、游泳池。
(6) 价格：市场化定价、优惠价格策略。
(7) 品牌：国际品牌、国内本土品牌。
(8) 区位：交通的可达性。
(9) 人力资源：管理团队。
(10) 其他因素：酒店投资者与经营团队的社会资源等。

（二）竞争力对比分析

酒店投资者应选择目标市场范围内市场份额占比较大且实力较强的几家竞争对手，将项目自身条件与竞争对手进行优劣势对比并排序。其中，竞争对手的市场竞争力主要由其区位、管理和服务、价格与营销策略、安全性、舒适度以及优劣势对比等影响因素所决定。在对比分析前，酒店投资者应通过各种方式或途径收集所选择的竞争对手近几年经营活动的相关资料，确定其产品特性、市场营销手段、市场份额和市场地位等，并基于分析确定拟投资酒店的市场定位。

## 六、市场定位分析

（一）市场细分的作用

酒店市场是一个由众多具有不同入住需求的顾客所组成的异质市场。面对来自不同区域、具有不同文化背景和收入的不同类型的顾客，酒店不可能同时满足这些类型的顾客的所有需求。因此，酒店投资者需要对所投资酒店的客源市场进行细分。

酒店市场细分分析在酒店投资中主要有两个方面的作用。

(1) 酒店市场细分分析是估算酒店投资额的前提条件。进行酒店市场细分分析有利于确定酒店的目标市场和市场定位，有助于确定拟投资酒店的品牌和档次，进而为酒店设计与投资总额估算提供重要依据。

(2) 酒店市场细分分析有利于提高酒店投资效益。酒店可以通过市场细分进一步确定其目标市场，在此基础上，酒店能够对产品结构进行合理设计，并且能够有的放矢地采取市场营销策略。

（二）市场细分的类型

酒店消费者会受年龄、性别、文化程度、心理、收入、地理等因素的影响，从而有不同的欲望、需要，以及不同的消费行为和习惯。因此，酒店投资者可以按照以下三个因素将市场细分为若干子市场。

(1) 按地理因素细分酒店市场，即根据消费者来自不同的国家、地区和主要城市来细分市场。这是较基本的，也是较常用的划分方法之一。

(2) 按住宿动机细分酒店市场，即可分为公务旅游市场和休闲观光市场。

(3) 按购买方式细分酒店市场,即可分为团队顾客市场和零散顾客市场。

### (三) 目标市场的选择

酒店目标市场指的是酒店投资者计划进入经营的酒店细分市场。目标市场的选择一般需要遵循以下基本步骤。

(1) 对各细分市场进行定性分析,包括分析细分市场中顾客的消费观念、消费态度以及细分市场的发展变化趋势等。

(2) 对各细分市场进行量化分析,即对细分市场的关键变量(包括细分市场的需求量及其增长率、市场占有率等)进行量化分析。

(3) 目标市场的确定,即酒店投资者结合上述定性分析和量化分析的结果,选择几个细分市场作为拟投资酒店未来经营的目标市场。

## 七、投资区位分析

任何一个投资项目最终都是布局在一定的地段上。对于酒店投资项目,在市场调查与预测、投资环境、市场定位、建设规模等分析工作完成之后,投资者就应为酒店投资项目选择合适的地区和场址。投资额较大的酒店投资项目应当从比较广泛的范围内选择几个地区,并在一个地区内详细调研几个可供选择的地址,在综合比选、深化选址的技术经济分析的基础上,提出选址意见。

酒店投资项目一般划分为新建的投资项目和收购已有的物业并对已有物业进行改扩建的投资项目两类。无论是哪种类型的投资项目,其选址都应考虑一些共有的影响因素,并满足相关的基本原则与要求。

### (一) 项目选址应考虑的因素

1. 自然因素

自然因素主要包括:①自然资源,如山川、河流、温泉等。自然资源可以作为酒店未来的经营性资产。②自然条件,包括地形地貌、气候、水文和工程地质条件等。自然条件会影响酒店投资项目的建筑设计与工程施工,进而影响酒店投资项目的建设成本。

2. 经济技术因素

经济技术因素主要包括拟选酒店地址及其所在区域的经济发展水平与经济活动、基础设施与配套设施、市场竞争情况、人口素质与数量等。

3. 交通区位因素

交通区位因素可以反映酒店与顾客接触的机会与潜力,是选址需要考虑的重要条件之一。交通区位条件可以用可达性或可及性来衡量,它是指利用一种特定的交通系统从某一给定区位到达酒店的便利程度。

4. 社会政治因素

酒店本身作为一定区域的投资环境与生活环境的构成要素之一,所在社区的人文传统以及对于酒店投资兴建的态度、地方政府的区域规划及开发投资政策等也是酒店选址时理应考虑的因素。

### (二) 项目选址的原则与要求

酒店投资项目的选址应遵循以下基本原则。

1. 经济性原则

获得投资收益是酒店投资的目的。酒店投资回收期相对较长,因此酒店在选址时,应充分评估影响酒店投资费用以及有可能影响酒店建成后运营费用的因素,如土地费用、基础设施费用、原材料供应成本、劳动力成本、各种税费等。酒店投资者应在可预测的酒店经营收入一定的前提下,选择酒店投资项目总成本最低的地段。

2. 市场性原则

酒店选址应尽可能方便目标顾客,并且与目标顾客的所属地区吻合。比如,经济型酒店应尽可能选址于商业活动比较发达的大中型城市,以更好地为商务型顾客提供服务;度假酒店则应尽可能选址于风景区或疗养胜地,从而为休闲度假型顾客提供更好的服务。

3. 可达性与可见性原则

可达性方面,酒店选址应尽可能选择交通可达性较好的地段。比如,在特大型城市的市区,酒店投资者应尽可能选择靠近地铁站点或附近有多条能通达商业中心、车站、码头、机场的公交站线的位置。同时,酒店选址应注意交通流动性,进出口要便利、宽敞。

可见性方面,酒店选址要有良好的可见度,最好是十字路口,且有一定的广告位,使顾客能够从多个方向直接看到酒店。

4. 安全性原则

酒店投资者应尽可能选择经济和治安比较稳定的区域投资建设酒店,还要重点注意所选地点在预期的酒店经营期内不受城市改造、扩建、违章的影响。所选地点的用地性质要与城市总体规划布局中相容的用地性质,与周边性质相符;要避开与项目性质不符或不相容的城市公益设施现有或规划用地。此外,酒店选址不能对环境造成污染和破坏,要符合地区环保、消防、防疫、交通、绿化,以及防震、防洪、防地质灾害等方面的要求。

商业环境的分析需要对项目所在地的政治、经济、社会及文化等各方面进行详尽的研究。尽管项目所在地的交通便利性以及通信系统的不断完善使得距离的重要性有所降低,但是在地理上接近客源市场(预期的顾客来源)仍是酒店选址的首要考虑因素。

## 第三节 酒店投资与开发测评

### 一、经济性测评

#### (一)经济性测评的必要性

经济性测评是指对于那些在将来可能会对酒店项目前景产生影响,或者与酒店经营及财务状况紧密相关的一些经济因素的测评和考量。一般而言,下列经济因素都对酒店项目的设立或者运营有着关键性的影响:①项目所在国家或地区的央行加息;②项目所在国家或地区的通货膨胀率过高;③项目所在国家或地区掌握相关技术的劳工数量短缺;④项目所在国家或地区位于地震活跃地带或其他自然灾害频发地区,保险费用增幅一直高于该国 CPI(消费者物价指数)的增长。

暂且不论营业收支预测,上述多项因素都将直接影响到项目预算中的前期财务成本以及开业后的固定成本。固定成本不同于营业性成本,它与酒店的营业情况或业绩并没有直接的关系。例如,项目的资金成本,即开发商获得银行贷款所应承担的利息成本,与酒店的实际营业收支之间并不存在直接的因果关系,并不会因为酒店开业后平均出租率是超低(如10%)还是超高(如90%)而发生变化。此外,固定成本一般还包括不动产保险、折旧、当地赋税等一些费用和支出,这些因素都是独立于实际营业收支的。

开发商在酒店项目建设前期,必须充分考虑这些未来可能影响到酒店财务成本的经济因素,否则酒店一旦建成,任何纠正或修改的成本都将远远超过当初建造时的成本,可能会导致业主损失惨重,后悔当初没有进行充分的经济性测评。

(二)经济性测评的主要指标

只有了解了开发商需要关注的重要经济指标和相关的经济理念,在进行项目的具体设计、规划、预算、建造时才能做到更专业、更经济。这些经济性指标如下。

1. 每间客房的项目分摊(平均)面积

考察每间客房的项目分摊(平均)面积是一种最简单、最基本的造价计算方式。有些开发商往往只喜欢强调其酒店的豪华和宽敞,而不大顾及每间客房的项目分摊(平均)面积。在实践中,国内的很多建筑师并不会向开发商提供每间客房的项目分摊(平均)面积,他们认为有总建筑面积就够了。但这样做会导致一家拥有400间客房的酒店最终占用了10万平方米的建筑面积。

考察每间客房的项目分摊(平均)面积的另外一个重要作用,就是便于开发商把自己的数据与行业内其他酒店的一般参考数据做比较。例如,某著名国际酒店集团于20世纪80年代末在我国香港地区投资的一家五星级酒店的标准房间只有28平方米,但现在这家公司在我国内地一般都会建议开发商的房间建得"越大越好",希望每间客房达到50平方米以上。虽然可以肯定的是50平方米房间的房价一定比28平方米房间的房价高,但是50平方米的房间却不一定能获得2倍于28平方米房间的利润。

目前国内现有的五星级酒店项目中,规划效益做得较好的酒店,每间客房的项目分摊面积一般控制在120~130平方米。相反,规划效益做得不好的酒店,除了客房面积过大,大堂、走道、休息区等区域也往往存在着严重的面积浪费情况,一些使用效益较低的功能组成部分也往往使项目的总面积不合理地膨胀。

2. 客房部分面积占项目总面积的比例

在考察了客房面积在项目总面积中的绝对值之后,开发商还要考察客房面积在项目总面积中的相对值(比例),因为在控制客房面积的同时,客房外其他功能部分面积的控制也是至关重要的。不可否认,酒店的配套设施对于提升酒店的档次及增加整体的舒适度都是很重要的,然而过度地追求豪华、超大面积的配套设施却往往难以使业主实现预期的经济效益目标。酒店的经营最终仍要以客房为主,餐饮等配套设施只是起辅助作用。在国外酒店发展历史的初期,餐饮并不被看成是主要的利润来源。从一般的边际利润率(边际利润率=(直接收入-直接成本)/直接收入)来看,客房的利润率通常可以达到80%,而餐饮(特别是饮料收入只占小比例的时候)的利润率只有35%。客房利润率较高而餐饮利润率较低的主要原因是客房的成本大部分为固定资产上的投入,而人力投入相对较少,一般的营业性用品较简单,也不会有大的损耗,而餐饮则不同。

3. 餐饮面积占项目总面积的比例

如前所述,由于餐饮收入与客房收入对于同一家酒店在创收上的贡献比例有差别,开发商应尽量把多一些面积分配给能赚取60%营业收入的部分(一般为客房),而少分配一些面积给只能赚取40%营业收入的部分(如餐饮)。

近年来,非客房部分收入的主要增长点在会议、宴会上。控制餐饮面积主要有以下理由:第一,根本没有很实在的理由把餐饮面积做到总面积的30%以上;第二,餐饮设施每平方米的造价也比一般的客房要贵;第三,餐饮设施的折旧速度相对客房来说要快得多。既然餐饮设施的预计经营收入相对偏低,而造价及折旧又高,那么只有有效地控制餐饮面积(在符合最新星级评定规范下),才能大幅度地降低项目总投资额。

4. 创利面积占项目总面积的比例

除客房与餐饮所占项目总面积的比例外,基于剔除所有非营业性部分(非创利部分)后的净面积,可计算出创利部分面积占项目总面积的比例,其中需要剔除的部分包括走道、厨房、后台(机电房、设备间、库房、更衣室)等非直接对客营业(非创利)的区域。目前大部分的五星级酒店的创利面积占项目总面积的比例一般都在40%以下,规划不当的则在35%以下。因此,要提高规划效益,就应尽量减少辅助设施所占用的面积。最优化(不一定是最大化)创利面积比例需要建筑师根据经验和水平去探索。

例如,一家酒店拥有350间客房,按照每间客房120平方米的分摊面积来计算,它的总建筑面积应该是4.2万平方米。假如换另外一家缺乏有关经验的设计院,同样等级的350间客房的五星级酒店,每间房的分摊面积若增加10%,项目总面积马上增加4200平方米,按照一般五星级酒店项目每平方米的平均造价为1.2万元来计算,4200平方米的预计总造价为5040万元。

除硬件成本外,我们还要计算因多建了4200平方米所产生的附加日后经营成本。例如,增加了1000平方米的走道,每天就要多打扫1000平方米的地方;增加了1000平方米的餐厅,每天就要为这1000平方米多配备最少15个服务员(还未包含厨房的人员),这不但增加了人力成本,而且清洁剂、水电费等都会相应增加。

5. 每平方米的平均项目造价

这个指标是最简单的,也是最容易理解的,总投资除以项目总面积得出的数字就是每平方米的平均项目造价。但这一指标在一定程度上并没有绝对的参考价值,原因在于有时候总面积越大(或过大),得出来的每平方米的平均项目造价就越低。这看起来好像是很经济、具有效益的,但实际上只是因为项目的地盘大,分摊到每平方米上的造价就不高了。与该系数相配套的,投资者还必须了解每间客房所分摊的平均项目造价,才能确切知晓一个酒店项目是否真正合理,是否具有经济效益。

6. 每间客房的平均项目造价

判断一个酒店项目是否合理,是否具有经济效益,最简单的方法就是算出每间客房的造价成本。不管土地面积有多大,餐饮规模如何,把总项目投资除以总房数,得出的就是每间客房(包括餐饮与后台所分摊面积在内)的平均建造成本(平均项目造价)。

一般情况下,如果不包含地价,且按每平方米造价1.2万元,以及每间客房的项目分摊面积平均为120平方米来计算,高端酒店每间客房的平均项目造价约为144万元。假设每间客房平均面积都增加了10%,每平方米造价不变,增加10%的面积就等于每间客房需要多增加14.4万元的投资。

#### 7. 每间客房的年平均创收

在市场上,我们如何来判断同一档次不同酒店的效益呢?如何来衡量和评价呢?是不是酒店的创收多就代表其效益好呢?

比较简单的方法是将该酒店的年度总收入除以总房间数,得出所谓的"每间客房的年平均创收额",并加以比较。在知道每间客房的年平均创收后,再结合项目的总投资,我们就可以用千分之一定价法,粗略计算一下是否可以达到通常回报率。假如某高端酒店每间客房年平均收入是41.2万元,每天的收入就是1129元,1000倍约为113万元。如果该项目每间房的投资不超过113万元,酒店就可能是盈利的。

#### 8. 每间客房的年平均创造营业毛利

无论酒店的营业额是2亿元、3亿元,还是只有1亿元,这些数字只是开发商预测的总销售收入,而并非其利润部分。年收入高的酒店其利润却未必高。前文已提到酒店客房部分的边际毛利率比餐饮高很多,那么,假设两家酒店属同等星级水平,且拥有同样的客房数量和同样年总收入(如1亿元),其中一家酒店(酒店A)的客房与餐饮(及其他功能部分)的收入比是6∶4,而另外一家(酒店B)则与之相反(餐饮收入较多),由于酒店A的大部分收入来源于客源,它在扣除其他未能直接分配成本后得出的营业毛利(GOP)一定会比酒店B高。

然而,要求每家可类比酒店的房间数目完全一样是不切实际的,不可能市场上都是只建320间客房的酒店,因此,转换成每间客房的创收就能够比较容易与其他同级别的酒店进行比较。用上面两家都是年收入1亿元的酒店做比较,如果两家酒店都是320间客房,酒店A的GOP总额较高,为4000万元,而酒店B(因以餐饮为主)的GOP为3000万元。

同时除以320间房的话,酒店A的每间客房每年平均创造的营业毛利为12.5万元,酒店B的每间客房每年平均创造的营业毛利为9.375万元。这样就很容易比较出孰优孰劣、哪家酒店的经营效益更高了。

#### 9. 每间客房的年平均创造回报

除了知道每间客房每年平均能创造多少营业毛利,业主还可能想知道每间客房每年所能带来的实际回报数额,即每间客房的年平均创造回报,营业毛利(GOP)不是业主实际收到手里的利润,营业毛利要先扣掉一些被称为"固定费用"的项目(如折旧及摊销、利息、物业保险、税金)后,才是业主能实际得到的净利润。

仍以酒店A为例,假设其固定费用总额为3000万元,从4000万元中扣掉固定费用后,营业利润为1000万元。

#### 10. 每平方米的年平均创造回报

如果我们将总利润回报除以总建筑面积,得出每平方米的年平均创造回报,看起来则更为直观和具体。还是以酒店A为例,若用1000万元的酒店年利润除以3.84万平方米(按照每间房分摊面积为120平方米计算),则每平方米每年平均产生的账面实际利润或业主的回报为260元。

### 二、设计测评

一家酒店之所以效益好,很重要的原因是其有好的管理。通常情况下,好的管理首先必须从好的设计开始。所谓好的设计,简单通俗地说,就是要求酒店的功能设计必须既方便顾客的使用,又方便酒店的管理。从另一角度看,酒店的设计不能有过多个性化的东西,一个酒店的主要目标必须是盈利,而不能单纯追求当地有关部门的认可或者在建筑风格上太讲究独特性或美感。

假定市场需求已被事先充分了解及确认,并且酒店的自身定位已经考虑妥当,则我们就应从"设计功能效率"开始着手。

一项好的设计必须充分体现人性化、科学性、实用性、超前性、经济性和艺术性六个方面的内容。

（一）人性化

人性化主要是指坚持"以人为本",酒店的设计应体现亲情化、个性化、家居化,突出酒店的柔和、活泼、温馨、典雅的特点,满足消费者的情感需要和高层次的精神享受。另外,酒店设计应适度张扬个性,通过多种形式创造出独具艺术魅力和技术强度的、使顾客赏心悦目的设计作品。酒店设计可以通过细节向顾客传递情感,努力实现酒店与顾客的情感沟通,体现酒店对顾客的人文关怀,增强顾客的亲近感,从而在无形中提升酒店的人气和知名度。

（二）科学性

酒店的设计必须以科学性为基础。酒店设计的分工是极其精细的,在发达国家,酒店的设计需要有规划、市政、金融、市场、设备、消防、灯光、音响、室内设计、装饰、艺术等至少十几个门类的专家和专业技术人员参与其中,甚至前期还有管理顾问、采购专家、餐饮专家和保险公司的介入。此外,酒店项目的建设所涉及的设备、材料和用品多达数万种,每一种都要有精通的行家来选择和处理。然而,我国大部分新建酒店的设计仅由一个设计单位总包负责(包括建筑、空调、强弱电、排水、视听系统等)。

## 知识活页　万豪国际集团的 DDO——Design Development Operations

作为专业的国际酒店管理公司,万豪国际集团不仅有负责签订项目的发展部、负责前期设计的设计部以及负责酒店运营的运营部,近年来更是细分出专门的设计发展运营部来统筹协调各方业务。对外,该部门专门对接业主方聘请的厨房顾问公司,也会为业主方推荐对万豪项目较为熟悉的公司,同时还负责为酒店进行餐饮概念设计以及厨房餐厅设计;对内,该部门专门对接运营部、设计部及发展部,保证在项目前期(发展部)开发阶段就兼顾运营(运营部)及美观(设计部)的要求。2019年8月,上海鲁能JW万豪侯爵酒店正式开幕,该酒店是上海近年来新开业的万豪酒店。酒店的所有餐饮及厨房设施均由该部门设计而成,是综合考虑了酒店区位、酒店档次及主题定位、未来餐饮趋势以及实际运营等要素的产物。图2-1展示了上海鲁能JW万豪侯爵酒店餐饮收入相较上海其他35家万豪酒店平均餐饮收入的百分比及排名,我们可以看到,尽管2019年8月的收入还未达到平均水平,10月起其餐饮收入持续走高,稳定为上海地区收入NO.1,截至2019年底,高出平均值226%,这足见科学设计对酒店日后运营与创收的重要性。

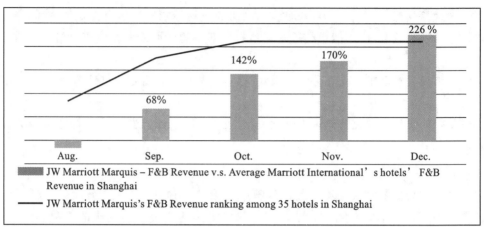

图 2-1　上海鲁能 JW 万豪侯爵酒店餐饮收入与上海其他 35 家万豪酒店对比图

### （三）实用性

酒店所服务的顾客群体会受到酒店的市场定位的影响，不同的市场定位会导致酒店服务于不同的顾客群体，酒店的功能设计也会因此而不同，如度假酒店的设计跟会议酒店的设计肯定不一样。设计的实用性就是要求酒店设计的功能必须充分考虑不同顾客群体的不同需求特点，使酒店设计适合不同顾客使用，同时酒店设计也要方便酒店的经营管理。因为如果不能便于不同顾客使用，酒店便无法吸引更多的回头客；如果不方便酒店自身的经营管理，酒店的经营成本就会增加，从而使酒店无法获得好的经济效益。

### （四）超前性

超前性主要要求在进行酒店设计时，必须对顾客及社会在未来的需求予以充分考虑。酒店对设计的要求很高，既要求绿色环保，又要求时尚，还要尽可能地包含先进科技（如通信设施、视听设备、声光电设备等）。比如，酒店建筑设计中的超前性应当主要体现在尽量使用高科技成果，从而降低酒店营运成本，提高酒店效益，减少酒店员工的劳动强度，同时为酒店的顾客提供更加可靠、便利与优质的人性化服务。另外，电脑系统的运用在现代酒店的前台设计中十分普遍，酒店的前台、后台系统以及特殊的接口系统，使酒店员工能够快速完成客房预订、住客登记、电话总机转接、客账结算、晚间审计、自动报时、最优排放、应收应付账款、仓库管理、销售处理、工资结算等各项工作，从而及时、迅速、准确地掌握相关信息，更有效地提高酒店服务质量。

同时，酒店设计的高科技还体现在绿色环保方面。这就要求设计时要从多方面考虑原材料是否为绿色环保型，以降低能源消耗、减少污染。酒店在为顾客提供舒适的食宿条件的同时，不能以牺牲环境为代价，这既是社会对酒店的要求，也是酒店提高自身效益，并对投资者负责的要求。

不仅如此，酒店设计还要引领新潮，体现出超前性。这就要求酒店投资者具有超前的眼光，充分考虑酒店未来的发展趋势，根据预测做出超前的酒店设计，避免日后的重复投入。比如，随着信息技术的迅速发展，酒店在进行设计时应对客房内的影音设备有更高的要求。

### （五）经济性

经济性指的是酒店永远以盈利为目的，自负盈亏，开源节流，力求以最少的投入产生最大的经济回报,设计师应对酒店经济性进行正确的理念认知之后再来设计酒店。酒店的设计也要充分体现经济性的理念,控制非盈利面积在酒店总体建筑面积中的比重,重装饰、轻装修,酒店的设计既要考虑合理性,又要体现经济性,以期用较少投入达到最佳效果。例如,酒店的公用面积(如酒店大堂、走道、健身房、休息区等)与酒店的后台区域(Back of the House)等部分都属于非盈利面积,有经验的建筑师能够在对酒店营运及酒店形象影响最小的前提下将其尽量压缩。

（六）艺术性

艺术性是指酒店设计要令广大住店顾客从视觉上、心理上产生深刻的、赏心悦目的感觉。优秀的酒店设计在满足使用者视觉上的要求的基础上,还要满足其对听觉、触觉、嗅觉、味觉及氛围上的要求,以体现酒店"以人为本"的设计理念,让顾客能感受到心灵上的满足。此外,如果酒店的某些建筑或布置能够富有创意、形式新颖、设计独特、造型别具一格,成为酒店的一种标志,就会无形中强化酒店在顾客心目中的形象,提升酒店的品牌价值,从而给酒店带来不可估量的经济效益。

## 本章小结

酒店属于重资产,酒店投资具有很大的不确定性及风险性。如何运用有限的资金获得最大的效益,如何选择合适的酒店项目保证投资活动的顺利进行,是每个酒店投资者必须面对的问题和选择。当投资者决定投资开发酒店项目时,项目前期的分析和论证是酒店开发很重要的环节,其对后期的运营效果及酒店未来发展至关重要。酒店投资决策研究一般要经过五个阶段:一是投资意向研究阶段,本阶段重点分析投资环境,鉴别投资方向,选定建设项目,为下一步研究打下基础。二是可行性研究阶段,对拟投资建设的酒店项目的市场需求状况、建设条件、生产条件、协作条件、设备、投资环境、经济效益、社会影响、风险等问题,进行深入调查研究,充分进行技术经济论证,得出项目建设是否可行的结论。三是编制项目建议书阶段,围绕项目的必要性进行分析研究,编制项目建议书,提出项目总体轮廓设想。四是项目评估阶段,由具有一定资质的咨询评估单位对拟投资建设的酒店项目本身及可行性研究报告进行技术上、经济上的评价论证。五是项目决策审批阶段。在项目的分析和决策中,要从酒店投资环境、投资区位、市场现状、市场定位、价格预测、产品竞争等多方面剖析投资项目的影响因素,为酒店投资项目及优化决策奠定基础。

酒店项目前期规划设计中要关注反映酒店建设及运营的关键经济指标,只有了解了这些经济指标和相关的经济理念,在进行项目的具体设计、规划、预算、建造时才能做到更专业、更经济,这些经济指标包括:每间客房的项目分摊(平均)面积、客房部分面积占项目总面积的比例、餐饮面积占项目总面积的比例、创利面积占项目总面积的比例、每平方米的平均项目造价、每间客房的平均项目造价、每间客房的年平均创收、每间客房的年平均创造营业毛利、每间客房的年平均创造回报、每平方米的年平均创造回报。

一家酒店之所以效益好,很重要的原因是其有好的管理。然而,通常情况下,好的管理首先必须从好的设计开始。所谓好的设计,简单通俗地说,就是要求酒店的功能设计既必须方便顾客使用,又要方便酒店管理。一项好的设计必须充分体现以下六个方面的内容:人性化、科学性、实用性、超前性、经济性和艺术性。

## 思考与练习

1. 酒店投资的动机、风险、步骤、特点、效用、影响因素有哪些？
2. 酒店项目的定位论证主要涉及哪些方面？
3. 酒店建设过程中需要关注的经济指标主要有哪些？
4. 酒店管理公司参与酒店建设及管理的优势有哪些？
5. 业主方选择酒店管理公司的主要考量因素有哪些？

扩充视频　　酒店管理公司的选择

### 案例 1：可行性研究内容样本
### ××××酒店项目可行性研究

目录

第一部分　导言

一、研究范围

二、研究方法

三、背景

第二部分　地点分析

一、梗概

二、地点定位和描述

三、可进入性

四、可见性及景色

五、结论

第三部分　投资环境

一、历史背景

二、人口

三、气候

四、经济

五、航空交通

六、开发活动

七、结论

第四部分　市场分析

一、当前的国内市场

二、潜在的国内市场

三、国际市场

四、结论

第五部分　项目地住宿供给分析

一、现有的客房供给

二、竞争者酒店

三、计划增加的客房

四、结论

第六部分　对酒店项目的需求评价

一、预计的客房天需求

二、现有需求

三、潜在需求

四、辅助性需求

五、需求预测

六、供给和需求的调整

七、出租率

八、平均每日房价

九、结论

第七部分　对设施的建议

一、酒店入口休息大厅

二、客房

三、餐饮设施

四、运动项目组合

五、其他设施和服务

六、结论

第八部分　预计的年度运营结果报表

一、财务报表

二、经济通货膨胀程度

三、酒店工资

四、客房部分

五、餐饮部门

六、其他运营部门

七、租金及其他收入

八、未分配的运营支出

九、财产税及保险

问题:

请根据案例试写一份酒店项目可行性研究报告。

## 案例2:一份度假型酒店项目商业计划书

1 度假酒店项目简介

1.1 度假酒店项目基本信息

1.1.1 度假酒店项目名称

1.1.2 度假酒店项目承建单位

1.1.3 拟建设地点

1.1.4 度假酒店项目建设内容与规模

1.1.5 度假酒店项目性质

1.1.6 度假酒店项目建设期

1.2 度假酒店项目投资单位概况

2 度假酒店项目建设背景及必要性

2.1 度假酒店项目建设背景

2.2 度假酒店项目建设必要性

2.2.1 度假酒店项目建设是促进实现"十二五"促进产业集约、集聚、高端发展,促进产业空间布局进一步优化的需要

2.2.2 度假酒店项目的建设能带动和推进度假酒店项目的发展

2.2.3 度假酒店项目是企业获得可持续发展、增强市场竞争力的需要

2.2.4 度假酒店项目是增加就业的需要

3 度假酒店项目的实施地情况分析

3.1 基本情况

3.2 地理位置

3.3 交通运输

3.4 资源情况

3.5 经济发展

4 市场分析

4.1 国内外度假酒店项目市场概况

4.1.1 国内市场状况及发展前景

4.1.2 国际市场状况及发展前景

4.2 我国度假酒店项目生产现状及发展趋势

4.3 20××年我国度假酒店项目出口情况

4.4 主要度假酒店项目市场情况

4.5 度假酒店项目产业前景

5 竞争分析

5.1 企业竞争的压力来源

5.2 波特五力竞争强弱分析

5.3 SWOT态势分析(SWOT示意图)

6 度假酒店项目优势

6.1 政策优势

6.2 地域优势

6.3 管理优势

6.4 技术优势

7　度假酒店项目建设方案

7.1 度假酒店项目建设内容

7.2 度假酒店项目工艺方案

7.3 度假酒店项目产品方案

7.4 经营理念

7.5 管理策略

7.5.1 管理目的

7.5.2 组织结构

7.5.3 管理思路

7.5.4 企业文化

7.5.5 经营理念

7.5.6 企业精神

7.5.7 人才战略

7.5.8 人力资源配置

7.6 营销策略

7.6.1 产业延伸策略

7.6.2 定位策略

7.6.3 定价策略

7.6.4 销售渠道

7.6.5 网络营销

7.7 度假酒店项目整体发展规划及战略

7.7.1 整体发展规划

7.7.2 度假酒店项目宗旨

7.7.3 度假酒店项目发展目标

8　度假酒店项目投资及资金筹措

8.1 度假酒店项目投资

8.2 资金筹措

9　度假酒店项目效益分析

9.1 度假酒店项目经济效益分析说明

9.1.1 经济效益分析评价的范围和依据

9.1.2 度假酒店项目的评价计算期和达到经营规模期

9.2 基础数据与参数选取

9.3 营业收入、经营税金及附加估算

9.4 总成本费用估算

9.5 利润、利润分配及纳税总额预测

9.6 现金流量预测

9.6.1 投资项目的类型假设

9.6.2 财务可行性分析假设

9.6.3 全投资假设

9.6.4 建设期投入全部资金假设

9.6.5 经营期与折旧年限一致假设

9.6.6 时点指标假设

9.7 盈利能力分析

9.7.1 动态盈利能力分析

9.7.2 静态盈利能力分析

9.8 盈亏平衡分析

9.9 财务评价

9.10 社会效益分析

9.10.1 符合国家产业政策

9.10.2 符合建设资源节约型和环境友好型的社会要求

9.10.3 度假酒店项目建设拉动大量就业

9.10.4 带动地方经济发展

10  度假酒店项目风险分析

10.1 政策风险及其规避方法

10.2 市场风险及其规避方法

10.3 竞争风险及其规避方法

10.4 经营管理风险及其规避方法

10.5 成本风险及其规避方法

10.6 财务风险及其规避方法

10.7 融资风险及其规避方法

10.8 社会风险及其规避方法

11  结论

11.1 结论

11.2 建议

(资料来源:酒店人指南,2016-03-15。)

问题:

请根据案例试写一份酒店项目商业计划书。

# 第三章

## 酒店窗口部门的运营与管理

本章知识图谱

### 学习导引

前厅部、客房部和餐饮部是酒店的窗口部门。前厅部是招徕并接待客人,推销客房及餐饮等酒店服务,并为客人提供各种综合服务的部门。前厅部是酒店的营业橱窗,反映酒店整体服务质量。客房是酒店为客人提供住宿以及休闲娱乐等服务的场所,也是酒店收入的重要来源,客房部负责客房的管理工作,工作范围主要包括楼层、PA、洗衣房、游泳池、健身房等。酒店餐饮的服务场所是社交集会的理想场所,它日夜不停地和住店顾客及店外顾客发生频繁接触。许多顾客会以点看面,将对餐厅的印象看成对整个酒店的印象。餐饮服务经营管理的好坏、服务质量的优劣关系到酒店的声誉和形象,进而影响客源。

酒店的窗口部门属一线服务部门,和消费者直接接触,直接影响消费者的体验感知,对酒店的运行管理至关重要。本章将详细介绍酒店的前厅部、客房部和餐饮部运营管理的相关知识。

### 学习重点

通过本章学习,重点掌握以下知识要点:

1. 前厅部、库存管理、标准库存量、经营预算的内涵,前厅部组织机构及发展、不同预订方式及类型。
2. 影响库存的主要因素——酒店布草,"完美布草"计划的实施。
3. 经营预算制定的依据,房务损益表中的顺差、逆差,经营预算表。
4. 菜单筹划的步骤,菜单定价和调整的方法。

### 素养目标

学生通过学习上述知识要点,可以增强接待服务意识,提升业务操作能力、人际沟通能力和组织协调能力,并且能够在学习各种接待服务及处理问题的过程中遵守职业道德和职业规范。

## 第一节　酒店前厅部运营与管理

一、前厅部管理概述

（一）前厅与前厅部概述

前厅又称大厅（Hall）、大堂（Lobby），它是指酒店大门后到酒店客房、餐厅等营业区之间供客人自由活动的公共区域。它是每一位客人抵达、离开酒店的必经之地，是客人形成酒店"第一印象"和"最后印象"的重要场所。

酒店的前厅部应设在酒店大堂，它应该在酒店中一眼被看到，比起其他部门，前厅部员工与客人的接触机会更多。它是负责销售酒店产品与服务，组织接待工作，调度业务经营，以及为客人提供订房、登记、行车、电话、退房、管理客账等各项服务的场所。

（二）前厅部在酒店中的地位

如果把酒店看成一个巨大的轮子，那么这个轮子的中心轴就是前厅部，它是酒店开展业务活动的中心和枢纽，是酒店服务及管理的代表机构，更是酒店的信息中心。前厅部在酒店管理中具有全面性、综合性和协调性等特点。

（三）前厅部的任务

（1）销售客房，为客人办理入住登记以及分配客房。

（2）保持房态资料的准确性，在没有预订部门的酒店或预订部员工下班之后提供订房服务。

（3）推销酒店的其他产品。

（4）调度酒店业务，协调对客服务。

（5）提供各项前厅服务。

（6）管理客人账目，监控信用额度。

（7）提供相关经营管理信息，建立客人资料和其他资料档案，并制作财务报表。

（四）前厅部业务的特点

（1）接触面广。前厅部负责接触几乎所有的客人，为其办理业务。

（2）业务复杂。前厅部负责预订、入住、结算、退房等各类业务。

（3）综合性强。除了办理入住退房业务，前厅部还承担接待、咨询、处理投诉等各类事件，内容综合性强。

（4）关系全局。前厅是酒店的门面，会遇到很多突发情况，这时就需要妥善的处理才能控制局面。否则将影响客人对整个酒店的印象，所以对前厅部员工的考验极大。

（五）前厅部组织机构

酒店是一个庞大的运行系统，而顾客往往无法明白其运营的复杂性。其无法体会到彬彬有礼的门童、友好负责的前台接待或者干净整洁的客房都意味着数个小时的事先规划、大量的沟通协调以及不间断的培训。只有这样才能创造出一个高效运转的组织。

一个组织需要一个正式的机构来落实它的使命和任务。组织机构是指在组织规模已定的情况下,通过比较狭窄的管理幅度和较多的管理层次设计,严格划分职能,严格确定层级的组织结构形态。展示这一架构的常用方法就是组织机构图。组织机构图是以图表的方式反映出组织内部各岗位之间的关系。这既显示了各个岗位在整体组织中的地位和作用,同时又反映了部门的责任和权限。

没有任何两家酒店的组织机构是完全相同的,每个酒店都必须按照自身需要进行组织机构设置。这里列举两种不同酒店的前厅部组织机构图:一家是提供全方位服务的大酒店,另一家是只提供客房设施的小酒店。

图 3-1 所示为一家提供全方位服务的大酒店的组织机构,前厅部的分工比较明确,层级较多,被称为高长型组织机构。它的优点是较小的管理幅度可以使每位主管仔细地研究从每个下属那里得到的有限信息,并对每个下属进行详尽的指导。

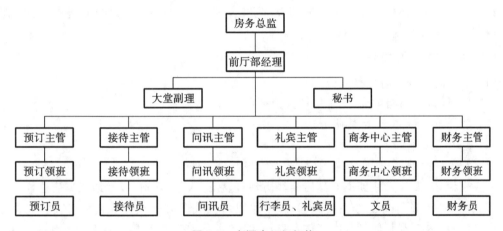

图 3-1　大酒店组织机构

但这种组织机构也有一些问题,如过多的管理层次会影响信息从基层传递到高层的速度,而且信息在多层级的传递过程中容易失真,并使计划的控制工作复杂化。

图 3-2 所示为一家只提供客房设施的小酒店的组织机构。这种结构层级比较少、管理幅度较大的组织机构,被称为扁平型组织机构。

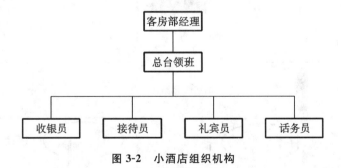

图 3-2　小酒店组织机构

扁平型组织机构的主要优点是有利于缩短上下级距离,密切上下级关系,信息纵向流通快,管理费用低,失真少,便于高层领导了解基层情况。并且由于管理幅度较大,主管人员工作负担重,主管人员更乐于让下级享有更充分的职权,使得被管理者有较大的自主性、积极性和满足感,主管人员与下属能够结成较大的集体,有利于解决较复杂的问题。

但这类组织机构的缺点也比较明显：

（1）由于管理幅度较宽，权力分散，不易实施严密控制，加重了对下属组织及人员进行协调的负担；

（2）主管人员的管理幅度大，负荷重，精力分散，难以对下级进行深入具体的管理；

（3）对主管人员的素质要求高，而且管理幅度越大，要求就越严格、越全面。当缺乏符合要求的主管时，只得配备副职从旁协助，这样会导致正副职之间的职责不易划清，出现种种不协调的现象；

（4）主管人员与下属结成较大的集体，随着集体规模的扩大，协调和取得一致意见会变得更加困难。

正因为扁平型组织机构的缺点很多，所以大型全服务式酒店通常设置高长型组织机构。那么如何设置酒店的组织机构呢？

第一，要从实际出发；第二，要精简高效，能够合理分工；第三，任务明确，统一指挥；第四，便于协调。这样才能对员工进行有效的管理。

### （六）前厅部发展趋势

（1）手续简单，服务快捷（人脸识别）。

（2）程序简化，强调规范（芝麻信用分免押金等）。

（3）培训重点转移（个性化服务）。

（4）追求零缺陷服务。

（5）人数少而精，工种趋于减少（机器人代替部分工作）。

一般来说，客人从入住到离开酒店会经历预订、登记入住、住宿，以及结账离店这样一个循环过程。图3-3为前厅部工作主要流程，从中可以看到关于客人入住的整个过程。在这个过程当中，每一项内容都跟前厅部的工作息息相关，前厅部都需要积极地参与其中。首先，在客人预订的过程当中，前厅部下的预订部门就会积极地参与到这项工作中去；其次，当客人来到酒店的时候，前厅部前台工作人员会回答客人的各种问询，并且会为客人办理入住，以及提供

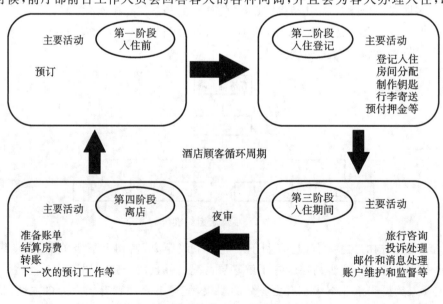

图3-3　前厅部工作主要流程

行李的运送服务;再次,客人在店期间,前厅部会为客人收取包裹,为客人提供一些咨询服务,向客人推荐旅游景点,以及帮助客人收发邮件;最后,当客人离开酒店的时候,前厅部会为客人提供账单、办理离店手续,以及提供送机服务,并且会帮助客人预订下一次到店的时间。所以前厅部需要参与客人入住循环中的每一个阶段的活动。

## 二、预订管理

### (一)预订的概念

预订指的是在客人抵店前对酒店客房的预先订约,即客人在抵店之前通过电话、传真、网络等方式与酒店达成的有关客房的约定,是客人与酒店之间达成的一种口头或书面协议。

### (二)预订的重要性

对客人来说,最重要的莫过于抵店时,房间已经准备好。所以预订对于客人的好处有很多,例如:

(1)可保证住宿;
(2)选择住宿类型;
(3)可在酒店收发信件。

预订不只让客人住房有保障,对酒店来说,预订的作用更大:

(1)可给客人留下酒店的第一印象;
(2)可销售酒店的主要产品(住宿);
(3)可为其他部门生成客户;
(4)可向其他部门提供重要的管理信息;
(5)可加快客户服务的便利化,规划销售和市场营销部门的活动。

### (三)不同预订方式的对比

客人可通过很多不同的渠道进行酒店客房的预订,如电话预订、传真预订、邮件预订、面对面预订、网站预订等。而每种预订方式都有各自的优缺点,以下我们介绍几种常见的预订方式。

1. 电话预订

电话预订还是目前客人经常使用的一种预订方式,其优点:

(1)电话预订非常快速、简单;
(2)电话预订是客人和酒店之间直接沟通的渠道(也就是说,客人有什么需求,可以直接向酒店提出,并且客人有机会通过电话听到预订人员对酒店整个房间情况进行详尽的介绍);
(3)根据酒店的实际情况,客人可以及时调整有关预订要求。

电话预订也有不少缺点:

(1)语言障碍;
(2)电话清晰度会影响电话的准确性;
(3)接电话人和其他因素导致订房错误。

电话预订的注意事项:

(1)仔细记录,重复确认信息;
(2)不能让客人在电话那边一直等待;

（3）预订员必须熟悉酒店的各种设施及各类房间的状态；

（4）如不能及时回复客人信息，须请客人留下联系方式。

2. 面对面的预订方式

面对面预订的优点：

（1）酒店有机会详尽了解客人需求；

（2）专人回答客人的任何问题；

（3）预订员有机会运用销售技巧或展示客房来帮助客人做选择（可以运用销售技巧促使客人预订更高等级的房间）。

面对面预订的注意事项：

（1）书写要清楚，让客人自己签名；

（2）应提前告知客人酒店的额外规定，如旺季时，对不能确定抵店时间的客人一定要告知其房间只能保留到18:00；

（3）如果客人不能确定逗留天数，也要设法让客人给出大致入住的天数。

（四）预订类型

预订类型可以分为担保预订、非担保预订，以及等候名单。

1. 担保预订

担保预订是指酒店向客人保证将预留房留到客人计划抵店当天某个时间为止。客人提前支付费用，即使没入住也要支付费用的预订。

（1）预付款——抵店前就支付全部费用，最受欢迎的度假型酒店常用这种预订方式。

（2）信用卡——入住前用信用卡支付保证金，除非在规定时间之前取消，否则扣除一晚房费。

（3）预订金——预付部分款项，通常够付一晚房费，入住时间长则会收取更多预订金。

（4）收费凭证——持收费凭证的客人都是已经预先付款给旅行社的人，旅行社保证收到酒店寄回的凭证就打款。

（5）公司担保——公司与酒店签订合同，规定每年房晚数或价格，客人未到，也扣除费用。

2. 非担保预订

非担保预订是指酒店同意为客人保留客房至某个时段，如果客人未按时到达，酒店可以出租该预留房。接近客满的酒店一般都只接受非担保预订。

（1）临时预订。

临时预订一般未经书面确认或客人确认，通常是客人在即将抵达酒店前很短时间内或在到达的当天联系订房。这种情况下酒店无法要求客人预付现金，只能口头承诺。

（2）确认预订——口头预订。

口头预订是指客人口头跟酒店确认的预订，通常酒店在客人抵店当天会再次确认客人是否会到，客人予以保证。

（3）确认预订——书面预订。

书面预订是指以书面形式在酒店与客人之间达成了双方认可的协议，从而确立并约束了双方间的关系。通过书面确认，预订客人的基本情况能够被了解并证实；持有确认函来店的客人，由于地址被验证，收取欠款的风险小。

需要注意的是,确认预订不是担保预订,因为酒店没有收取任何费用。

3. 等候名单

等候名单指的是在客房预订已满的情况下,再将一定数量的订房客人列入等候名单,如果有人取消预订或有人提前离店,酒店就会通知等候客人来店。

(五)确认信息内容

预订完成后,客人会在手机或者邮箱当中,收到酒店发送的预订确认信,包含本次酒店客房预订需确认的信息内容:

(1)姓名、性别、地址、电话;
(2)订房者姓名和相关信息;
(3)同行人数、是否有孩子、房间类型、房晚;
(4)抵店日期、离店日期;
(5)预订种类、付款方法(信用卡或预订金);
(6)最后取消时间;
(7)特殊要求。

(六)团队预订

1. 销售部在团队预订中的作用

(1)销售部是酒店首要的预订客源渠道。

在团队的预订过程当中,销售部与预订部的合作起到了很关键的作用。这是因为销售部开拓的酒店客人占酒店预订客源的大部分。很多度假型酒店的客源主要来自各类散客,而很多商务型酒店的客源来自各种团队,团队预订往往因商务公司或者商业协会的重要会议而产生。酒店的销售部通过电话或者邮件的方式和客人进行接洽,或者客人也通过这一类的预订方式与酒店取得联系。销售合同和实际团队用房需要进行对比,才能确立最后的用房数量。

(2)销售部还负责团队市场以外的销售任务。

销售部除开发团队市场外,还承担一些销售任务。比如,销售专员会去争取商务公司或旅行社客源,并且销售专员会承诺,如果其能够兑现承诺的房晚数,那么酒店将给予一定的折扣。

以往酒店的销售部门根据销售的房晚数来给销售部门发放绩效,但是越来越多的酒店发现,销售的多少并不能直接产生酒店的利润。所以现在的酒店将销售指标和营业额进行挂钩。销售专员既要考虑售出的房晚数,也要考虑其承诺的房价能否达到两者之间的平衡。

(3)预订部经理与销售部的配合。

在销售过程当中,除销售部门外,预订部经理也要积极地参与销售的决策,确定适合酒店的团队与散客的比例也是非常重要的。

2. 团队预订方式及注意事项

在整个团队预订过程中,酒店与客户可能会采用E-mail的形式,也可能采用电话或者短信的方式,甚至采用面对面商量的方式来确定房晚数。

在团队预订过程中,用得最多的就是合同加传真的方式。酒店与旅行社或商务公司之间签订订房合同,以达到长期出租客房的目的。传真则能够正式、方便、快捷、准确地将信息传递过来,并且可以保护好客户的数据,以便了解客户的各类需求,防止预订纠纷的产生。

在起草合同的过程中,有几个需要思考的问题。

(1) 房间数量与价格之间的关系。一般认为房间订得越多价格越低,但这也不是绝对的,还要考虑到散客用房和团队用房之间的比例,以及预订团队是否能达到足够多的房间数量。

(2) 在起草合同的过程当中,一定要强调大部分成员抵离酒店的时间。如果不确定抵离酒店的时间,或成员不是同一个时间到达或者离开,而是陆陆续续抵店或者离开,就会给前厅部和客房部带来很多的工作困扰。

(3) 预订的方式、团队结账的方式,都应该完整地出现在合同内容当中。

(4) 客人需要提前抵达酒店,或者延期退房、延期离店的安排也应该包含在合同内容当中。

3. 团队预订方案

酒店完整的团队预订方案流程如图 3-4 所示。

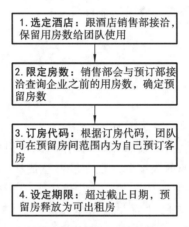

图 3-4　团队预订方案流程

在这个流程当中,最主要的是第二步——限定房数。

为什么要限定房数呢?很多企业或者团队在预订客房的时候,会多预订一些客房,给自己留有一定的空间。那么在这个预订过程当中,其实有很多客房是用不到的。如果酒店按照这个数量建立一个 Block(预留房)给企业或者团队,可能会对酒店造成很大的损失。所以保留用房的时候一定要对比这个公司或者这个团队历年的数据,假设这个团队去年订了 400 间房间,最后入住的只有 200 间房间,那么它的兑现率只有 50%。如果今年还要预订 400 间房间,预订部、销售部应该与之沟通,确立一个合理的预订房数,以保证酒店的基本利益。

如果公司或者企业的用房数量需求过大,酒店一定要谨慎研究给出的房晚数,并且对比团队之前的用房数,以保证给团队一个合理并且不损害酒店利益的房数。如果公司或者企业的需求过小,酒店也要积极拓展新的团队渠道,以保证酒店房间能够销售出去。

另外,预订部经理还要控制好散客与团队的比例。一般商务型酒店以团队为主,度假型酒店以散客为主,但是这也不是绝对的。如果一个酒店团队过多,散客就会觉得非常吵闹,他们会觉得酒店里面没有安静的空间;而如果散客过多的话,团队客人就没有办法合理地被安排在相近楼层,这样也会造成一定的困扰。所以控制散客与团队的比例,是预订部要做的一项重要工作。

**思考一下**

如果酒店的房间都满了,那么酒店还能接受预订吗?

**(七)超额预订**

在一些酒店里面,预订部会安排客房销售数量超过本酒店能容纳的实际数量。这样做的目的是什么呢?

主要目的就是避免由于客人没有出现而产生空房间,从而造成浪费。这种情况叫作Overbooking(超额预订)。

超额预订是由以下原因导致的:

(1)比如有客人预订了房间之后,没有支付押金,处于一种非保证类预订的状态,那么他随时可以临时取消这个酒店的预订。

(2)客人预订之后,酒店与他失去了联系,从始至终客人都没有出现。这样的客人也被称为处于一种No Show(没来)的状态。

(3)客人可能预订了三天的酒店客房,最后他只住了一天就离店了,那么这属于提前离开,后面两天的客房就处于一个空置的状态。

(4)最后一种情况是客人可能会临时更改预订的请求,导致客房闲置。

所以酒店应当如何计算可以承受的超额预订房数呢?这需要酒店预估:

(1)客人可能会临时取消多少间房间?

(2)没来的客人可能会有多少?

(3)提前离店的客人会有多少?

此外,假设客人只预订了一个间夜,但是如果他后面还要续住两三天的话,那么后面两三天的这间客房是不可以被销售的。

因此,超额预订的房间数量就等于临时取消数加上没来的数量,加上提前退房数,减掉续住的房数,公式如下:

$$超额预订房数 = 临时取消 + 没来 + 提前退房 - 续住$$

但是超额预订一定要有一个度的限制,以免出现因为过度的超额预订,而导致客人全部到店之后不能入住;或者超额不足,而使部分客房仍然处于闲置的状态。所以酒店的客房能够接受的超额预订比例应该控制在10%~20%,甚至现在有一些非常热门的酒店,或者一些比较规范的酒店,是不允许超额预订的情况存在的。

那么再来思考一个问题,如果超额部分的客人全部到店,酒店又该如何处理呢?

如果没有出现临时取消预订或者没来的情况,并且超额预订的客人全部到店,酒店的客房就会处于不足状态。当这部分客人到店时,他们虽然预订了房间却无法入住。这个责任肯定是属于酒店方的。这时候酒店的态度就尤为重要,超额预订客人到店后的处理方案如图3-5所示。

首先,要跟客人真诚地道歉,并且满足客人的合理要求。如果客人这时候的情绪比较激动,可以邀请客人前往会议室进行商谈。

其次,如果客人愿意前往其他同等级的周边酒店,酒店应该快速反应,派车将客人送往其他酒店,并且支付一晚的房费,甚至可再给予其他的一些折扣或补偿。

最后,酒店需要对整个事件进行跟进,这一步是非常重要的。酒店方需要关心客人是否到达了其他酒店,是否已经办理入住,是否住得舒服,能否第二天给予酒店一个补偿的机会等。酒店应再次对客人表示真诚的歉意,让客人感受到酒店对客人是尊重的。如果这位客人第二天还愿意回到本酒店的话,那么酒店也应该派车将客人接回,并且给予一定的折扣或者升级房型,这样才能挽回客人。

图 3-5　超额预订客人到店后的处理方案

因此,如果超额预订的客人全部抵店的话,酒店方的损失也是非常大的。所以在进行超额预订时,酒店方应该仔细思考超额预订的数量和比例。

## 第二节　酒店客房部运营与管理

**思考一下**

酒店客房部的主要任务有哪些?

### 一、库存管理

(一)客房部的主要任务

酒店客房部的主要任务有以下五点:
(1)要保持房间的干净整洁以及舒适;
(2)要提供强大的、周到的以及礼貌的服务;
(3)要能够确保房间内的设施和设备始终处于良好的工作状态;
(4)要维护宾客的生命财产安全;

（5）要负责酒店所有床单和员工制服的存放和清洗。

除了以上五点主要任务，酒店客房部还应该负责哪些内容呢？酒店的客房部还应负责公共区域的卫生打扫，负责酒店内所有备品的准备及购买。因此，酒店客房部的工作还涉及酒店所有客房内所需要的各种物品（如床单、布草、备品、毛巾等）的采购以及管理。

图3-6是酒店客房内的一些客房用品，其中包括两大类：第一类是可循环使用的客房用品；第二类是不可循环的客房用品。请将图片中的客房用品进行分类。

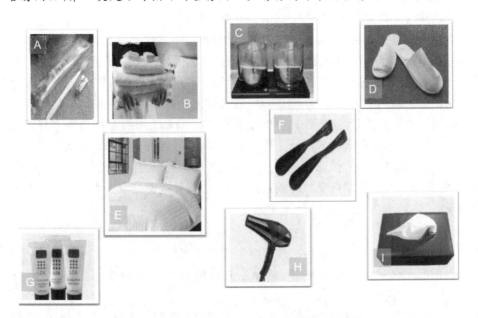

图3-6 酒店客房内的一些客房用品

从图3-6中可以发现，酒店客房里有很多可循环使用的客房用品，也有很多不可循环使用的客房用品，那么客房部主管的主要责任和任务就是购买并妥善管理这两种主要的客房用品。

（二）标准库存量的概念

标准库存量是指可以支持一次所有客房日常操作的库存物品的标准数量。在有效管理库存当中，最重要的任务就是要确定每件物品的标准库存量。

下面举一个例子来说明。

假设酒店有900个床位，那么每个床位都需要一张床单。因此，对于这个酒店，一个标准库存量就是900张床单，即900张床单就可以满足一次酒店所有客房日常操作的库存量。这就是标准库存量的概念。

标准库存量就是由可循环使用的和不可循环使用的库存量来决定的。

酒店在决定可循环使用的客用品标准库存量时,应该要了解日常每天所需要的客用品数量,以及它的耗损量。因为这类客用品是可循环使用的,所以必须了解每天需要的数量,以及每年的耗损量。

而不可循环使用的客用品相对比较简单,酒店只需要知道满足酒店每天日常使用所需的最大量和最小量,这类客用品的库存以最小值和最大值之间的区间范围来进行度量。

### (三)影响库存的主要因素——酒店布草

酒店布草一般分为三大类:

第一类,床上用品的布草;

第二类,卫生间里的毛巾、浴巾等之类的布草;

第三类,餐厅所使用的桌布布草。

本书中的库存是以第一类,即床上用品的布草为例展开的。

酒店客房的布草一般会在满足所有客房要求的情况下多次使用,那么在酒店需要准备多少个标准库存量的布草才能够满足酒店的日常使用呢?如果准备两个标准库存量,当天使用,第二天换下来,交替使用是否足够呢?显然两个标准库存量是完全不能满足酒店日常运营需要的。如果酒店只有两个标准库存量的布草,那么就意味着每一天酒店都要把当天换下来的全部布草送到洗衣房去进行洗涤,并且要保证能够把前一天洗涤的那些布草完好无损地全部拿回来使用。事实上,很多酒店的洗涤工作都是外包的,酒店既不能保证每天把收下来的布草全部送到洗衣房,也没有办法保证外包的洗衣房能够每一天都把前一天的布草清洗干净。

因此,建立布草的标准库存量的时候,客房经理应该要考虑三个因素:洗涤周期、紧急情况和更换周期。

#### 1. 洗涤周期

思考一个问题,酒店准备三个标准库存量的布草是否足够?

第一个标准库存量应该是洗涤好、储存好并且预备使用的布草,是当天将要换上去的布草。

第二个标准库存量应该是前一天换下来,当天要拿去洗涤的布草。

第三个标准库存量应该是当天客房中使用,并且马上要撤下来收走,然后准备第二天进行洗涤的布草。

酒店布草最基本的标准库存量应该是三个。但是,有时酒店的布草送到外面洗衣房进行清洗时,未必能保证每天都将布草洗涤干净。因此,根据商业洗衣标准(一般是 48 小时),酒店要预备第四个标准库存量,即增加一个标准库存量的布草以应对酒店和洗衣房之间的送洗时间。由此可见,酒店需要准备四个标准库存量来进行更换(见图 3-7)。

#### 2. 紧急情况

客房经理需要对任何一种紧急情况做好预备工作。例如,酒店突然停电,洗衣房不能工作了,这个时候怎么办?或者洗衣房出现了一些机器故障,又该怎么做?任何一种设施设备的损坏,都可能使得整个酒店的洗涤周期停止。

在这种情况下,四个标准库存量也许在某种情况下仍是不够的,酒店可能要准备五个标准库存量,甚至六个标准库存量来应对这种紧急情况。

#### 3. 更换周期

以前的五星级酒店的布草是每天进行更换的,但是现在很多五星级酒店为了环保、减少能

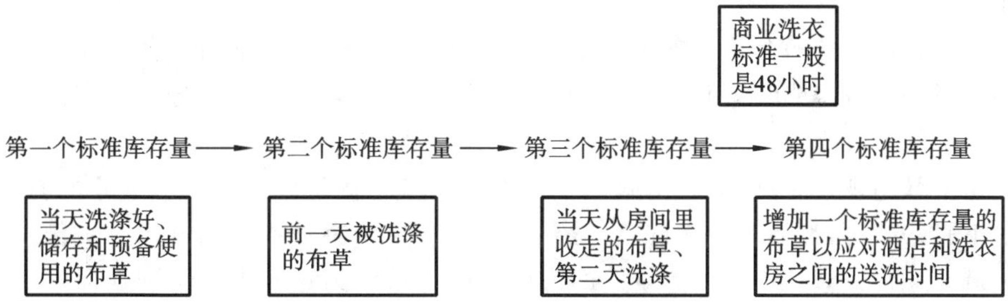

```
第一个标准库存量 → 第二个标准库存量 → 第三个标准库存量 → 第四个标准库存量
                                                                    ↑
                                                            商业洗衣
                                                            标准一般
                                                            是48小时

当天洗涤好、        前一天被洗涤         当天从房间里         增加一个标准库存量的
储存和预备使        的布草              收走的布草、         布草以应对酒店和洗衣
用的布草                               第二天洗涤           房之间的送洗时间
```

图 3-7　洗涤周期对酒店布草库存量的影响

源消耗或者考虑到酒店本身成本支出的问题，开始实施隔天或隔两天更换布草计划。

虽然大部分的客房服务员可以无须每天为每一张床更换床单而烦恼，但是对酒店的管理者来说，或者对客房部经理来说，这样会出现一些管理上的问题。

第一，原来的客房服务员，只要看到床单，第二天就需要更换。这其实在管理上是一个非常方便的方法。经过了每天更换床单的培训之后，现在要求服务员根据不同情况来进行更换床单，其实这些服务员就需要接受再培训。

第二，大部分客房服务员并不具备良好的英语沟通水平，导致其与外籍客人就床单更换的问题无法实现良好的沟通。这也等于给客房服务员增加了额外的难题。

第三，在原先的酒店系统当中，只要经过夜审之后，每一个住客房的房态就会变成脏房，脏房就需要更换床单，这是毋庸置疑的。但是如果酒店两三天才更换一次床单的话，那么必须设计一套详细的表格来记录哪一些床单是需要更换的，哪一些床单只需要整理。所以客房服务员在工作任务单上需要标注清楚哪些床单需要更换，这其实也给其工作增加了一定的负担。

第四，当客人没有提出更换要求，但是客房服务员发现这个床单已经不够干净时，这种情况下客房服务员是不是应学会自我判断是否需要更换呢？或者当这个床单还没有到要更换的日期，但客人提出紧急更换要求的时候，是否有足够的床单让客房服务员能够去更换呢？这些都是管理上会遇到的问题。

所以在酒店进行布草更换改革之前，要思考清楚这些问题该如何解决，并且制定出详细的工作方案，这样才能够更好地要求客房服务员如何去清理这些床单。

（四）如何达成"完美布草"

每一年制定预算的时候，管理者一定是希望酒店的布草寿命越长越好，能够循环更替使用，而不希望每年布草都报废很大一部分，然后影响到下一年的工作预算。

要想使布草尽可能长时间使用，管理者就需要制订一个"完美布草"计划。什么是"完美布草"呢？床罩、毛毯、床单、枕套、床垫、衬垫必须完全一尘不染，并且没有撕裂的痕迹，必须保证床用布草没有任何被其他客人使用过的迹象。在这个循环使用的过程中，如果能做到以下六个步骤，就可以确保达成"完美布草"。[1]

第一步：注意并处理污渍。

谁会第一个发现布草出现了问题？发现污渍的第一道防线是谁？是客房服务员？还是洗涤工作人员？或是客房部经理？又或是客房部督导？

---

[1] 资料来源：美国饭店业协会。

这个答案是显而易见的,客房服务员每天在更换床单布草的时候,会第一个发现床单出现了什么问题。客房服务员从床上撤走脏布草时,如果能够观察这些使用过的布草,就能注意到污渍,并且把带有污渍的布草与其他布草分开处理,这非常有利于后期进行分别清洗,也大大节省了洗衣房的分拣工作。

但是这里又出现一个问题,客房服务员的主要工作职责是什么?客房服务员的主要工作职责是撤下脏的布草,然后把干净的布草换上去,而布草分类并不是其分内的工作,所以很多客房服务员不愿意去做这方面的鉴别。因为客房服务员认为这样做得不到任何好处,这就要求酒店的管理层自上而下地设置一套激励计划来鼓励这些酒店客房服务员对带有污渍的布草进行分类。如果酒店客房服务员能够通过布草分类而得到经济上的补偿或是一些口头、书面的表扬,也许他们会很乐意去做这件事情,但是如果只是主管要求他们对布草进行分类,他们可能就没有足够的动力去完成这项工作。

第一次发现污渍就处理有两个好处:第一,较早处理能更好地抓住时机,彻底去除污渍;第二,当布草从客房服务员的客房服务车运送到洗衣房时,所喷洒的去污喷剂能够在这段时间里起作用。

第二步:建立洗衣房洗涤意识。

当酒店的客房服务员把布草送到洗衣房的时候,就进入了处理污渍布草的第二道防线。这时洗衣房员工如果能将布草进行分类、放进洗衣机、从洗衣机拿出来放入烘干机、再从烘干机取出并折叠,这期间会数次接触到布草,每一次操作都提供了发现污渍和破损之处的机会,这样可以弥补第一道防线的缺失。

第三步:修补或去除。

当发现布草有污渍或破损的时候,如果考虑到布草不能在客房内继续被使用,那么酒店需要建立标准来帮助洗衣人员识别哪一些布草是可以进行修补的,哪一些布草是可以作为抹布继续使用的,以及哪一些布草是需要被丢弃的。

许多酒店里面都需要有一个专门的鉴别人员来对这些布草进行修补或者去除,此鉴别人员往往是从洗衣房员工中培养的。如果枕套破损的是褶边,那么修补一下还可以用;但是如果破损处在床单中心,那么即使缝上还是让人无法接受。

第四步:要调查反复出现的情况。

当客房服务员或洗衣房员工发现从一个房间里面拿到的布草,经常在同一个地方出现破损或者污渍的时候,其就不应该只是对布草进行分类,而应该去调查出现这个破损或者污渍的原因。比如:床垫上面出现了一个小小的刺,总是把布草刺破;布草挨着床头柜的地方有一块污渍,所以布草每一次铺上去的时候总是会不干净,以至于这个布草不能继续使用;洗衣滑槽粗糙的边缘会撕破布草等。洗衣房员工或者酒店客房部主管应该去调查客房内的情况,并且找到布草出现破损的根本原因。

第五步:管理层要强烈地关注和支持。

酒店管理层应该全心全意地关注并支持"完美布草"的理念。如果领导只是询问员工是否实现了"完美布草",而没有训练、没有监督,员工又怎么会去完成这项工作呢?如果酒店没有专门的培训人员来培训客房服务员,使其知道哪些布草是不可以继续使用的,哪些布草是可以继续使用的,那么就可能有大量的布草被无差别地处理掉,导致大量的费用被用来更换新的布草。所以管理层应有一个好的管理计划,即让员工通过尽快地识别污渍以提高布草的再利用比例,通过早发现问题来源以减少受损布草的数量。

第六步：持续检查。

管理层只有对客房服务人员或者洗衣房的工作人员有一个激励计划，能让他们觉得做这件事情是有意义的，并且有一定的物质或者精神上的奖励，客房服务员或者洗衣房的工作人员才有可能愿意去做这件事情。管理层需要知道自己制订的"完美布草"计划是如何服务于顾客的，或者需要知道这个"完美布草"计划是如何被执行的。管理层应该进行持续的检查，而不是把这项任务布置下去之后就不管不问了。

持续检查通常有几个不同的途径：

（1）可以通过意见卡来征询顾客的意见；

（2）采用神秘人入住酒店的方法，可以知道酒店的布草是怎样在被更替；

（3）酒店客房部督导或者经理要持续地观察这些客房服务员工作的情况；

（4）洗衣房也要进行定期的检查，以了解布草回收的情况。

如图3-8所示，这样的六个步骤完成之后，才能够能尽可能地延长布草的使用寿命，并且能够达到"完美布草"计划的要求。

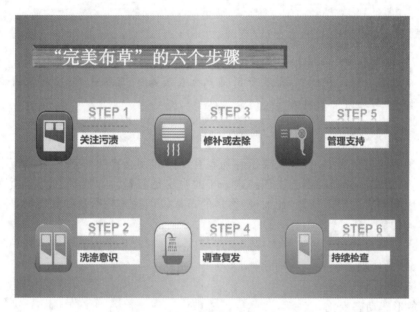

图3-8　实施"完美布草"计划的六个步骤

扩充视频　　　　　如何达成"完美布草"

## 二、经营预算

### (一)经营预算内涵

除布草外,酒店客房部还有一些其他的预算。关于客房部的预算种类,基本上可以分为资本预算和经营预算两大类。

(1)资本预算:为大于1500美元的公司资产费用项目制订的资本支出计划。

通常情况下,这些物品在正常的操作过程当中是不会被轻易消耗掉的,其寿命会超过一年,甚至是数年。例如,酒店客房部的一些家具的采购、一些固定的装置,以及一些设施设备,这些都可以称为资本预算,其费用也比较高。

(2)经营预算:在一定的时期当中,预测酒店日常经营的收入与费用。

经营支出是酒店在正常运营过程当中因创收而产生的成本。最昂贵的经营成本就是员工的薪资。

思考一下

在酒店运营过程当中,哪些费用将产生在酒店客房当中,除了员工的薪水和福利,还有什么是需要支出的呢?

在制定预算的过程当中,首先就要了解到底有哪些费用会产生在酒店客房当中。一般在年初的时候,酒店客房部经理都会去预测这一年的客房销售量。那为什么要去预测客房销售量呢?这是因为酒店的很多预算,比如说,客房的布草、员工的工资,这些其实都是跟客房的销售量紧密挂钩的。

怎么去预测客房的销售量呢?客房部经理可以从以下这几个方面去预测这一年的客房销售量,并以此作为依据去制定酒店的预算。

(1)市场环境动态变化。

(2)竞争形态动态变化。

(3)酒店规模及服务设施项目。

(4)酒店同比和环比历史数据。

(5)投资者的期望。

到了年末的时候,酒店会将实际的费用与当时预测的费用进行对比,在保证收入没有很大变化的情况下,如果实际费用小于预测费用,那么我们认为支出是合理的。如果实际费用远远大于预测费用,就要看酒店的入住率,若入住率和往年没有太大的变化,而实际费用大大增加,那么酒店一定出现了某方面的问题,因此要去追查是当时的预算制定的问题,还是实际运营过程当中出现的问题。

### (二)房务损益表

图3-9是某酒店房务部一年的客房损益表。

从图3-9可以看到散客的收入达到543900美元,团队的收入达到450000美元,长住客的收入达到48000美元,其他的收入也有2000美元,另外还有2700美元的折让。

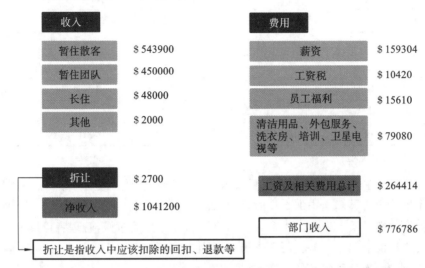

图 3-9 某酒店房务部一年的客房损益表
(资料来源：Raymond S. Schmidgall. 饭店业管理会计[M]. 北京：中国旅游出版社，2002.)

折让是指收入当中应该扣除的回扣及退款等，其实它也是一种支出。扣除折让后的酒店的净收入达到 1041200 美元。

从整个酒店房务部的费用中可以看出，薪资支出最多，为 159304 美元，再加上其他费用，总计 264414 美元。

所以从房务损益表可以看出，这一整年酒店客房部的收入达到了 776786 美元，也就是说整个酒店的房务部处于一个盈利的状态。

(三) 顺差与逆差的概念

某酒店某年一月份的房务部预算报告如表 3-1 所示。

表 3-1 某酒店某年一月份的房务部预算报告

| | 项目 | 实际数额/美元 | 预算数额/美元 | 差异/美元 | 差异/(%) |
|---|---|---|---|---|---|
| 收入 | 客房销售 | 156240 | 145080 | 11160 | 7.69 |
| | 折让 | 437 | 300 | (137) | (45.67) |
| | 净收入 | 155803 | 144780 | 11023 | 7.61 |
| 费用 | 薪资 | 20826 | 18821 | (2005) | (10.65) |
| | 员工福利 | 4015 | 5791 | 1776 | 30.67 |
| | 工资及费用总计 | 24841 | 24612 | (229) | (0.93) |
| 其他费用 | 佣金 | 437 | 752 | 315 | 41.89 |
| | 外包 | 921 | 873 | (48) | (5.50) |
| | 客用品 | 1750 | 1200 | (550) | (45.83) |
| | 洗衣房及干洗 | 1218 | 975 | (243) | (24.92) |
| | 布草 | 1906 | 1875 | (31) | (1.65) |

续表

| 项目 | | 实际数额/美元 | 预算数额/美元 | 差异/美元 | 差异/(%) |
|---|---|---|---|---|---|
| 其他费用 | 经营用品 | 1937 | 1348 | (589) | (43.69) |
| | 预订 | 1734 | 2012 | 278 | 13.82 |
| | 制服 | 374 | 292 | (82) | (28.08) |
| | 其他 | 515 | 672 | 157 | 23.36 |
| | 其他费用总计 | 10792 | 9999 | (793) | (7.93) |
| 部门收入（亏损） | | 120170 | 110169 | 10001 | 9.08 |

注：差异列中括号内数据为逆差。

从表3-1可见，在收入当中，如果实际收入金额大于预算收入金额，那么这种情况被称为顺差；当实际收入没有预算当中那么高时，则被称为逆差，也就是说实际收入少于预算收入。

在支出当中，则是反过来的。当实际支出小于预算支出的时候，管理者可以认为其实是更省钱了，那么这种情形叫作顺差。而在支出过程当中，如果实际支出大于预算支出，也就是说花了更多的钱去投入运营，则被称为逆差（见表3-2）。

表3-2 顺差、逆差类型表

| 项目 | 顺差 | 逆差 |
|---|---|---|
| 收入 | 实际数额超过预算数额 | 实际数额少于预算数额 |
| 支出 | 实际数额少于预算数额 | 实际数额超过预算数额 |

在酒店经营过程中，收入出现顺差，支出出现逆差的时候，这种影响在酒店内是正面的还是负面的？

支出出现逆差，简单来说，就是实际支出超过了预算支出，一般情况下，实际支出多意味着成本较高，但如果前提是酒店收入顺差较大，也就是赚钱了，那在这个赚钱的过程当中，某一些费用的实际支出超出预算支出也是正常的。比如，入住率的提高有可能导致工作人员人手不足，因此需要多招几个员工。又因为员工工资支出更多，另外备品和布草的购买量也更大，所以支出产生了一种逆差状态。那么在收入正常出现顺差的情况下，这种支出出现逆差的情况其实是良性的。

在什么情况下支出逆差是一种负面的影响呢？当收入也出现逆差时，如果费用支出也是逆差，即实际支出的费用很高，但酒店却没有赚到足够的钱，那么这种影响有可能是负面的。所以我们需要辩证地去看待顺差和逆差的问题。

（四）计算不同支出项目的预算

1. 支出的最大部分就是薪资

在制定薪资费用的时候，行政管家要按照员工配比的指南和出租率来进行预测。在确定每一个预算周期的过程当中，都需要确定人员的配备数量，在确定了每一类工作所需要的工时数之后，该类工作的预计成本公式如下：

$$该类工作的预计成本 = 该职位的平均小时工资 \times 工时数$$

举一个比较简单的例子，如果一个酒店有250间客房，客房的生产率标准为30分钟/间，客房正式工作人员共10人，一天工作8小时，每人每天最多打扫16间房，兼职人员一天工作4小时，则不同出租率下的薪酬如表3-3所示。

表 3-3 不同出租率下的薪酬

| 项目 | 出租率为 90% | 出租率为 80% |
| --- | --- | --- |
| 第二天打扫客房数 | 250×90%＝225(间) | 250×80%＝200(间) |
| 需要打扫的总时间 | 225×0.5＝112.5(小时) | 200×0.5＝100(小时) |
| 所需人数(全职) | 225/16＝14.06≈15(人) | 200/16＝12.5≈13(人) |
| 所需人数(全职+兼职) | 10个全职+10个兼职 | 10个全职+6个兼职 |
| 员工时薪10美元 | 112.5×10＝1125(美元) | 100×10＝1000(美元) |

所以整个酒店的客房出租率决定了薪资的支出,在预算表中,要对客房出租率有一个大概的估计,这样才能计算出员工的薪资。

2. 员工的福利

员工福利包括带薪假期的成本、员工的餐费、工资税,以及医疗保险、养老保险之类的社会保险费用,还有员工聚会和社交所需要的一些费用也都包含在内,所以酒店客房部的主管应该要把这些员工福利的费用也计入支出。

3. 外包服务

很多酒店的洗衣房是外包的,所以外包清洁或者洗衣、干洗服务这些成本也是需要平摊到每个预算周期当中的。那么,怎么去制定这个平摊的费用呢?客房部工作人员可以参考以前签订的合约价格是多少,或者拿以前的发票来确定一下支出费用的预算水平,再加上物价上涨,那部分费用就是每一年的预算费用。

4. 酒店内的洗衣房

酒店内的洗衣房也是有成本的,房务部所提供的出租率预测以及酒店提供的员工配备指南决定了洗衣房员工的工资基础。

洗衣房的经营成本跟待洗物品的数量是直接相关的,也就是说洗得越多,成本越高。那么根据以前洗衣房运营过程当中每间已出租房的成本信息来开展布草和制服的洗涤成本预算。

预算周期内预计的洗衣房费用额＝每间已租房的洗衣房服务成本×每个预算周期可预测的已租房数量

5. 布草

酒店每年都需要更新和购买新的布草,客房的主管或行政管家应该确认现有的布草库存大概是多少?能维持多久?为了保持适当的标准量,每一种布草每年还需要购买多少?只有这样才能准确计算出每年需要购买布草的数量和费用。

可循环库存品消耗定额的计算公式如下:

$$A = B \times C \times F \times (1+R)$$

$A$——年度的消耗定额;

$B$——每个房间需要配备多少的可循环库存品;

$C$——整个酒店的房数;

$F$——年平均出租率;

$R$——酒店布草的年度损耗率。

$C \times F$ 其实就相当于一年能够售出的酒店房晚数。

例1：某酒店有客房400间，床单的单房配备为3套，每套2张床单。如果酒店年客房出租率为80%，床单的年损耗率为30%，请计算该酒店的床单的消耗定额。

答：

床单配备：$400×80\%×3=960$（套）

年损耗量：$960×30\%=288$（套）

消耗定额：$960+288=1248$（套）

需要床单：$1248×2=2496$（张）

6. 经营用品

经营用品分为客用品和清洁用品，实际上它的计算也非常简单，一般的不可循环库存品消耗定额公式如下：

$$A=B×C×F×365$$

$A$——年度消耗定额；

$B$——每个房间每日所需使用的数量；

$C$——整个酒店的房数；

$F$——年平均出租率。

同上述可循环库存品消耗一样，$C×F$其实就相当于一年能够售出的酒店房晚数。

例2：某酒店有客房300间，年平均出租率为80%，牙膏、圆珠笔的单间客房每天配备额分别为2支和1支。请计算该酒店牙膏、圆珠笔的年度消耗定额。

答：

牙膏的年度消耗定额＝$2×300×80\%×365=17.52$（万支）

圆珠笔的年度消耗定额＝$1×300×80\%×365=8.76$（万支）

7. 关于员工的制服

因为每年都有一些员工的流动和一些新的制服的需求，所以行政管家应该保存涉及部门所有种类制服库存的详细清单，并且要清楚地了解每个员工所需要的尺寸以及男女的比例，还应该从不同的岗位、性别、人数来了解各类制服所需要的数量。

（五）经营预算表

制定经营预算表，这是每一个客房部经理或者行政管家在每一年年底需要做的一项重要工作。制定经营预算表一般分为三个步骤：

（1）列举重要程度，哪一项费用是急需的，就把它列到最重要的位置；

（2）跟往年的数据进行对比；

（3）阐述今年的数据和往年的数据差异比较大的原因是什么。

只有通过上述三个步骤才能制定好一个经营预算表。

假如一个酒店今年预计出租率会上升9%，那么酒店可能要招收一些新的员工，在这种情况下，首先应列出优先项目。例如：①工资。工资要上涨，就需要在旁边备注一些原因，如物价上涨等。②制服费用。新员工入职之后，需要制作制服。③员工的医疗费用。④今年需要补齐的布草和备品。⑤需要购买的洗衣房洗涤剂，并且标明原因。⑥客房和公共区域洗涤用品今年的预算。因为部分洗涤用品改用国产产品，所以预算会减少一些。⑦客房的易耗品。由于去年存在剩余，今年制定客房消耗品的采购数量时，应扣除去年的结存数量。⑧维修保养费用。因为去年增加了一台烘干机，所以今年的维修保养费用可能会增加一部分。

其次应列出需要但不是非常紧急的项目。例如：清扫工具的购买、临时工的工资、培训的费用，以及部分通信费用。

最后应列出不紧急项目。例如：办公用品的购买，员工生日、生病的支出，奖金的支出，以及其他劳保用品的支出。每一项费用都需同上一年度的费用进行对比，将差异较大的项目一一列出，并且说明产生这些差异的原因，从而完成经营预算表。

## 第三节 酒店餐饮部运营与管理

### 一、餐饮管理概述

（一）餐饮部的地位与特点

餐饮部作为酒店一线运营的重要组成部分，为顾客提供餐饮、会议和宴会等服务功能。其核心产品主要围绕"餐"和"饮"两个字，所谓"餐"指的是菜肴，菜肴产品生产、服务过程以及质量管理都涵盖在餐的部分，而"饮"指的是酒水，包括含酒精成分的酒水以及不含酒精成分的饮料。

餐饮收入作为酒店收入的主要组成部分，能提供大量的现金流，其经营状况对整个酒店的运营管理起到重要的调节作用。同时，餐饮部作为酒店主要的运营部门，无论是有形的餐饮产品还是无形的餐饮服务，都直接影响客人对酒店体验的整体评价。

餐饮部主要有以下特点：

（1）生产方面，餐饮部业务环节多且复杂，管理难度大，同时餐饮产品种类多，批量少。

（2）销售方面，餐饮部多以现金为主，毛利率高。

（3）成本方面，餐饮部固定成本高，劳动力成本高，投资比重较大。

（二）餐饮部与其他部门的工作联系

餐饮部门作为重要的一线运营部门，与其他七大部门产生了不同方面的工作联系。

餐饮部与前厅部的主要工作联系是信息沟通。酒店客人在办理入住时可能会提供相关的偏好信息，前厅部在信息系统中记录后，会将此信息传递到餐饮部，以便餐饮部更好地为客人提供精细化的服务。

餐饮部与客房部的主要工作联系是客房送餐。酒店的客房送餐服务是指客人在客房通过电话、网络等方式完成点餐后，客房部将订单信息发送给餐饮部，由餐饮部完成生产和服务。

餐饮部与人力资源部门的工作联系是员工招聘、培训与职业发展；与后勤部门的工作联系包括保洁、仓储等；与财务部门的工作联系包括账目核算与审核；与工程部门的工作联系主要表现在信息系统和设施设备的维护管理；与销售部门的工作联系表现在宴会、团队用餐等合同签订，并抄送餐饮部做相应准备工作。

（三）餐饮部的组织结构

酒店餐饮部门依据酒店规模与接待对象，确定餐饮部门组织机构的大小和结构，主要类型包括简单模式（见图3-10）和专业模式（见图3-11）。其中，专业模式按专业分工确定部门划分和岗位设置，专业化程度高。

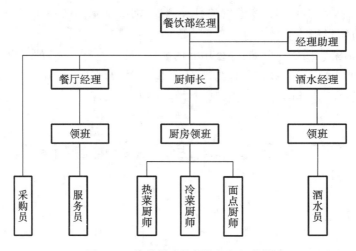

图 3-10 简单模式的餐饮部组织结构

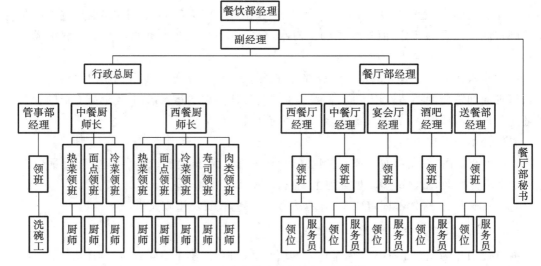

图 3-11 专业模式的餐饮部组织结构

（四）餐饮部的经营过程

餐饮部门的经营环节主要包括市场调研、菜单筹划、设施设备的规划、原料的采购、餐饮产品生产、餐饮服务销售、成本核算、评估反馈、菜单调整，以及下一季度的市场调研，因此，餐饮部的经营是一个周期性的管理过程。其中，菜单筹划、餐饮服务销售和菜单调整是整个经营过程中较重要的三个环节。

## 二、菜单筹划

（一）菜单的内容与作用

菜单是餐厅为顾客提供菜肴的说明书，是沟通顾客与餐厅的媒介，也是餐厅的无声推销员。菜单是一个餐厅介绍和销售产品的工具，对产品销售和运营管理起着重要的作用。一份菜单应具备餐厅名字、菜品名称、菜品说明、菜品特色与风味、菜品价格、地址及营业时间等信息。

### (二)菜单设计的依据

**1. 目标市场客人需求**

了解目标市场的客人需求、价值观、对菜肴价格的敏感程度、就餐目的、社会经济条件、地区环境等,是进行菜单筹划的第一步。

例如,一家商务型酒店的餐饮部菜单设计一定以商务客人的需求为主;而一个度假型酒店的餐厅则需要了解度假型客人的需求,如就餐时间宽松、对菜品要求高。总体来说,客人的需求决定了菜单设计的基础。

**2. 原材料供应**

原材料供应是产品生产质量的保障。目标顾客的需求直接影响原材料供给条件。对于高端商务客人,选择与社会餐饮同品质的原材料会让餐饮产品竞争力降低,甚至无法吸引目标顾客。当目标顾客对价格不敏感,对品质要求比较高时,原材料供应要与顾客需求相匹配。

**3. 餐饮产品的花色品种**

餐饮产品的花色品种指的是产品分类和产品特色。产品分类决定了菜单内容和版式结构。如果是西餐厅,菜单结构基本包括头盘、汤、主菜和甜品等。如果是中餐厅,不同菜系的餐厅也会在产品分类和特色上有所不同。

**4. 不同菜品的盈利能力**

不同菜品的盈利能力指的是同一份菜单中,不同菜品因成本与定价的差额而形成不同的盈利能力。同时,菜品的盈利能力还受菜品定位的影响,部分薄利多销的菜品,尽管定价低,但受顾客欢迎,销量高,菜品的盈利能力反而高于某些高定价的菜品。薄利多销的菜品,一定要体现价格优势,以增加销量。高定价的菜品要在食品成本率计算过程中提高利润比率,以目标利润为基础完成定价。不同菜品的盈利能力说明了菜单设计过程需要对产品的花色品种和顾客需求进行整体设计,对高定价、平均定价、低定价产品进行综合设计,以保障餐饮部的整体收益。

**5. 技术水平和厨房设备**

技术水平和厨房设备指的是菜单设计硬件方面的依据,依据原材料供应、花色品种所要具备的硬件条件。

### (三)菜单筹划步骤

(1)明确酒店餐厅的经营目标、经营策略和经营方式是面向散客还是团队,区别菜单种类,确定设计方向。

(2)明确经营风味特点,设计菜单内容,调整菜单结构。

(3)确定菜肴顺序,突出重点菜肴。

(4)正确核定成本,合理制定价格,利于市场竞争。

(5)注重外观设计,突出整体美感。

## 三、菜单价格的制定

菜单设计与筹划的过程中,价格制定是重要且关键的一个环节。菜品价格不仅是产品价值的体现,也是现实盈利的标准。其中,价格的影响因素、定价方法是两个重要内容。

### (一)价格的影响因素

**1. 成本因素**

餐饮产品的成本构成比较复杂,分为广义成本和狭义成本。广义成本包括食品原材料成本、利润、人工和经营费用；狭义成本指的是其中的食品原材料成本。食品原材料成本分为菜肴成本和酒水成本。菜肴成本又分为主料、辅料和调料成本。

食品原材料成本相对容易统计，而餐饮产品生产过程中涉及的一些管理成本，如燃料、间接采购成本则很难进行短期核算，这一部分大多按季度或者年度进行核算。定价时，我们也把食品原材料成本称为直接成本，而间接费用大多是在年际统计中进行核算的费用和成本。

2．竞争因素

竞争因素指的是制定一个菜品价格，需要结合外部竞争者的产品定价和可替代品的价格，这些都是影响产品定价的制约性因素。

3．需求因素

消费者对一个菜品的需求量变化直接决定了产品价格可以上涨和下调的尺度。

（二）定价步骤

(1) 预测需求价格弹性。

(2) 确定价格的目标。

(3) 确定成本和利润。

(4) 分析企业的竞争环境。

(5) 明确定价的策略与方法。

(6) 确定最终的定价。

（三）需求价格弹性

需求价格弹性指的是菜品需求量对于价格变动做出反应的敏感程度，通常用需求量变动的百分比与价格变动的百分比的比值，即需求价格弹性系数来表示。

需求价格弹性系数大于1，说明消费者对菜品价格调整的敏感程度比较高；如果小于1，则说明消费者对菜品价格变动不敏感。

（四）定价方法

餐饮价格受到成本和目标市场承受力两个条件限制。成本是酒店定价的最低值，目标市场价格承受力是酒店定价的最高值。餐饮价格必须限制在成本和最高值之间。

餐饮产品的定价方法与影响价格的因素息息相关。餐饮产品通常以成本为中心制定基本价格，同时结合需求定价和竞争定价来确定最终价格。

1．以成本为中心的定价法

第一种定价法是食品成本率定价法，也称作系数定价法，是酒店业常用的餐饮定价方法。这种方法简便易行，计算公式如下：

$$餐饮价格 = 食品原料成本 \times 餐饮定价系数$$

$$餐饮定价系数 = \frac{100\%}{食品成本率}$$

$$食品成本率 = \frac{上一季食品成本}{上一季销售价格} \times 100\%$$

第二种定价法是目标利润定价法，这一定价法的目的在于保证酒店获得固定的成本回报和企业利润。首先预计某一时段的营业收入、经营费用和利润指标，其次计算和评估以上时段的食品成本和食品成本率，最后确定餐饮产品价格。

第三种定价法是毛利率定价法,通过前一期销售毛利率来确定本期产品价格,公式如下:

$$产品价格＝单位产品定额成本/(1－销售毛利率)$$

2. 以需求为中心的定价法

以需求为中心的定价法,即需求差异定价法,以销售对象、销售时间和销售地点等需求差异为餐饮产品定价的基本依据。

如尾数定价法,即价格的尾数定价方法。例如,1个14.85美元的比萨饼比1个价格为15美元的比萨饼显得更实惠。

高星级酒店的高级餐厅或风味餐厅为满足顾客的求名心理,制定较高的菜肴价格,称为声望定价法。

3. 以竞争为中心的定价法

以竞争为中心的定价法主要有薄利多销法和数量折扣法。

薄利多销法,酒店采用比其他酒店低的菜肴价格刺激市场需求,使酒店实现长期的利润最大化。

数量折扣法,根据顾客消费数量,给予不同的折扣。

### 四、餐饮服务销售

(一)营销环境

餐饮产品的营销环境指的是产品所在的市场环境。市场环境主要通过供给和需求关系来分析。市场需求通过产品价格、替代品价格、互补品价格、消费者的收入、消费者的数量、就餐环境和地理位置来影响市场状况;而供给主要指的是餐饮部门的运营能力,包括产品价格、产品成本、劳动力价值、接待能力和技术力量等。供需共同组成了餐饮产品的市场环境。

市场环境中并非所有因素都可以控制,市场环境中的可控因素指的是可以通过运营调整来进行控制的一些相关因素,包括经营风味和产品结构、营销目标和营销组织、劳动力成本和技术设备、就餐环境服务质量、原材料成本和流通费用、产品毛利和价格;市场环境中的不可控因素包括地区客人的数量和收入、替代产品的价格、企业所处的地理位置和交通条件、餐饮习惯、周边企业的状况、整个行业的竞争环境和格局、政治经济环境以及国家政策等。市场环境要将这两类因素共同来进行分析。

(二)营销类型

餐饮服务的营销类型主要有:①扭转式营销,主要针对负需求,当某地区顾客不需要某种餐饮产品时,餐饮管理人员采取措施以扭转这种趋势;②开发式营销,是指当某地区顾客对某种餐饮产品有需求而市场还不存在这种产品时,酒店及时开发出顾客需要的产品;③恢复式营销,是指重新振兴衰退的餐饮产品;④同步式营销,是指一些餐饮产品的销售量与时间和季节相关,呈波动状态,酒店采取同步式餐饮营销以协调供需关系,包括价格同步营销和消费习惯同步营销等;⑤维持式营销,是指在某些餐饮产品达到饱和需求时,酒店采取措施,维持现有销量,避免销售额下降的策略;⑥抵制式营销,主要针对不合格的产品,即酒店管理人员拒绝将原材料和工艺质量不合格的产品销售给顾客以保持企业的信誉和形象。

(三)营销策略

1. 无差异营销策略

无差异营销策略是指酒店不考虑某单一餐饮市场需求的特殊性,只考虑餐饮需求的共性的营销策略,是全面覆盖的营销策略。它忽略市场的点而注重市场的面,其目的是通过大批量的经营,降低成本,获得规模效益。

2. 差异营销策略

差异营销策略是指酒店根据不同顾客的餐饮需求,将餐饮市场划分为若干细分市场,并为不同细分市场制定和实施不同的营销组合的策略。它可以避免与竞争对手短兵相接,增强酒店竞争力,并能够建立和维护相对固定的顾客群体,从而赢得顾客的信赖。

3. 集中营销策略

集中营销策略是指酒店精心选择一个或几个相似的餐饮细分市场作为目标市场,集中资源,进行专业化经营的策略。

| 扩充视频 | 调整计划 |
|---|---|

## 五、菜单调整

菜单调整指的是酒店定期对菜单中菜肴的销售情况进行分析和评估,然后对菜单中的菜品进行调整的过程。酒店餐饮部门的菜单调整主要有菜单销售分析法和菜单分析矩阵法两种方法。

### (一)菜单销售分析法

菜单销售分析法指的是通过对比顾客满意指数与销售额指数来分析菜品的调整方案。其中,顾客满意指数是指某菜品实际销售量占该种类菜品平均销售量的百分比;销售额指数是指某菜品销售额占该种类菜品平均销售额的比例。顾客满意指数反映的是该菜品的受欢迎程度,而销售额指数指的是菜品收入情况。

若菜品顾客满意指数大于1,销售额指数也大于1,则说明该菜品受欢迎程度高于平均水平,且盈利能力也高于平均水平,属于餐厅主打菜品,应保留,并且结合需求价格弹性系数进行价格调整。

若菜品顾客满意指数大于1,销售额指数小于1,则说明该菜品受欢迎程度高于平均水平,但盈利能力低于平均水平,属于薄利多销的菜品,应保留,并且结合需求价格弹性系数进行价格调整。

若菜品顾客满意指数小于1,销售额指数大于1,则说明该菜品定价高,盈利能力高于平均水平,但销售量低于平均水平,属于某类新上菜品,可保留,并且结合需求价格弹性系数进行价格调整。

若菜品顾客满意指数小于1,销售额指数小于1,则说明该菜品受欢迎程度和盈利能力均低于平均水平,应删除该菜品。

## （二）菜单分析矩阵法

分析菜单时，应先将菜单的菜肴按不同类别进行分类，如开胃菜类、汤类、主菜类、甜点类等。然后，使用菜单分析矩阵，对同一种类的各个菜肴进行顾客满意程度和营业收入水平两个维度的分析。菜单分析矩阵中，横轴表示顾客对菜肴的满意程度，纵轴表示菜肴为酒店带来的营业收入。

菜单分析矩阵法应用如表3-4所示。

表 3-4  菜单分析矩阵法

| 菜肴类别 | 营业收入水平 | 顾客满意程度 | 选择策略 |
| --- | --- | --- | --- |
| 明星类菜肴 | 高 | 高 | 筹划成功的菜肴 |
| 金牛类菜肴 | 低 | 高 | 可调整，吸引目标顾客 |
| 问题类菜肴 | 高 | 低 | 可调整，吸引高消费顾客 |
| 瘦狗类菜肴 | 低 | 低 | 被有营销潜力的菜肴替换 |

顾客满意程度是对菜肴在同类菜肴中销量水平的反映，营业收入水平是对菜肴在同类菜肴中销量和定价水平的综合评价。

顾客满意程度高且营业收入水平高，说明这类菜肴的销量和整体盈利能力在同类菜肴中居平均水平以上。它属于餐厅中的"明星类菜肴"。

顾客满意程度高且营业收入水平低，说明这类菜肴在同类菜肴中销量比较高，但因定价低导致整体营业收入水平不高。它属于餐厅中薄利多销的菜肴，虽然定价不高，但吸引的是需求比较稳定的部分目标顾客。这类菜肴即"金牛类菜肴"。

顾客满意程度低且营业收入水平高，说明这类菜肴在同类菜肴中销量比较低，但因定价高带来整体营业收入水平偏高。它属于餐厅中新开发或定价比较高的精品菜肴，目标顾客通常是高消费人群且对菜品价格不敏感。这类菜肴即"问题类菜肴"。

顾客满意程度低且营业收入水平低，说明这类菜肴在同类菜肴中销量低，且营业收入水平也低。它属于餐厅中设计陈旧且大众需求低的菜肴，即"瘦狗类菜肴"，应该在评估分析之后进行删除，替换为符合市场需求的新菜品。

# 本章小结

酒店的窗口部门是酒店的一线服务部门，与顾客直接接触，对酒店至关重要。本章分别介绍了酒店的前厅部、客房部和餐饮部的运营管理。

在介绍酒店前厅部的地位、任务、特点、组织机构和发展趋势的基础上，本章还论述了预订管理的相关内容，包括不同预订方式的对比、不同的预订类型，并且详细讲解了团队预订和超额预订。

本章从库存管理和经营预算两个方面论述了客房部的经营管理。标准库存量的概念在其中至关重要。洗涤周期、紧急情况和布草更新是影响库存的主要因素。酒店可以通过六个步骤实现"完美布草"：第一步，注意并处理污渍；第二步，建立洗衣房洗涤意识；第三步，修补或去除；第四步，要调查反复出现的情况；第五步，管理层要强烈地关注和支持；第六步，持续检查。房务损益表和经营预算表是酒店进行经营预算的主要工具。

本章从菜单筹划、菜单价格制定、餐饮服务销售和菜单调整等方面论述了酒店餐饮部的运营管理。菜单设计的依据主要有目标市场客人需求、原材料供应、餐饮产品的花色品种、不同菜品的盈利能力、技术水平和厨房设备。影响菜单价格的因素主要有成本因素、竞争因素和需求因素。菜单定价的方法主要有以成本为中心的定价法、以需求为中心的定价法和以竞争为中心的定价法。酒店餐饮服务可以采取无差异营销策略、差异营销策略和集中营销策略。酒店餐饮部门的菜单调整主要有两种方法,分别是菜单销售分析法和菜单分析矩阵法。

  思考与练习

1. 前厅部的地位和作用、餐饮营销任务有哪些?
2. 预订的类型和预订确认信息有哪些?超额预订如何处理?
3. 影响库存和餐饮产品价格的主要因素有哪些?
4. 实施"完美布草"计划有哪几个步骤?
5. 在酒店经营过程中,收入出现顺差,支出出现逆差的时候,这种影响在酒店内是正面的还是负面的?

 案例分析

### 案例 1:菜品适合涨价的条件

当菜品价格上调的时候,需求量会不会发生比较大幅度的下降?如果需求价格弹性系数小于1,消费者对价格变化不敏感,即使价格上调了,也不会引起需求量很大程度的变化。而当一个菜品的需求价格弹性系数大于1的时候,消费者对其价格变动非常敏感,此时则会引起需求量很大程度的变化。

问题:

请举例说明当一个菜品的需求价格弹性系数满足什么条件时适合涨价。

### 案例 2:菜品(见表 3-5)的调整

表 3-5 菜品的销售数据

| 菜肴名称 | 销售量/份 | 销售量占比/(%) | 顾客满意指数 | 菜肴价格/元 | 销售额/元 | 销售额占比/(%) | 销售额指数 | 需求价格弹性系数 | 调整方案 |
|---|---|---|---|---|---|---|---|---|---|
| 海鲜汤 | 60 | 29 | 1.45 | 25 | 1500 | 24 | 1.2 | 0.9 | |
| 牛肉汤 | 28 | 14 | 0.7 | 45 | 1260 | 20 | 1 | 1.2 | |

续表

| 菜肴名称 | 销售量/份 | 销售量占比/(%) | 顾客满意指数 | 菜肴价格/元 | 销售额/元 | 销售额占比/(%) | 销售额指数 | 需求价格弹性系数 | 调整方案 |
|---|---|---|---|---|---|---|---|---|---|
| 蔬菜汤 | 50 | 24 | 1.2 | 35 | 1750 | 28 | 1.4 | 1.0 | |
| 蘑菇汤 | 42 | 20 | 1 | 25 | 1050 | 17 | 0.85 | 0.75 | |
| 酸辣汤 | 25 | 12 | 0.6 | 25 | 625 | 10 | 0.5 | 1.25 | |
| 平均值 | 205 | 20 | 1 | | 6185 | 20 | 1 | 205 | |

问题：

请运用菜单销售分析法，针对表格中的菜品，拟订调整方案。

# 第四章

## 现代酒店营销管理

本章知识图谱

### 学习导引

"营销"一词自出现以来,很快就被作为企业管理的重要指导思想和职能,在各行各业中迅速推广。营销活动也是现代酒店运营和管理工作的重要组成部分。

科学技术革命,带来了世界经济的快速发展,社会环境与居民生活方式均发生了巨大的变化,特别是信息技术突飞猛进的发展,营销理念和方式不断被创新,营销的概念也不断地被赋予新的内涵。服务营销、关系营销、绿色营销、网络营销、社会责任营销、文化与品牌营销、主题营销、机会营销、分时营销、内部营销、跨界营销、自媒体营销等新型营销模式不断涌现。酒店作为服务型生产企业,面对激烈的市场竞争和日益凸显的消费者个性化需求,应该如何选择既适合本企业特点,又容易被市场接受的营销模式,并且借营销活动树立和推广良好的企业品牌形象,获取更大的市场份额值得探究。

### 学习重点

通过本章学习,重点掌握以下知识要点:

1. 市场营销的概念、特征、内涵创新和实践发展,酒店企业营销活动的概念、特点和营销策略。

2. 酒店服务营销的概念内涵、产生与发展简史,服务营销与传统营销的区别,酒店产品的特点与营销策略,酒店服务营销技巧。

3. 酒店关系营销的含义、关系对象、营销原则,关系营销的基本模式,提升关系营销效率的对策,酒店以客户关系为主的营销策略。

4. 服务营销、关系营销与传统营销的区别。

5. 酒店社会责任营销、酒店网络营销、酒店绿色营销、酒店文化与品牌营销等新模式的理论内涵和营销策略。

素养目标

学生通过学习上述知识要点，可以增强营销服务意识，提升营销创新能力、人际交往能力和沟通协调能力，并在学习营销管理的过程中弘扬改革创新精神和提高社会责任感。

## 第一节　酒店营销活动概述

### 一、市场营销概述

市场营销是企业在创造、沟通、传播和交换产品的过程中，为顾客、客户、合作伙伴以及整个社会带来经济价值的活动、过程和体系，主要是指营销人员针对市场开展经营活动、进行销售行为的过程，即经营销售实现转化的过程。

市场营销的第一版官方定义是 1935 年由美国市场营销协会（AMA）的前身——美国营销教师协会所提出的，1948 年被美国市场营销协会正式采用。之后，随着时间的推移，"市场营销"定义的理论内涵和关注重点不断更新变化（见表 4-1），主要表现为以下几点：①逐渐关注顾客的价值；②强调市场营销实践应用性强的特质；③肯定市场营销的地位；④确定市场营销的目标，不仅要以本组织的利益为目标，还要兼顾到和它有相关的各种组织的利益；⑤明确市场营销的导向，在理念上应以关注客户价值为核心，管理好客户关系。

表 4-1　"市场营销"的定义及演变

| 定义方 | "市场营销"的定义 |
| --- | --- |
| 美国市场营销协会，1960 | 市场营销是引导货物和劳务从生产者流向消费者或用户所进行的一切企业活动 |
| 美国市场营销协会，1985 | 市场营销是计划和执行关于产品、服务和创意的观念、定价、促销和分销的过程，目的是完成交换并实现个人及组织的目标 |
| 格隆罗斯，1990 | 市场营销是在一种利益之下，通过相互交换和承诺，建立、维持、巩固与消费者及其他参与者的关系，实现各方的目标 |
| 菲利普·科特勒，1994 | 市场营销是个人和集体通过创造并同他人交换产品和价值以获得其所需所欲之物的一种社会的管理过程 |
| 美国市场营销协会，2004 | 市场营销是一项有组织的活动，它包括创造"价值"，将"价值"通过沟通输送给顾客，以及维系管理公司与顾客间的关系，从而使公司及其相关者受益的一系列过程 |
| 美国市场营销协会，2007 | 营销是计划和执行关于商品、服务和创意的构想、定价、促销和分销，以创造符合个人和组织目标的交换的一种过程 |

市场营销理论在实践应用中的创新主要表现为以下几点。

（1）重视客户关系管理。强调在进行客户关系管理时，应当更进一步，带有研究探索性质地来管理客户关系。比如，在进行客户管理方面，有些企业建立了自己的数据库，不仅记录了客户的生日等基本信息甚至家庭信息，还将客户的消费观念或近期消费习惯等情况进行了记录，取得了良好效果。

（2）处理好营销与销售的关系。营销工作不等于销售工作，但在实践中，往往会被管理者忽视。对企业而言,营销工作比较注重战略制定和市场研究,对销售人员的宣传和培训却不重视,因此在实际销售工作中,营销有时却达不到好的效果。销售人员是离客户最近的人,如果不能了解和配合企业营销工作的目标,只顾自身利益,必然会失去市场,影响企业的营销绩效。

(3)搭建全面体验平台。企业欲通过市场营销创造、传播和传递客户价值,就应当认真分析客户所追求的体验是什么,并努力去搭建一个提供这些体验的平台,在和客户可能发生直接和间接接触的各个环节上为客户创造一种奇特的体验,即通过体验增加客户对企业产品的信任从而购买企业的产品。

(4)准确评估客户价值。实施有力的客户关系管理,要求企业能够区分不同客户的不同价值。正确地评估客户价值可以让企业明白谁是企业应该集中资源重点关注的客户,这些客户给企业带来的长期收益是什么,并且企业要有一个合理的投资报酬率的测算。这项工作对于开发以客户价值为核心的市场营销战略来说至关重要,是影响市场营销绩效好坏的关键。

### 经典案例　　　电话两端的距离

苏浙沪地区经济较为发达,社会餐饮琳琅满目,成为酒店餐饮有力的竞争对象。万豪国际集团为了解上海地区的几家酒店在餐饮营销推广方面的落实情况,其大中华区运营部曾抽取了旗下10家位于上海的酒店,通过电话的方式对酒店各餐厅进行"预订"并了解相关优惠,检查酒店对相关政策的执行。所选的10家酒店共有25家餐厅,其中有14家餐厅的接线人员保持了良好的态度,将会员、所有相关优惠及预订内容予以清晰的介绍;其余9家餐厅,涉及6家酒店,或出现态度问题,或未能全面、正确地介绍集团的会员及酒店的其他优惠等促销推广信息。集团之后根据本次调查结果,对几家酒店进行了强化监督。无论是服务员不理想的态度,还是没有把酒店的促销内容介绍清楚,这两种行为都会削弱酒店为扭转餐饮营收劣势所付出的努力,而态度的问题更可能直接"劝退"消费者,尤其应当注意。因此,集团采用内部检查的方法来监督酒店的服务质量,保障消费者体验。

## 二、酒店营销活动的概念和特点

### (一)酒店市场营销的概念

酒店通过市场调研了解顾客需要,配置内部资源,努力提供适合这种需要的产品和服务,使顾客满意、酒店获利的管理过程称为酒店市场营销。

酒店市场营销的概念包含四个方面:①酒店是酒店市场营销的主体;②酒店市场营销的目的是使酒店获得合理的利润,但这个目标的实现要以酒店顾客满意,并且符合社会利益为基础;③酒店市场营销是一个持续不断的系统过程;④酒店市场营销活动要使得酒店、顾客和社会之间,酒店内部资源、外部资源环境和企业目标之间实现动态平衡。

酒店市场营销活动步骤:第一步,研究目标顾客的需要;第二步,设计或调整酒店的经营内容;第三步,通过一系列促销活动,让顾客知道并吸引他们购买或使用酒店的产品或服务。

酒店市场营销目标：一是顾客满意；二是酒店获得收入和利润，实现经营目标。

(二)酒店营销活动的特点

酒店产品是服务型产品，包括有形设施和无形服务。酒店产品的无形性、不可储存性、不可转移性、大规模生产和销售的限制性、消费的随意性、综合性、非专利性、文化性等特征，使酒店产品在营销活动中具有以下特点：

(1)酒店产品的无形性给营销活动增加了相应的艰巨性；
(2)酒店产品的不可储存性使营销活动增加了风险性；
(3)酒店产品的不可转移性使营销活动丧失了一定的灵活性；
(4)酒店产品大规模生产和销售的限制性减弱了营销活动的规模效应；
(5)酒店产品消费的随意性使营销活动必须着眼于刺激顾客的消费欲望；
(6)酒店产品的综合性使得酒店应树立整体营销意识；
(7)酒店产品的非专利性要求酒店营销中讲究独特性和新颖性；
(8)酒店产品的文化性要求酒店企业重视文化营销。

## 三、酒店营销活动的基础环节

(一)市场调研

酒店开展营销活动，市场调研是起点，即分析宏观环境(外部环境)和微观环境(内部环境)对企业营销活动的影响。其中，宏观环境是指文化环境、人口环境、政治环境、经济环境、自然环境、道德环境等；微观环境是指酒店内部环境、供应商、中间商、顾客、竞争者、相关公众等。酒店开展营销活动应通过调研，形成市场调研报告供决策者参考。

(二)市场细分

市场细分指的是企业根据顾客之间需求的差异性和类似性，把一个整体市场划分为若干个不同的顾客群体(即若干个不同的子市场)，并从中选择一个或多个子市场作为企业的目标市场的活动过程。对顾客市场进行细分的主要因素如表4-2所示，组织市场细分的主要因素如表4-3所示。

表4-2 对顾客市场进行细分的主要因素

| 细分标准 | 具体细分要素 |
| --- | --- |
| 地理因素 | 地区、国家规模、城市规模、人口密度、气候、交通及通信状况 |
| 人口因素 | 年龄、性别、家庭、职业、收入、受教育程度、宗教、种族、国籍、民族 |
| 心理因素 | 社会阶层、生活方式、个性特征、购买动机 |
| 行为因素 | 购买场合、使用量、品牌忠诚度、对产品的态度、对产品的认知 |

表4-3 组织市场细分的主要因素

| 细分标准 | 具体细分要素 |
| --- | --- |
| 行业与公司因素 | 进入什么行业、进入什么规模的公司、进入位于什么地点的公司 |
| 经营因素 | 顾客需求、结算方式 |
| 联系方式 | 是与总公司联系还是与分公司联系 |
| 订单数量 | 客房间夜数、宴会数量、会议数量 |

续表

| 细分标准 | 具体细分要素 |
|---|---|
| 个人因素 | 购买者与销售者的价值观与个性的相似性、与愿意承担风险的顾客还是躲避风险的顾客建立业务关系、与高度忠诚的顾客还是不忠诚的顾客建立业务关系 |

市场细分标准可以有许多，但必须具备可衡量性、可进入性、有价值性、可行动性四个特点。

（三）市场选择

1. 评价细分市场的方法

在评价不同的细分市场时，必须分析三个因素：①酒店细分市场的规模和增长情况；②酒店细分市场的结构性吸引力；③酒店的目标和资源。

2. 目标市场选择模式

一般而言，酒店可选择无差异市场营销（亦称整体目标市场营销）、差异市场营销和集中市场营销三种模式。目标市场选择模式的比较如表4-4所示。

表4-4 目标市场选择模式的比较

| 模式 | 特点 | 优点 | 缺点 |
|---|---|---|---|
| 无差异市场营销 | 忽略不同顾客的需求差别，集中在顾客共同的需要上，据此设计出一种产品和一整套营销方案来吸引整个市场上的大多数顾客。如一家酒店刚开始生产某一种市场上没有的新产品，可以面向所有顾客 | 成本低，有成本和价格优势 | 单一产品很难满足和适应消费者差别需求和需求变化，不利于竞争 |
| 差异市场营销 | 同时为几个子市场服务，试图以差异性的产品满足差异性的市场需求，制定并实施不同的市场营销组合策略，通过多样化的产品线、多样化的促销方式进行销售。如一家酒店的资源非常丰富 | 可以满足各类消费者的不同需求 | 增加成本和销售费用 |
| 集中市场营销 | 集中全部的力量，以一个或少数几个细分市场作为目标市场，实行高度专业化的生产和销售，以追求在所进入的细分市场里获取大的市场份额。如一家酒店资源非常有限 | 容易在某些特定的市场上取得有利的竞争地位，可以在较小的市场上取得较大的投资收益 | 具有较大的风险性，一旦市场发生变化，酒店就有陷入困境的危险 |

（四）市场定位

市场定位是指企业设计出自己的产品和形象，从而在目标顾客心中确定与众不同的有价值的地位。酒店市场定位一般可分为以下几种。

（1）功能定位：如商务酒店、会议型酒店、旅游型酒店、度假型酒店、一般酒店。

（2）区间定位：即"划地盘"，互相之间不干扰，每个酒店有自己的市场空间。

（3）分工定位：即不同档次的酒店在市场上有不同的位置，从一星级到五星级各有各的位置。比如，五星级酒店走高端线路，主要服务商务散客和国际会议；四星级酒店除服务商务散客外,可以考虑一些海外旅游团队等;三星级酒店基本以国内客人为主,但同样也各自对应不同的市场,对应不同的客人。遵循分工定位对各个酒店把握目标市场均有好处。

(4) 价格定位:酒店根据自身资源和目标市场需求制定合适的价格来吸引顾客。如高质低价,或虽说质量不是最好,但价格低,性价比高。

(5) 产品定位:酒店可结合营销宣传进行产品定位。

## 第二节 酒店服务营销

### 一、服务营销概述

(一) 服务营销概念的产生与发展

第二次世界大战以后,世界经济快速复苏,各国都将工作重心转到经济发展上来。科学技术的进步使社会生产力显著提高,产业升级和生产的专业化发展日益加速。一方面,物质产品的服务含量即服务密度日益增大;另一方面,随着劳动生产率的提高,市场逐步转向买方市场,加之消费者收入增加,闲暇时间增多,消费需求和消费层次也相应提高,服务产业出现且发展迅速,服务产品在消费市场所占的比重也越来越大,故从20世纪60年代开始就有西方学者研究服务营销问题。到了20世纪70年代中后期,美国及北欧的一些学者逐步创立了较为独立的服务营销学。

20世纪80年代,服务营销理论日趋成熟,主要有下述四个方面的研究成果:①探讨了服务营销组合应包括哪些因素;②对服务质量进行了深入的研究;③提出了有关"服务接触"的理论;④进行了服务营销的一些特殊领域的专题研究,如服务的出口战略,现代信息技术对服务产生、管理及市场营销过程的影响等。

之后,服务营销理论的研究开始扩展到内部市场营销、服务企业文化、员工满意、顾客满意和顾客忠诚、全面质量管理、服务企业核心能力等领域。这些领域的研究也正代表了20世纪90年代以后服务市场营销理论发展的新趋势。

服务营销的研究主要分为两大领域:一是服务产品营销,即研究如何促进作为产品的服务的交换;二是客户服务营销,即研究如何将服务作为一种营销工具促进有形产品的交换。无论是服务产品营销还是客户服务营销,服务营销的理念都是促使顾客满意和顾客忠诚,通过顾客满意和忠诚来促进有利的交换,最终实现营销绩效的改进和企业的长期成长。

服务营销的概念可以界定为"企业在充分认识满足顾客需求的前提下,为充分满足顾客需要在营销过程中所采取的一系列活动"。

服务营销组合包含七个要素:服务产品(Product)、服务定价(Price)、服务渠道或网点(Place)、服务沟通或促销(Promotion)、服务人员与顾客(People)、服务的有形展示(Physical Evidence)、服务过程(Process),即"7P"组合的服务营销策略。

(二) 服务营销与传统营销的区别

1. 营销理念不同

服务营销中,企业营销的是服务,即顾客购买了产品意味着销售工作的开始而不是结束,企业关心的不仅是产品的成功售出,还注重顾客在享受企业通过产品所提供的服务的全过程的感受。而传统的营销方式只是一种销售手段,企业营销的是具体的产品。在传统的营销方式下,顾客购买了产品意味着一桩买卖的完成,虽然它也有产品的售后服务,但那只是一种解决产品售后问题的职能。

2. 营销方式不同

酒店的服务产品特征决定了酒店产品在营销活动中具有自身特点,因此也决定了服务营销与传统营销方式上具有明显的不同点。

(1) 更注重有形产品展示。

服务工作本身基本上是无形的,既看不见又摸不着,难以取得顾客的直观肯定。因此,在营销方式上,服务营销注重通过有形产品展示来实现,让顾客"眼见为实",如酒店设施设备、环境布置、人员形象、精神面貌、良好的企业品牌等。

(2) 更强调顾客参与生产。

服务产品的特点之一就是生产、销售与消费的同时性,因此,顾客通常会积极参与生产过程,并成为产品的一个组成部分。服务营销采取服务人员与顾客亲密接触的方式,强调顾客体验的过程和情感交流,有顾客参与的消费过程往往获得满意评价的概率更高。

(3) 更重视服务过程质量。

一般商品从生产到最终到达顾客手里,质量都是可以根据标准预先检验的。但是服务产品生产与消费的同时性决定了产品在生产出来的同时就被消费了,一旦出现质量问题很难挽回。服务营销重视服务过程,通过不断提高服务人员的综合素质和技术水平来实现服务过程的零失误,实现服务营销。

服务产品通常只能在购买后或消费过程中才能识别质量。而且消费者在消费时的心情,以及对服务的不确定要求都会影响服务质量。即便按服务标准来进行,服务员可能也会被投诉。

### 同步案例　　　　无奈的金先生

一天19:00,韩国客人金先生入住某酒店,办理手续后,行李员将客人引领进房间,按服务规程想给客人介绍一下酒店设施,金先生却对他说:"没事了,我想休息一下。"行李员忙向客人告辞离开了房间。金先生想着已经与几个重要客户约好在20:00开始的宴会上见面,想先洗澡,洗去旅途的疲乏。他在卫生间,正准备放水时,却听到门铃声,金先生犹豫了一下,连忙跑出卫生间,对着房门说:"请等一下。"然后以最快的速度穿好衣服,开了门,却发现一个客房服务员站在门口,对金先生说:"你好,先生。这是我们酒店的欢迎茶。"金先生看着放在盘子里沏好的茶和小毛巾,却没有高兴的表情,只说了一句:"放在桌上吧。"然后看了看手表,问服务员:"还有什么事吗?"服务员说:"没有了,希望您居住愉快。"然后告辞而去。金先生等服务员离开后,到卫生间放好水,脱了衣服正准备进浴缸,却又听到三声门铃响。金先生只好再次穿好衣服打开门,看到一位行李员正微笑站在门口,对金先生说:"这是今天晚上的报纸,祝您居住愉快。"金先生叹气并收下了报纸。刚过一会儿,门铃又响了……

问题:

为何酒店服务员很热情,并按标准化程序提供服务,但顾客却不满意?

(4) 更注重销售模式创新。

因为服务过程只是一次行动或一次表演,而不是顾客可以保存的一件有形的物品,所以它是"易腐的"和不能被储存的。虽然生产所借助的设施、设备、场地等能够事先准备好,但这些仅仅代表生产能力,而不是产品本身。如酒店客房,今天销售不出去就空置了,明天销售是明天的产品,因此,预售是重要的销售方式。

(5) 更讲究服务生产时效。

服务一般是实时传递的,顾客必须在场接受来自酒店企业的服务。顾客愿意等待的时间是有限度的,因此,酒店企业的服务必须迅速传递,以免顾客花费过多的时间等待。

(6) 更关注分销渠道的便利。

服务营销具有供求分散、营销方式单一、营销对象复杂多变、顾客需求弹性大,以及对服务人员的要求高等特点,因此,服务企业营销渠道必须新颖、便利。例如,构建服务平台,维护卖方与买方短期或长期的良好商业关系,创造品牌营销。目前,我国正处在"互联网+"环境下,许多新媒体平台为酒店营销提供了便捷渠道,如微博、快手、抖音等。

## 知识活页　　酒店与在线旅行商(OTA)的"爱恨情仇"

随着互联网和在线旅行商(Online Travel Agent,OTA)的发展,越来越多的搜索和预订行为从线下转移到线上后,OTA 成为酒店获取顾客的重要平台。由于 OTA 整合了大量的旅游信息,同时具有房源充沛、预订便捷、价格透明等优点,越来越多的顾客倾向于通过 OTA 预订酒店。因此,众多酒店借助平台强大的流量入口,纷纷加强与 OTA 的合作以增加点击率,提高入住率及知名度,提高酒店收益。特别是对于中小型酒店,OTA 提高了其相对于大型品牌的知名度。

然而,OTA 分销也造成酒店控制权和收入的损失,影响了酒店与顾客的有效沟通,带来酒店之间的曝光度竞争。酒店和 OTA 之间的冲突在所难免,主要表现为以下几点。

(1) OTA 过高的佣金减少了酒店利润。酒店与 OTA 的合作方式主要为佣金模式,即酒店将房间在 OTA 寄售,当房间售出后按照一定比例支付佣金。目前,酒店对 OTA 过度的依赖使 OTA 利用强大的市场影响力不断提高佣金率,导致佣金成本在很大程度上冲减了酒店利润。因此,越来越多的酒店选择通过建立自有网站、小程序、抖音账号等开展直销以摆脱 OTA 的束缚。

(2) 互联网平台独有的排名、点评等功能也带来了较多冲突。例如,Expedia 将参与其特殊费率计划(Expedia Special Rate)的酒店列到搜索结果页面的顶部。此种操控排名影响了酒店的品牌形象及收益。酒店不得不支付额外费用以增加曝光度。

(3) OTA 阻碍了酒店与顾客的有效沟通。由于平台会员是 OTA 的核心资源,OTA 为了保护这一核心资源,一方面限制酒店和客人沟通,阻碍了酒店为客人提供定制化服务;另一方面极力维护平台客人权益,不允许酒店超额预订或要求酒店对平台客人给予免费房间升级等,导致 OTA 与酒店的冲突加剧。

(资料来源:秦宇,刘承伟,陈阳,等.酒店与在线旅行商的冲突是什么?——一个归纳式质性研究[J].旅游学刊,2023,38(10).)

## 二、酒店服务营销技巧

### (一)从个性化服务到个性化营销

1. 提供个性化服务

随着生活水平的不断提高,顾客的消费观念逐渐从低阶段的数量消费、质量消费转向高阶段的个性化消费,顾客要求酒店提供的服务求新、求变、求异。因此,酒店要提供多样的创新服务供顾客选择,做好个性化服务。

酒店在提供创新服务时要关注忠诚顾客的要求,他们大多是重复购买,对酒店的评价和选择通常会影响周围许多人,因此,酒店应把忠诚顾客置于组织结构的中心,通过为他们提供超值和可供选择的服务与之建立长期的紧密性关系,提升他们对酒店产品的忠诚度。

2. 强化个性化营销

每个酒店都会不断推出特色服务,但特色不仅仅是酒店环境设施上的花样设计和价格上的高低,最重要的是使酒店服务做到深入人心。因此,酒店特色服务的推出必须落实到具体实施及宣传推广上。

酒店的个性化营销服务于酒店的个性化服务。酒店服务真正抓住顾客的关键在于酒店员工如亲人般地对待顾客。酒店员工应将这种理念深入骨髓、溢于言表。从本质上来说,个性化营销并非一种策略,而是一种信念、一种基本的态度,是人文精神的体现。

### (二)构建顾客满意的人性化管理模式

1. 确立以顾客为中心的价值体系

价值体系影响着管理者的管理行为、对个人的激励以及群体表现。酒店只有建立了以顾客为中心的价值体系,对顾客满意的重要意义具有足够认知,把顾客满意置于首位,才会产生"以人为本"的酒店企业文化。酒店要积极了解和收集顾客发出的信息,在酒店经营过程中以顾客为导向,把顾客满意作为经营目标及处理顾客关系的准则。

2. 进行以人为本的服务设置

以人为本的服务设置即基于市场调研,掌握顾客的需求,以顾客满意为目标,进行准确的市场定位,利用各种有效信息进行全方位设置,既可以满足目标市场顾客需求,又可以从顾客满意中获取效益。其主要包括市场定位、信息利用、期望约束。酒店要选择正确的客源层次(即市场定位),了解目标顾客的需求(信息利用),设法约束及影响顾客的期望(期望约束),结合酒店和竞争对手能够满足顾客需求的能力,创造超越顾客期望的产品和服务,从而获得更强的市场竞争力。

3. 控制顾客服务过程的质量

当前,大多数顾客衡量酒店管理水平的标准是酒店产品与服务质量。顾客服务过程的质量控制是顾客满意的关键。顾客服务过程的质量控制要求酒店以顾客为中心,以服务产品为主线,构建一个完整的服务质量管理系统,将顾客获得最大程度的满意作为最终目标。酒店除了推行全方位、全过程、全人员的全面质量管理体系,还要形成一套内在的以顾客为中心的行为准则,使酒店员工关注顾客的需求,面对顾客时能够灵活运用准则,并通过提高服务质量带给顾客最大限度的满足。

4. 优化顾客满意度系统

顾客的意见和建议是酒店改进服务质量的基础。因此,酒店应认真调查、分析顾客意见,并及时将意见反馈给相关部门。通过优化顾客满意度系统,引导酒店提高顾客满意度,在市场中取得有利的竞争地位,形成良性循环。此外,酒店还应建立客史档案,追踪客人偏好,为创新的个性化服务提供依据。

**同步案例　　丽兹·卡尔顿酒店的服务**

丽兹·卡尔顿酒店是一家以杰出的服务闻名于世的豪华酒店,酒店的信条是提供一流的顾客服务,"在丽兹·卡尔顿酒店,给客人以关怀和舒适是我们最大的使命。我们保证为客人提供最好的个人服务和设施,创造一个温暖、轻松和优美的环境。丽兹·卡尔顿酒店使客人感到快乐和幸福,甚至会实现客人没有表达的愿望和需要"。酒店的网页上写着"这是属于你的安静所在,世界刚才立足门外,现在则在你的脚下",这一信条并不是纸上谈兵。丽兹·卡尔顿酒店一直按照它的诺言行事。在对离店旅客的调查中,95%的人说在这儿的经历值得回忆。

事实上,优越的服务早已是丽兹·卡尔顿酒店的日常。以海夫纳夫妇在佛罗里达州那不勒斯的丽兹·卡尔顿酒店的经历为例,海夫纳太太的儿子在那不勒斯市生病的时候,酒店整夜都送来蜂蜜水;当海夫纳先生因有事不得不回家一天,而回来时的班机又被推迟的时候,酒店的司机在候机室里等了一个晚上。

这些高质量的人性化服务使丽兹·卡尔顿酒店成为最受参加会议人员喜爱的酒店。一位会议策划人员说:"我们在丽兹·卡尔顿酒店里举行高层会议的时候,不但得到了国王般的礼遇,而且我们挑不出任何毛病。"

自1983年组建以来,丽兹·卡尔顿酒店已经赢得了所有主要的酒店业奖项。更重要的是,服务质量给其带来了高水平的顾客保持率:超过90%的住过丽兹·卡尔顿酒店的顾客仍会选择再次入住该酒店。尽管该酒店的客房价格很高,但这里的入住率达到了70%,差不多比同行业平均水平高9%。

问题:

丽兹·卡尔顿酒店如何通过它的服务提高顾客满意度和忠诚度?

## 第三节　酒店关系营销

### 一、关系营销概述

(一) 关系营销的概念

关系营销的概念最早是由得克萨斯州A&M大学的伦纳德·L.贝瑞教授于1983年提出

的,他将关系营销界定为"吸引、保持以及加强客户关系",之后于1996年,他又进一步把关系营销定义为"通过满足客户的想法和需求进而赢得客户的偏爱和忠诚"。在1983年之后,工业市场营销专家巴巴拉·B.杰克逊从工业营销的角度将关系营销描述为"关注于吸引、发展和保留客户关系"。摩根和亨特从经济交换与社会交换的差异的角度来认识关系营销,认为关系营销"旨在建立、发展和维持成功关系交换的营销活动"。顾曼森则从企业竞争网络化的角度来定义关系营销,认为"关系营销就是市场被看作关系、互动与网络"。尽管这些学者从各自研究领域定义关系营销,但在吸引、发展和维护客户关系等方面基本达成共识。

所谓关系营销,就是把营销活动看作一个企业与顾客、供应商、分销商、竞争者、政府机构及其他公众产生互动作用的过程,其核心是建立和发展与这些公众的良好关系。其实质是在市场营销中与各关系方建立长期稳定的相互依存的营销关系,以求彼此协调发展。

在"关系营销"概念里,一个企业必须处理好与下面六个子市场之间的关系。

(1) 供应商市场。与供应商的关系决定了企业所能获得的资源数量、质量及获得的速度,与供应商的良好关系能够保障企业具有稳定高效的货源市场。

(2) 内部市场。内部营销起源于"把员工看作企业的内部市场"的观念。企业首先得让内部员工满意,这样员工才能以更高的效率为外部顾客提供更加优质的服务,从而让外部顾客满意。

(3) 竞争者市场。企业营销活动在竞争者市场上的主要目的是争取同那些拥有互补性资源竞争者的协作,实现知识的转移、资源的共享和更有效的利用。

(4) 分销商市场。在分销商市场上,零售商和批发商的支持对于产品的成功至关重要。

(5) 顾客市场。顾客是企业存在和发展的基础,市场竞争的实质是对顾客的争夺。研究表明,争取一位新顾客所需要的费用是留住一位老顾客的费用的6倍。企业可以通过数据库营销、发展会员关系等多种方式,更好地满足顾客需求,增加顾客信任,密切双方关系。

(6) 利益相关者(影响者)市场。企业的生存和发展会受到政府、社区、金融机构、新闻媒体、环保组织以及消费者权益保护组织等各社会团体的影响。因此,企业有必要把它们作为一个市场来对待,并制定以公共关系为主要手段的营销策略。

(二) 关系营销与传统营销的区别

(1) 营销核心不同。传统营销的核心是交易,关心如何实现交易和吸引新顾客;关系营销的核心是关系,强调如何与顾客保持友好的关系,获取忠诚顾客。

(2) 营销对象不同。传统营销的营销对象只是顾客;关系营销的营销对象包括顾客、供应商、员工、分销商等与企业利益相关的多重市场。

(3) 营销部门不同。传统营销部门的职责就是完成企业的营销任务,其他部门很少直接参与企业营销活动;奉行关系营销思想的企业,其营销任务不仅仅由营销部门完成,许多部门都积极参与和各方建立良好关系,营销部门成为关系营销的协调中心。

## 二、关系营销原则

关系营销要求与市场各关系方建立长期稳定且相互依存的营销关系,必须遵循以下原则。

(一) 主动沟通原则

在关系营销中,各关系方都应主动与其他关系方接触和联系,相互沟通信息,了解情况,形成制度或以合同形式定期或不定期碰头,相互交流各关系方需求变化情况,主动为关系方服务或为关系方解决困难和问题,增强伙伴合作关系。比如,酒店和旅行社的合作关系。

### (二)承诺信任原则

在关系营销中各关系方都应做出一系列书面或口头承诺,并以自己的行为履行诺言,这样才能赢得其他关系方的信任。承诺的实质是一种自信的表现,履行承诺就是将誓言变成行动,这是维护和尊重关系方利益的体现,也是获得关系方信任的关键,是各关系方保持融洽伙伴关系的基础。比如,酒店给予会员或业务关系的折扣,一旦签订合约就不会改变。

### (三)互惠互利原则

在与关系方交往过程中必须做到相互满足关系方的经济利益,并在公平、公正、公开的条件下进行成熟、高质量的产品或价值交换,使各关系方都能得到实惠。

## 三、关系营销目标

### (一)顾客满意与顾客忠诚

建立良好的客户关系是关系营销的目标之一,而要做到这一点就必须让顾客满意,实现顾客忠诚。关系营销工作步骤:①发现正当需求;②满足需求并保证顾客满意;③营造顾客忠诚。消费者非常满意理论认为,消费者在购买一家公司的产品以后是否再次购买,取决于消费者对所购买产品的消费结果是否满意。如果产品所提供的实际利益低于消费者的预期,消费者就会不满意,就不会再购买这一产品;如果产品所提供的实际利益等于消费者的预期,消费者就会感到满意,但是否继续购买具有很大的不确定性;如果产品所提供的实际利益超过了消费者的预期,消费者就会非常满意或高兴,从而很可能会继续购买。就酒店而言,要使顾客感到非常满意,就必须处理好酒店产品提供的实际利益与消费者预期利益之间的关系。

### (二)实现顾客价值

实现顾客价值是关系营销的重要目标。著名学者贝瑞和帕拉苏拉曼采用梯度推进思想归纳了三种建立顾客关系、实现顾客价值的营销方法。

(1)一级关系营销(频繁市场营销或频率营销):维持关系的重要手段是利用价格刺激增加目标市场顾客的财务利益。

(2)二级关系营销:在建立关系方面优于价格刺激,增加社会利益,同时也附加财务利益,主要形式是建立顾客组织,包括顾客档案,正式的、非正式的俱乐部,以及顾客协会等。

(3)三级关系营销:增加结构纽带,同时附加财务利益和社会利益。与顾客建立结构性关系,可以增加顾客转向竞争者的机会成本,同时也将提高顾客脱离竞争者而转向本企业的可能性。

## 四、关系营销实施步骤

### (一)筛选合作伙伴

关系营销的关键是选择重要客户和合作伙伴,并对目标客户和合作伙伴指派关系经理专门负责联系和开展业务工作。

### (二)制订工作计划

为了能够经常地与关系对象进行联络和沟通,企业必须制订长期的工作计划,指导关系营销工作的开展。

### （三）动态跟踪观察

企业通过建立专门的机构或部门去跟踪供应商、分销商、顾客及其他营销系统参与者的态度，进而了解关系的动态变化。此外，企业要通过客户关系的信息反馈和追踪来测定长期需求，并密切关注合作伙伴的变化。在此基础上，企业要调整和改善关系营销策略以巩固相互依赖的伙伴关系，并及时采取措施以消除关系中的不稳定因素和加强有利于各关系方利益共同增长的因素。

> **经典案例**　　　酒店凝聚力——破碎与蜕变
>
> Peter是英国一家小型会议酒店King's Park Conference Centre唯一的华人服务生。一次，一个100人左右的华人团队来酒店开会，为期4天。Peter可以照顾到不会英语的客人，表现得游刃有余。第二天午餐期间，一位客人抱着宝宝找到正忙着从大厨手里接菜、上菜的Peter，询问是否还有烤土豆，因为只有软糯的烤土豆才可以喂给宝宝吃。Peter将客人的需求向大厨转述后，大厨让Peter回复客人说由于会议中心的餐饮属于定食制，每桌的菜品都是定量的，因此吃完就没有了。客人听后反复强调宝宝的需求，但见交涉无果便悻悻而去。待上菜流程完成后员工开始吃饭，大厨端出了员工餐烤土豆。正当Peter领取自己的午餐时，之前那位客人站在一边，愤怒地对Peter说："你这个骗子，一点爱心都没有，明明还有这么多烤土豆。"Peter愣住了，解释说这是员工餐，但是客人不听，气愤地离开了。刚工作不久的Peter还是第一次遇到这种情况，为人温和且乐于助人的他从来没有被这样指责过。由于语言问题，大厨并不清楚眼前具体发生了什么，问起来，Peter搪塞说没什么并谢谢大厨的关心。饭后，平时乐呵呵的Peter尝试正常工作，努力说服自己这是一场误会，但越想越委屈。一起的同事看出他的变化，就问道："你还好吗？好像心事很重。"Peter也说没事。过了一会儿，经理将Peter带到一间会议室询问，那里还坐着这个团队的负责人，原来大厨把当时发生的情况说给了经理听。在经理的关心下，Peter便把心里的委屈说了出来，当场便感觉好多了，之后负责人也安慰了Peter，答应回去就与那位客人交涉。第二天，Peter在为那位客人上菜时主动向他道歉："很抱歉昨天让宝宝饿着了，今天如果宝宝有需要，我们会有额外的烤土豆供应。"客人也连忙说是自己态度不好，造成了不愉快。从此以后，Peter对客人的额外需求更加重视，并且能处理好工作中不经意间冒出的种种不愉快，他在工作中所展现的热情与温暖获得了经理与客人的一致好评。如果没有酒店最初对员工的照顾，员工或许很难从常见的问题中获得成长，因此，酒店必须让员工对酒店满意，与员工建立情感联结，真正暖到员工的心里，这样员工的服务才能暖到客人的心里，从而提升酒店形象并增加酒店收益。

### 五、关系营销成本测定

关系营销要求增加顾客让渡价值。所谓顾客让渡价值(Customer Delivered Value)，是指整体顾客价值和整体顾客成本之差。顾客在购买产品时,主要围绕两种利益展开:一是产品本身的核心利益;二是购买时间、地点、数量及品牌所带来的附加利益。整体顾客价值包括顾客在购买及消费过程中得到的全部利益,整体顾客成本除了顾客所支出的货币成本,还包括购买者的预期时间、体力和精神成本。当然,企业在保障顾客让渡价值的同时,必须对关系营销的成本进行测定。测定方法即从利益和成本两个方面对顾客进行分析,以创造和保留"真正的顾客"。

(1) 顾客盈利能力。顾客盈利能力是指单位时间内,企业从某个客户身上获取盈利的数额。"真正的顾客"不但愿意与企业建立持续、长期的关系,购买企业产品,而且愿意对企业进行义务宣传,影响他人购买企业产品,进而给企业带来收益。

(2) 顾客维系成本。科特勒维系顾客成本的方法可以用来:测定顾客的维系率,即发生重复购买的顾客比率;识别各种造成顾客损失的原因,计算流失顾客的比率;估算由于不必要的顾客流失,企业将损失的利润。企业维系顾客的成本只要小于损失的利润,企业就应当支付降低顾客损失率的费用。

营销大师丹尼尔·查密考尔创建了"漏桶"原理,用漏桶来比喻这种营销方式:在环境宽松时,企业不注意维系顾客,使得顾客就像漏桶里的水一样流走,当买方市场形成时,企业就会受到惩罚。企业应修补桶上的洞,以减少顾客流失。

## 六、酒店关系营销实践

### (一) 细节营销

顾客主要受酒店的环境、菜肴和服务等吸引,而顾客的多少及其满意度直接决定着酒店的效益。顾客的多少及其满意度的关键在于酒店服务中的细节,酒店只有以人为本、诚信敬业,对顾客真诚地表示关心,为顾客提供全心全意的服务,才能赢得口碑、赢得客户。

香格里拉、锦江等国际知名酒店集团的管理秘诀就在于从不放弃细节,甚至细致到酒店的每一副手套、每一个门把手。酒店只有将每一个细节作为日常规范行动的一部分,找出其中的规律,才能建立一个将所有的细节都置于直接或间接的控制之中的有效体制。以营销策划为例,许多酒店将之视为至宝,但由于营销策划同质化日益严重,促销细节的较量就显得更为重要。许多酒店不善于处理活动细节,常常导致营销活动事倍功半,无法达到预期效果。而一些酒店则十分注重细节的处理,如营销人员的现场解说、POP 的摆放、礼品赠送等无不统一规范,这不但可以使营销活动达到预期效果,还加强了顾客对品牌服务的切身感受。

**经典案例    锦江酒店的细节**

成都锦江酒店的客房里有一个擦鞋篮,内有不同色彩的鞋油和鞋刷,专供有不同需求的客人使用。另外,篮里还有一份说明书:客人如果没空,需要服务员擦鞋的话,留言便可。这份说明书是酒店客房部在开展"入住锦江,温馨安康"活动中抓住细节服务管理的一个举措。锦江酒店每一层楼的服务台不仅备有市内电话簿、留言卡等物,还备有吹风机、剪刀、纸、笔等小物品,使客人在这里真正感到"家外之家"的温暖。锦江酒店还推出了具有特色的"柠檬毛巾"功能,协助客人在用餐时去除手上的油腻,受到客人的普遍好评。用餐时,向客人提供热毛巾是一种很普遍的做法,但锦江酒店却在这一点上另加了心思,通过一片小小的柠檬,传递出对客人的重视与关怀。

细节营销要求客户关系管理从顾客的需求出发,从小处着手,力求把服务、产品做到精益求精,以期与顾客形成共鸣。

(二)互动营销

1. 酒店互动营销的含义

酒店互动营销是指在营销过程中充分将顾客的意见和建议用于产品的规划和设计,为酒店的市场运作服务。互动营销的实质就是充分考虑顾客的实际需求,切实发挥酒店产品的实用性。互动营销能够促进相互学习、相互启发、彼此改进,尤其是通过"换位思考"会带来全新的观察问题的视角。目前,酒店采用的营销手段有娱乐营销、感动营销、文化营销、奖励营销等,互动营销是较常见的酒店营销模式。

2. 酒店互动营销基本步骤

酒店为了建立高品质的顾客互动关系,可以遵循如下基本步骤。

(1) 了解目前酒店与顾客互动的状态以及互动营销的可行性。

(2) 盘点可能的互动点,列出详细的表格并进行筛选。

(3) 根据酒店所处的环境与阶段,选择关键的互动点。

(4) 针对关键的互动点进行详细的形式、内容设计,是做一次活动,还是提供在线体验,或是改进现有的互动平台与流程,如网站、售后、客服等。

(5) 实施互动营销计划。

(6) 评估、调整与改进。

## 第四节 酒店营销创新

### 一、酒店社会责任营销

社会责任营销是企业在承担一定的社会责任(如为慈善机构捐款、保护环境、建立希望小学、扶贫)的同时,借助新闻舆论影响和广告宣传,来改善企业的名声,提升企业形象,提升品牌知名度,增加客户忠诚度,最终增加销售额的营销形式。

在当今高度竞争的酒店业中,社会责任成为提升酒店品牌知名度的重要因素。酒店社会责任不仅包含了必须履行的基础责任及支持实践展开的支持性责任,还包含了改善社会关系的战略责任。

(一)基础责任

基础责任是指酒店必须遵守的经济责任和法律责任,是酒店最基本的社会责任和义务,是维持酒店行业良好秩序的最低限度。酒店的基础责任主要包括酒店通过经济活动,提供安全的产品和服务,将最终得到的利润回报给社会,并严格遵守法律法规。基础责任不仅是顾客,还是政府、股东、经营人员和员工所需承担的责任,是酒店正常运转的基石。酒店管理方必须对所有方负责,及时汇报经营情况,保持沟通的顺畅。酒店行业是劳动密集型行业,必须注重员工所发挥的重要作用,酒店履行社会责任必须强调要善待员工。

(二)支持性责任

支持性责任是指在保证基础责任实施的基础上,遵守社会社区的规则与良知的责任,亦称为道德责任。任何企业都知道不能提供有害的商品和服务给消费者,可是在我们身边又时常发生有关安全管理体系方面的问题,因此,仅仅有相应的法律法规,却没有遵守法律法规的酒店企业文化和道德概念,是无法真正把基础责任落实下去的。支持性责任就是酒店从战略层面出发,自上而下地去营造履行基础社会责任的企业氛围,能够造就酒店非常独特的身份特性和使命。同时,支持性责任还包括酒店把履行的社会责任的信息传递给顾客并与之共享。因为提供了安全的商品和服务并不等于获得了顾客的信任,所以支持性责任必须要通过双向沟通来完成。

(三)战略责任

战略责任是酒店基于战略意义的自主性的社会贡献责任,包括开展行动或者项目来促进人类福利发展。战略责任从短期来看似乎不能直接获得经济回报,如慈善捐助、志愿者活动、创建绿色酒店等,这类责任在一定程度上具有长远的战略经济意义,能提升酒店价值和品牌影响力。国内酒店在战略责任方面关注颇多。

## 经典案例　　锦江酒店的"元点计划"回收行动

随着旅游业的快速发展,酒店业对一次性易耗品的需求日益增长,这些用品在使用后被大量丢弃,不仅造成了资源的浪费,也对环境造成了污染。锦江酒店作为行业内的领军企业,深刻认识到这一问题,秉承"源于自然,点亮生命"的核心理念,发起了"元点计划"回收行动,致力于通过回收酒店客房中客人使用过且未带走的一次性易耗品,进行重塑改造,变废为宝,并捐助给有需要的孩子们,实现环保与助学的双重目标。

"元点计划"主要回收酒店客房内使用过的一次性易耗品,如牙刷、牙膏、梳子、浴帽等。这些用品在客人退房后,由酒店工作人员进行收集、分类和整理。随后,这些废弃物被送往指定的回收处理中心,经过专业的消毒、清洁和加工处理,最终转化为新的学习用品,如文具盒、笔、尺子、课桌椅等。

为了确保"元点计划"的顺利实施,锦江酒店与多家合作伙伴建立了紧密的合作关系。目前,已有潮漫等多个品牌加入该计划,共同推动环保公益事业的发展。此外,锦江酒店还与塑料重塑企业、非政府组织等建立了合作关系。通过与塑料重塑企业合作,锦江酒店能够将收集到的一次性易耗品进行高效的再利用,实现了酒店废旧物品的循环利用和价值最大化。

除了实际的回收行动,锦江酒店还注重环保教育和宣传。酒店通过在客房内放置宣传资料、在公共区域设置宣传展板等方式,向客人传递环保理念和知识。同时,

酒店还定期组织员工参与环保培训和志愿服务活动,提高员工的环保意识和参与度。

自"元点计划"启动以来,锦江酒店已回收了大量的一次性易耗品,并成功将其转化为新的文具用品。这些举措不仅减少了废弃物的产生,还为社会公益事业提供了支持。据统计,截至2024年5月,该计划已回收酒店六小件3.3吨,并制成文具盒15000个,有9610位有需要的学龄儿童收到了这些循环再生的文具。

"元点计划"回收行动是锦江酒店在环保公益方面的一次成功尝试,得到了社会各界的广泛关注和认可。通过该计划的实施,锦江酒店成功地将环保理念融入了企业的日常运营,不仅实现了资源的循环再利用,为其他企业提供了可借鉴的环保实践案例,还传递了一种绿色、低碳、环保的生活理念,激发了更多企业和个人参与到环保事业中来,推动了整个行业的绿色发展和可持续发展。未来,锦江酒店将继续深化和拓展该计划的内容和形式,探索更多具有创新性和可行性的环保实践方式,为推动环保事业和可持续发展做出更大的贡献。

## 二、酒店网络营销

酒店网络营销指的是酒店利用国际互联网的信息沟通渠道推销酒店产品的一种市场营销活动。酒店网络营销主要针对新兴的线上市场,能够及时了解和把握线上消费者特征和消费者行为模式的变化,为酒店营销活动提供可靠的数据分析和营销依据。此外,在网上开展营销活动能够促进营销目标的实现。酒店利用现代网络技术,通过面对客户开展诚信经营,能够建立忠诚的客户群。

(一)酒店网络营销的优势

1. 便于了解、统计顾客信息

网络预订通常要求顾客填写个人有关信息,使酒店能及时了解顾客对其产品和服务的反馈信息,迅速对其产品、价格等做出调整。此外,酒店还可以通过网络便利地统计出访问网站和特定内容的人数,从而更好地开发合适的新产品,锁定目标市场,满足目标顾客的需求。

2. 全方位展示自己的产品或服务

网络营销有利于酒店与其顾客在网上进行双向交流,通过网络所传递的信息数量和精确度远超其他方式。因此,酒店可以通过网络营销全方位展示其产品或服务的外观、性能、品质以及内部结构,这有助于顾客充分认识和了解酒店产品,进行理性消费。

3. 有利于与顾客建立稳固的长期关系

通过网络,酒店能够与顾客进行"一对一"交流,满足顾客个性化的要求,为顾客提供个性化的服务,从而稳固酒店与顾客的关系,提高顾客的忠诚度。

4. 方便进入国际市场

互联网覆盖全球市场。通过网络,酒店可以方便快捷地进入任何一国市场,而不受以往国际商务的种种限制。

5. 为中小型酒店提供发展的契机

在网上,任何酒店都可不受自身规模的限制,都能平等地获取世界各地的信息,以及平等地展示酒店形象。这为中小型酒店创造了一个极好的发展空间。利用互联网,中小型酒店只需花极小的成本，就可以迅速建立起全球信息网，将产品信息迅速传递到以前只有财力雄厚的大型酒店集团才能接触到的市场中去，平等地与大型酒店进行竞争。

（二）酒店网络营销的开展过程

1. 酒店网络营销的市场定位

网络营销具有双向属性，即酒店经营者不仅要了解网络客户的各种情况，还必须了解自己的产品是否适合网络客户。酒店可以先通过网站了解客户群体的情况，同时了解客户的需求。比如，酒店可以通过论坛、有奖访问、网上调查问卷、网络联谊活动等形式获取客户的需求信息，并在此基础上确定放在网上销售的酒店产品及酒店线上市场的目标，为开展网络营销奠定基础。

2. 确定网络营销的主要对象

网络营销的对象是指网络虚拟市场上可能产生购买行为的客户群体。酒店可以根据自身的产品特点和情况，确定线上市场营销的主要对象，并通过网站的内容制作吸引目标群体访问。

3. 设计网络营销的内容

形成一定的、在近期能通过网络预订酒店客房的客户群是网络营销的最终目标，它可以通过设计具体的网络营销信息内容来实现。酒店客房的预订是一个多阶段的过程，酒店应当根据客户预订的决策阶段和酒店产品周期阶段来决定营销内容。酒店网络订房需要经过了解阶段、试用阶段和使用阶段，酒店经营者需要关注每阶段的营销内容，精心培育网络客户群，从而使酒店的网络订房顺利通过培育期、成长期，进入良性循环的成熟期。

4. 确定网络营销的组合方式

网络营销需要通过组合增强营销力度，从而提高酒店在网络上的知名度。网络营销活动主要包括网络广告营销和网络站点营销。其中，网络广告营销是"推战略"方法，网络站点营销是"拉战略"方法。酒店可以根据经营情况及网络订房的开展情况，交叉组合使用这两种方法，使网络促销达到最佳效果。

5. 网络营销渠道的管理

科学管理营销渠道是酒店在网络营销中取得成功的关键之一。大部分酒店是中小型的单体酒店，没有自己独立的订房网站和营销网站，主要依赖于网络中介公司的预订网站开展预订和营销活动，因此存在网络营销渠道的管理问题。酒店必须不断对各营销渠道进行信息沟通和协调，以保证酒店网络营销的一致性、连续性和统一性，从而在网络上树立良好的品牌形象。

（三）酒店网络营销与传统营销的整合

酒店市场竞争在买方市场下日益激烈，酒店通过传统的营销手段在市场中取得竞争优势的难度越来越大。网络营销的出现使营销和管理模式发生了本质的变化。酒店网络营销是酒店向顾客提供产品和服务的另一个渠道，为酒店提供了一个增强竞争优势、增加盈利的机会。酒店开展网络营销的关键是酒店能否做好网络营销与传统营销的整合，从而唤起顾客对产品的注意和需要。

1. 酒店网络营销中顾客概念的整合

传统营销中的顾客指的是与酒店产品购买和消费直接有关的个人或组织。网络营销中除这一部分最重要的顾客外，还将搜索引擎当作企业的特殊顾客。搜索引擎虽然不是线上的直接消费者，却是网上获得信息最直接的渠道，它的选择结果直接决定了网上顾客接收信息的范围。以网络为媒介的酒店产品信息，只有被搜索引擎选中时，才有可能传递给网上的顾客。因

此,酒店在设计广告或发布网上信息时,不仅要研究网上顾客及其行为规律,也要研究计算机行为,掌握各类引擎的搜索规律。

2. 酒店网络营销中产品概念的整合

传统营销中的产品指的是能够满足某种需求的东西,完整的产品是由核心产品、形式产品和附加产品构成的。网络营销在上述整体产品概念的基础上,更加注重和依赖信息对顾客行为的引导。因此,网络营销将产品的定义扩大为"提供到市场上,引起顾客注意,为顾客所需要和消费的东西"。

网络营销在扩大产品定义的同时,还进一步细化了整体产品的构成,即核心产品、扩大产品、一般产品、期望产品和潜在产品。其中,核心产品等同于原来的核心产品;扩大产品与原来的附加产品相同,但还包括区别于其他竞争产品的附加利益和服务;一般产品和期望产品由原来的形式产品细化而来,一般产品指的是同类产品通常具备的具体形式和特征,期望产品指的是符合目标顾客一定期望和偏好的某些特征和属性;潜在产品指的是顾客购买产品后,可能享受到的超乎顾客现有期望、具有崭新价值的利益或服务,潜在产品是一种完全意义上的服务创新。在购买后的使用过程中,顾客会发现这些利益和服务中总会有一些内容对其有较大的吸引力,从而使其有选择地去享受其中的利益或服务。

3. 酒店网络营销中营销组合概念的整合

对于酒店的有形产品和服务,虽然不能以电子化方式传递,但酒店在营销时可利用网络促进信息流和商流联通。在这种情况下,传统的营销组合没有发生变化,价格由生产成本和顾客的感受价值共同决定(包括与竞争对手的比较),促销及渠道中的信息流和商流则是由可控制的网上信息所代替,渠道中的物流则可实现速度、流程和成本的最优化。

4. 酒店网络营销对企业组织的整合

网络营销带动了酒店理念的发展,继而带动了酒店内部网的发展,形成了酒店内外部沟通与经营管理均需要网络作为主要渠道和信息源的局面。营销组织层级的减少、结构的扁平化、营销部门人员的减少、渠道的缩短、经销代理数量的减少都促使酒店组织结构再造。

营销的数字化使得国际酒店集团为了顺应酒店出现的新组织设立专门的团队负责对接相应业务。万豪国际集团大中华区运营部于2019年将餐饮营销团队演变为数字餐饮营销团队,对外,其负责与专门和飞猪平台对接的公司进行对接,因为万豪国际与阿里巴巴已经成立了专门的合资公司,负责万豪酒店客房与餐饮产品在飞猪平台上的运作,所以这个团队的主要任务就是与该合资公司对接业务;对内,其负责与各酒店餐饮部的市场传讯部进行对接,该部门主要负责将酒店的餐饮产品进行线上推广,主要途径为飞猪平台及微信小程序。

### 三、酒店绿色营销

酒店绿色营销是酒店以环境保护观念为其经营指导思想,以绿色消费为出发点,以绿色文化为酒店文化核心,在满足顾客的绿色消费需求的前提下,为实现酒店目标而进行的营销活动。

#### (一)提供绿色产品

酒店的绿色产品包括绿色客房、绿色食品和绿色服务。绿色客房是指酒店所提供的,符合环保要求的,对人体无害的客房;绿色食品是酒店提供的无公害、无污染、安全优质的食品和饮料;绿色服务是指酒店提供的,以保护自然资源、生态环境和人类健康为宗旨的,并能满足绿色消费要求的服务。

（二）创建绿色企业文化

在酒店推行绿色营销的过程中，建立绿色企业文化是非常重要的，它能提高酒店的企业形象，增强企业员工的凝聚力和向心力，有利于酒店经营管理及业务的创新和改善。创建绿色企业文化有多种方式，不论采取什么方式，重要的是让每个员工参与其中，并尽可能地让顾客参与和了解。营造绿色企业文化，不仅可以产生良好的环境效益和社会效益，更有助于创造良好的经济效益。

（三）实施绿色管理

酒店绿色营销除了提供绿色产品，还要从经营管理入手，实施绿色管理。绿色管理的内容包括酒店环境管理的体系、机构和规章制度，酒店的环境规划，建设过程中的环境管理，生产过程中的环境管理，技术设备的环境管理和环境保护的宣传、教育、培训等方面的内容。

四、酒店文化与品牌营销

（一）挖掘酒店品牌价值

品牌忠诚的建立是一个长远的过程。酒店应通过努力和创新，不断加深和巩固顾客对酒店的认知和理解，培养和提高顾客对酒店品牌的忠诚度，实现市场竞争中的良性循环，进而不断提高收益。

1. 品牌文化的附加值

品牌形象的一项重要内容即品牌的名称与商标。酒店名称和商标一经注册就具有一定的稳定性，不能轻易更改。品牌的识别功能和传播功能是它的首要功能。要想让顾客通过品牌迅速识别产品，并使品牌在顾客中广泛地传播开来，酒店就必须注重自身品牌的个性化特征。酒店品牌只有具有个性化，才能引起顾客的好奇心和注意力。其原因主要是人们的生活呈现多元化的发展，顾客期望通过品牌的个性特征来表现自我。因此，庸俗、不具文化魅力的品牌不受顾客欢迎，而具有个性化的品牌则在市场上有较强的竞争力，特别是中青年顾客对个性化品牌情有独钟。这也就使有个性文化魅力的酒店品牌脱颖而出，成为知名酒店品牌。

2. 创建品牌，提升品牌价值

实现顾客忠诚的先决条件和核心即创建品牌、提升品牌价值。明确品牌的核心价值是品牌建设过程中最基本、最重要的工作。品牌的核心价值通常代表了一个品牌独一无二且最有价值的部分。酒店会因星级不同而对硬件设施有不同的要求，但在对客服务方面应是一样的，例如以顾客为中心的经营观念和为顾客营造"家"的感受等。因此，酒店服务品牌核心价值的基本层面应是温馨、舒适、便捷、创新，而品牌核心价值的特色则是鲜明个性。在塑造酒店服务品牌的过程中，应将二者有机结合，塑造出既能给顾客带来高附加值又有自身特色的酒店品牌，并不断提升品牌价值，从而塑造一个强势的酒店品牌。

3. 顾客认可品牌价值

在塑造品牌的过程中，酒店要从顾客角度出发看待问题、解决问题，让顾客充分感受到酒店产品的安全、优质、高效和物有所值，实现真正的顾客满意。在完善日常规范服务的基础上，酒店还要做到特色、高附加值和顾客满意三者的和谐统一，突出酒店的个性化服务和细微服务，让顾客感受到酒店与众不同的服务特色，从而全面提升酒店的服务档次和水平。

### (二) 保持酒店品牌的措施

**1. 鲜明个性,特色文化**

随着产品日益同质化,企业必须在产品附加利益层面及传播方面有所区别,因此塑造和保持品牌的措施变得重要,而品牌的个性是一个决定性的因素。品牌个性包含两个层面:视觉层面与文化层面。就视觉层面而言,酒店建立独具个性的品牌视觉形象至关重要。酒店必须根据自身特色,从店徽、店标、风格设计、装饰、代表色等方面营造出极具个性的品牌视觉效果,让顾客一眼就能区分出该酒店与其他酒店的差异。就文化层面而言,文化是品牌的灵魂,一个品牌沉淀的文化传统和价值取向是酒店品牌塑造的重心所在。品牌中的文化部分能够唤起人们心理上的认同,有时甚至能够作为一种象征深入到顾客的心中。因此,酒店在塑造品牌的过程中,要凸显自身的特色文化。

**2. 持之以恒,不断创新**

酒店必须不断创新才能在市场竞争中不被更新的、有时甚至只是改变了一些功能的酒店取代。创新是酒店生存发展的生命力和价值所在。酒店可以通过目标创新、产品创新、服务创新等途径,实现与顾客的持久沟通,并满足其不断变化发展的需要。其中,酒店产品创新不仅是过去产品的重新包装和组合,还要运用先进的高新科技手段开发酒店新产品。比如,酒店运用高新科技打造智能型监控系统、磁卡门锁,为顾客带来更多便利和安全感。

### (三) 实施 CIS 战略

酒店可以通过实施 CIS 战略塑造品牌价值。CIS(Corporate Identity System,企业形象识别系统)由 MIS(Mind Identity System,理念识别系统)、VIS(Visual Identity System,视觉识别系统)和 BIS(Behavior Identity System,行为识别系统)三大系统组成。此外,酒店还应高度综合自身形象,明确自身定位,充分利用酒店内外一切可以利用的形象资源,以最鲜明、最直接、最迅速的方式将酒店品牌形象传递给消费者,并给消费者留下深刻印象。

### 本章小结

酒店市场营销的概念主要表现在四个方面。酒店由于自身产品特性不同,其营销活动也有自己的特点。

服务营销与传统营销存在着营销理念和方式的区别;酒店产品的特点不同采取的服务营销策略不同。

关系营销与传统营销有所不同。

酒店服务营销和关系营销作为新兴的营销理念从一开始就相互融合、相互渗透、相互促进;酒店服务人员应掌握关系营销的技巧,而关系营销的前提是提供优质服务;服务营销和关系营销的目标都是培养忠诚顾客,建立和维护良好的客户关系。

从个性化服务到个性化营销,构建顾客满意的人性化管理模式;细节营销和互动营销是以客户关系为主的营销策略。

酒店创新营销包括社会责任营销、网络营销、绿色营销、文化与品牌营销等营销模式。

### 思考与练习

1. 举例分析服务营销、关系营销与传统营销的不同点。
2. 酒店应如何根据自身的产品特点选择目标市场营销模式?
3. 酒店企业可以从哪些方面对关系营销的成本进行测定?
4. 举例说明现代酒店在危机中应该怎样做好营销工作。
5. 试以某一国际酒店集团为例,探寻其服务营销管理、关系营销管理的成功经验与启示。

### 比美国酒店还好的酒店

美国前总统布什曾于2001年来上海参加APEC会议。布什下榻于上海波特曼丽嘉酒店,这家酒店接待过美国前总统克林顿。酒店有一个很重要的准则,就是为每一个客人提供个性化的体贴入微的服务,当然也包括布什这样的一位特殊的客人。

由于种种原因,这一次,布什没有携带夫人一起来,但酒店知道他们是一对很恩爱的夫妇,于是,就从美国找来一批照片,其中有他的夫人和女儿的照片,还有他的两条爱犬的照片,准备将照片悬挂在总统客房的最显眼处,让他一走出电梯就可以看到。可是考虑安全问题,布什上楼的路线一改再改,所有照片也只得一移再移。最后在入住当天晚上,布什终于来到了总统套房的楼层。当他一眼看到自己夫人的照片时,非常感动地问酒店管家:"你们是怎么找到这些照片的?"管家告诉他:"这是一个秘密,我们只希望能给您带来家的感觉。"他笑眯眯地说:"我已经有这个感觉了。"

布什有早起锻炼的习惯,而且特别喜欢跑步。酒店特意为他准备了一个放满各种跑步用品的包,里面有镶着他名字的运动衫、短裤、袜子、毛巾,甚至连鞋子上也有他的名字。他很喜欢这份特殊的礼物。他的管家在第二天早上告诉酒店,布什收到礼物的当天晚上,就穿着运动服在房间里跑来跑去。

波特曼丽嘉酒店的服务颇具个性化,对客人的爱好了如指掌,细微之处令人惊叹。布什的夫人最大的爱好是阅读,她在大学里学的是图书管理。酒店考虑到布什在上海的时间很紧,没有机会买东西送给夫人,于是就买了一套英文版的《红楼梦》,并在外面用绸缎做了一个精美的盒子,作为礼物送给其夫人。布什还十分疼爱他的两条爱犬,以前去哪里都带着它们。酒店想方设法为其爱犬专门做了两件中国绸缎的衣服,上面还绣了其爱犬的名字。布什对这些特殊的礼物爱不释手。

布什是得克萨斯州人,他身边很多工作人员都是他以前做州长时的老部下。除布什外,怎样才能让他的工作人员在上海有宾至如归的感觉呢?酒店送他们每人一枝黄玫瑰,因为黄玫瑰是得克萨斯州的州花,送黄玫瑰就是欢迎归来的意思。酒店在半年前就订了6000多枝玫瑰,一方面采用黄玫瑰来做大堂中间的巨型盆花,另外包括记者在内的所有客人进入大堂时,都会收到一枝黄玫瑰。这个效果出奇的好,当客人看到黄玫瑰时,万分惊喜。后来,布什的公关顾问回到美国后,给波特曼丽嘉酒店总经理寄来一张卡片。她告诉总经理,当她的美国朋友听到布什在上海时住的波特曼丽嘉酒店时,很多人马上说:"哦,这是一个美国酒店。"但她马上纠正他们:"这个酒店比美国酒店还要好。"

布什离开酒店的那天,当他再次经过酒店后台时,突然在洗衣房门口停了下来。他不顾外面60多辆汽车都在等他,走进洗衣房与员工一一握手,而且主动提出要与员工合影留念。这是很少见的,难怪白宫工作人员后来评价该酒店的工作几乎接近完美。

问题:
1. 结合课程内容谈谈为什么波特曼丽嘉酒店能做到让顾客满意。
2. 该酒店走的是什么样的服务路线?为什么能实现完美的工作境界?
3. 波特曼丽嘉酒店采用了哪些营销策略?

# 第五章

## 现代酒店人力资源管理

本章知识图谱

### 学习导引

现代管理学之父彼得·德鲁克指出:"企业只有一项真正的资源——人;管理就是充分开发人力资源以做好工作。"人力资源是现代酒店生存发展的第一资源,是现代酒店高质量发展的最重要的战略性资源。人力资源管理在决定现代酒店竞争力方面起到了关键性作用。因此,加强现代酒店人力资源管理至关重要。本章的学习有助于我们初步了解并掌握酒店人力资源管理的相关知识和理念。

### 学习重点

通过本章学习,重点掌握以下知识要点:
1. 酒店人力资源的概念及其需求特点。
2. 酒店人力资源管理的内容。
3. 酒店员工招聘与培训的原则和方法。
4. 酒店绩效管理的方法。
5. 酒店薪酬福利管理的策略。

### 素养目标

学生通过学习上述知识要点,可以增强法律法规意识,提升规划设计能力、沟通协调能力和解决问题能力,并在学习人力资源管理的过程中体会社会主义核心价值观。

# 第一节 酒店人力资源概述

## 一、酒店人力资源的概念

人力资源管理是对人力资源的取得、开发、保持和利用等方面所进行的计划、组织、指挥和控制的活动。它是研究组织中人与人关系的调整、人与事的配合，从而充分开发人力资源，挖掘人的潜力，调动人的积极性，提高工作效率，实现组织目标的理论、方法、工具和技术。

酒店人力资源是酒店业态的人力资源，是存在于酒店组织中的人力资源，是现代酒店业生存发展的第一资源，是现代酒店高质量发展的最重要的战略性资源。酒店人力资源包括基层员工、中层管理者和高层决策领导者三种主要资源。

## 二、酒店人力资源的需求特点

现代酒店从属于服务行业，其人力资源需求呈现依附性较强、波动性较大、需求机制灵活等特点。

### （一）依附性较强

酒店属于服务业，而且是较为特殊的服务业。它所提供的产品主要就是服务。同一般生产企业一样，决定企业劳动力需求大小的因素是社会对其产品的需求大小。当经济发展，人们收入增加，生活水平提高，旅游欲望和需求增加，各种商务往来频繁时，酒店业劳动力需求就会增加。因此，酒店业对劳动力的需求是一种派生需求，依附性很强，它随着产品即酒店住宿需求的变化而变化。

### （二）波动性较大

酒店业对劳动力的需求取决于人们旅游意愿和商务往来态势的强弱，而这种因素受外界因素影响很大，因此就形成了酒店业劳动力需求的一个重要特征——波动性较大，也就是弹性较大。另外，酒店业除受上述情况制约外，还受到旅游资源和道路交通等因素的影响，因此酒店业也成为一种波动性较大的敏感产业和比较脆弱的行业。

### （三）需求机制灵活

酒店业市场较强的依附性，以及由此而产生的易波动性，在客观上要求酒店业具有一种运用劳动力市场特性灵活调节其用工量的机制，只有满足这种要求，酒店才有可能生存和发展，才有可能通过开源节流去获得经济效益。

## 三、酒店人力资源管理的内容

人力资源管理的主要内容通常由酒店人力资源规划、员工招聘与配置、员工培训与开发、绩效考核管理、薪酬福利管理和劳动关系管理六大部分构成（见图5-1）。

### （一）酒店人力资源规划

酒店人力资源规划的宗旨，是将酒店对员工数量和质量的需求与人力资源的有效供给相协调，通过评估现有的人力资源状况，预测未来的人力资源状况，制定一套相适应的人力资源规划。人力资源规划是酒店计划管理的组成部分，酒店人力资源规划必须服从酒店的经营发展战略。

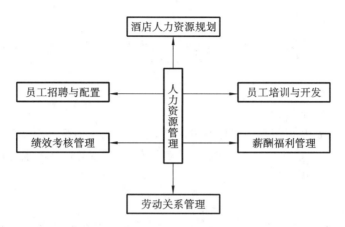

图 5-1 酒店人力资源管理的主要内容

酒店人力资源规划的主要内容包括以下几方面。

(1) 人力资源战略:酒店人力资源管理的原则、方针和目标,指导人力资源管理工作。

(2) 职务编制:酒店的组织结构、岗位设置、职务资格要求等。

(3) 员工配置:酒店每个职务的员工数量、职务变动情况以及职位空缺数量等。

(4) 员工晋升:实质上是酒店晋升政策的一种表达方式,员工晋升到上一级职务的平均年限和晋升比例,一般用指标来表达。

(5) 员工需求:阐明需求的职务名称、员工数量、希望到岗时间等内容。

(6) 员工供给:员工供给的方式(外部招聘、内部招聘等),员工内部流动政策、员工外部流动政策、员工获取途径和获取实施计划等内容。

(7) 教育培训:包括教育培训需求、培训内容、培训形式、培训考核等内容。

(8) 工资:结合酒店所在地区的经济发展水平、物价指数水平、最低工资限额,以及员工配置计划、员工晋升计划来确定工资。

(9) 人力资源投资预算:上述各项计划的总费用预算。

酒店人力资源规划程序如图 5-2 所示。

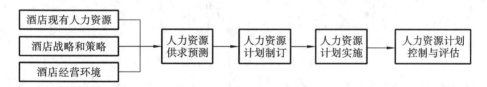

图 5-2 酒店人力资源规划程序

(二) 员工招聘与配置

招聘是指酒店根据经营目标和相关政策,依据人力资源规划和工作分析的结论,结合酒店的经营状况,补充酒店空缺职位的过程。员工招聘工作主要由招募、选择、录用、评估等一系列活动构成。

(三) 员工培训与开发

酒店必须经常对员工进行培训。通常,一线员工侧重技能方面的培训,管理者则侧重分析问题、解决问题的管理能力方面的培训。培训可以是在职培训也可以为脱产学习,培训方式有店内培训、外出进修、考察等,培训为员工提供了发展的机会。

### （四）绩效考核管理

绩效考核是酒店人力资源管理部门根据设定的目标和标准，对员工完成工作目标或执行酒店各项规定的实际状况进行考查、评估，是奖惩的依据。

### （五）薪酬福利管理

薪酬管理包括基本工资、绩效工资、津贴、激励工资（奖金、分红、股权激励）等报酬内容的分配和管理。员工的福利是薪酬的间接组成部分，是酒店为了使员工保持稳定、积极的工作状态，根据国家或地方法律法规或政策，结合酒店经营管理的特点和经济承受能力，向员工提供的各种非工资和奖金形式的利益和优惠。

### （六）劳动关系管理

劳动关系是劳动者与用人组织在劳动过程和经济活动中发生的关系。这一部分的管理要依法订立劳动合同，依法谈判解决劳动纠纷，并充分发挥工会调整劳动关系的作用。

1. 酒店员工沟通与敬业分析

酒店员工存在两种信息沟通形式：①非正式沟通，是酒店员工在彼此交往中自发形成的一种非稳定的关系网络；②正式沟通，是基于酒店内正式组织、维系酒店管理运行的沟通。员工沟通的主要内容如图 5-3 所示。

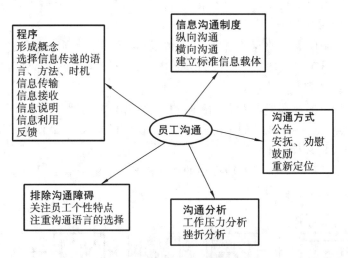

图 5-3　员工沟通的主要内容

要使沟通顺畅，应先做好以下的准备工作：首先，为沟通准备好一个平台，良好的酒店文化和团队精神是沟通流畅的必要平台；其次，寻找合适的沟通载体；最后，在沟通的过程中要注意及时排除障碍。研究发现，影响沟通流畅的主要原因有文化障碍、组织结构障碍及心理障碍。文化障碍包括语言障碍、语意障碍及文化水平差异；组织结构障碍包括地位障碍、空间障碍及机构障碍；心理障碍则包括认知障碍、情感障碍及态度障碍等。

加强酒店内部沟通的技巧：及时公布酒店的政策、通知；积极组织各类活动，如推广酒店文化的活动；及时反馈和处理员工的投诉或建议；加强对酒店内部网的管理；定期组织沟通会，听取员工意见；切实做好员工辞职、离职时的面谈；定期计划和组织员工调查；定期组织员工与高层的见面畅谈会；适时组织酒店员工大会；为员工提供各种咨询服务；加强管理人员的培训；及时表彰优秀员工；开展丰富多彩的员工文化、体育、娱乐活动；组织和开展好酒店的各项福利活动;加强与员工家属的联系;加强与外部供货商和业务协作单位的联系。

2. 酒店劳动争议处理

酒店劳动争议的产生有各种各样的原因:酒店内部劳动规章制度不合理、不健全或不依合理程序制定;酒店管理层法治观念淡薄,人力资源管理人员缺少在劳动争议管理方面的专业训练;酒店经营困难。

劳动争议处理的原则:着重调解、及时处理的原则;在查清事实的基础上依法处理的原则;一律平等的原则。

酒店劳动争议处理的程序:首先双方协商;不愿协商或协商不成,申请酒店调解委员会调解;调解不成或不愿调解,申请仲裁机构仲裁;如果一方或双方对仲裁裁决不服,可以向法院提起诉讼。

调解委员会的构成:职工代表,由职工代表大会或职工大会推举产生;用人单位代表,由用人单位法定代表人指定;工会代表,由用人单位工会委员会指定。调解委员无论是哪一方代表,都应当由具有一定的劳动法律知识、政策水平和实际工作能力,为人正派、办事公道的人员担任。委员人数由职工代表大会提出,并要与酒店法定代表人协商确定。用人单位代表的人数不得超过委员总数的1/3。没有成立工会组织的酒店,委员会的设立和组成由职工代表和用人单位代表协商确定。

调解委员会的调解主要是通过教育、劝导、协商的方法,促使当事人在互谅互让的基础上达成协议,从而化解争议。调解委员会调解的特点是群众性、自治性、非强制性。调解委员会的职责:按法定原则和程序处理,回访、检查执行情况,督促调解协议的履行;开展劳动法律法规、酒店内部规章制度的宣传教育工作,预防劳动争议的发生。

劳动仲裁是劳动争议仲裁机构根据劳动争议当事人一方或双方的申请,依法就劳动争议的事实和当事人应承担的责任做出判断和裁决的活动。劳动争议仲裁委员会的构成包括劳动行政部门代表、同级工会代表、用人单位代表,仲裁委员会的办事机构为劳动行政主管部门的劳动争议处理机构。劳动争议仲裁的原则:一次裁决原则;合议原则,即少数服从多数原则;强制原则,即一方申请即可受理、调解不成可直接裁决和一方不履行另一方可申请法院强制执行;回避原则;区分举证责任原则,即遵循"谁主张谁举证"和"谁决定谁举证"。

劳动争议仲裁程序如下。

(1) 申请和受理。劳动争议发生后,当事人申请仲裁,应依法向仲裁委员会提交书面仲裁申请。仲裁申请书应当列明:劳动者的姓名、职业、工作单位和住址;用人单位的名称、地址,法定代表人或主要负责人的姓名、职务;仲裁请求和所根据的事实、理由;证据和证据来源、证人姓名和住址。劳动争议仲裁委员会收到仲裁申请之日起五日内,认为符合受理条件的,应当受理,并通知申请人;认为不符合受理条件的,应当书面通知申请人不予受理,并说明理由。对劳动争议仲裁委员会不予受理或者逾期未作出决定的,申请人可以就该劳动争议事项向人民法院提起诉讼。劳动争议仲裁委员会受理仲裁申请后,应当在五日内将仲裁申请书副本送达被申请人。被申请人收到仲裁申请书副本后,应当在十日内向劳动争议仲裁委员会提交答辩书。劳动争议仲裁委员会收到答辩书后,应当在五日内将答辩书副本送达申请人。被申请人未提交答辩书的,不影响仲裁程序的进行。

(2) 案件仲裁准备。组成仲裁庭或指定仲裁员,审阅案件材料,进行必要的调查取证,庭审前进行调解。

(3) 开庭审理和裁决。按照下列步骤进行:送达开庭通知,开庭审理,申诉人和被诉人答辩,当庭再行调解,休庭合议并做出裁决,复庭并宣布仲裁裁决。

（4）仲裁文书的送达。仲裁文书的送达方式有直接送达、留置送达、委托送达、邮寄送达、公告送达。

酒店避免劳动纠纷和劳动争议处理的方法：要严格按照相关劳动法规管理员工；制定合法的劳动管理制度；树立以人为本的管理理念；建立员工关系管理专责人员或部门，加强员工的沟通和预警机制；发生纠纷时尽量协商解决问题。

## 第二节 酒店员工的招聘

### 一、酒店招聘的渠道

招聘是组织为了生存和发展的需要，根据组织人力资源规划和工作分析的数量与质量要求，通过信息的发布和科学甄选，获得本企业所需的合格人才，并安排他们到企业所需岗位工作的过程。酒店招聘流程如图 5-4 和图 5-5 所示。

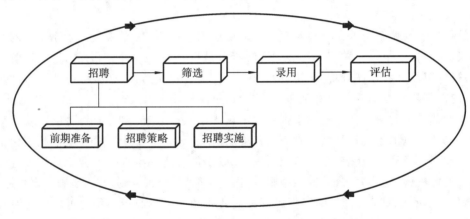

图 5-4 酒店招聘流程 I

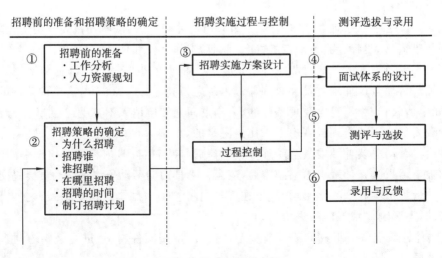

图 5-5 酒店招聘流程 II

酒店招聘渠道，从大的方面而言，分为酒店内部招聘渠道和酒店外部招聘渠道两类。这两种招聘渠道各有其优缺点，具体运用过程中，酒店需要根据实际情况选择合适的渠道。酒店内部招聘与外部招聘的特点比较如图 5-6 所示。

| 内部招聘 | 外部招聘 |
| --- | --- |
| ☺ 准确性高<br>☺ 适应较快<br>☺ 激励性强<br>☺ 费用较低 | ☺ 带来新思想、新方法<br>☺ 有利于招聘到一流人才<br>☺ 树立形象的作用 |
| ☹ 可能造成内部矛盾<br>☹ 容易抑制创新 | ☹ 筛选难度大，时间长<br>☹ 进入角色慢<br>☹ 招聘成本大<br>☹ 决策风险大<br>☹ 影响内部员工的积极性 |

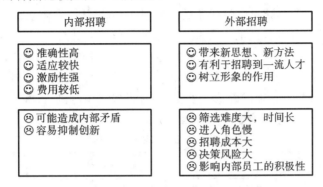

**图 5-6　酒店内部招聘与外部招聘的特点比较**

（一）酒店内部招聘渠道

酒店内部招聘渠道主要包括员工晋升、工作调换、工作轮换与内部人员重新聘用等。

（1）员工晋升。从酒店内部提拔一些适合空缺岗位要求的人员是常用的一种方法。这种方法可迅速从员工中提拔合适的人填补到空缺的职位上，内部晋升为员工提供了发展的机会，使员工感到在组织中是有发展机会的，个人职业生涯发展是有前途的。

（2）工作调换。工作调换指职务等级不发生变化，工作岗位发生变化。它是酒店从内部获得人员的一种渠道。工作调换为员工提供从事组织内多种工作的机会，为员工今后的发展或晋升做好准备。它一般用于中层管理人员的招聘。

（3）工作轮换。工作轮换多用于一般员工的培养，让有潜力的员工在各方面积累经验，为晋升做好准备，也可以减少员工因长期从事某项工作而带来的枯燥感、无聊感。

（4）内部人员重新聘用。有些酒店由于一段时期经营效果不好，会暂时让一些员工下岗待聘，当酒店情况好转时，再重新聘用这些员工。这些员工对酒店有一定的了解，能很快适应工作岗位，因此可以节省大量的培训费用，同时又以较小的代价获得有效的激励，使组织具有凝聚力，促使组织与员工个人共同发展。

在对酒店员工进行管理职位选拔时，从确定选拔候选人到进行考查等，应遵循严格、积极、慎重的原则，对于选拔候选人的知识面、分析问题的能力、管理能力、品德、工作中的表现等进行综合测评。

内部招聘的方法主要包括推荐法、布告法和档案法（见图 5-7）。

内部招聘的方法：
- 推荐法——主管推荐
- 布告法——常用于非管理层人员的招聘，特别适合普通职员的招聘
- 档案法——使用人力资源信息管理系统

**图 5-7　酒店内部招聘的方法**

（1）推荐法。本酒店员工根据单位和职位的需要，推荐其熟悉的合适人员，供用人部门或人力资源部门进行选择和考核。它既可用于内部招聘，也可以用于外部招聘。因为推荐人对用人部门与被推荐者双方比较了解，能使用人部门很容易了解被推荐者，所以该方法比较有效，成功率也较高。

（2）布告法。此方法也称张榜法，是内部招聘最常用的方法，尤其是对非管理层的职位而言。酒店在确定空缺职位的性质、职责及所要求的条件等情况后，将这些信息以布告的形式公

之于众,使所有的员工都能获得信息。所有符合这些条件的员工都可以申请该职位,人力资源部门或用人部门通过筛选这些申请,选出合格的申请人进行面试。

(3) 档案法。酒店人力资源部门拥有员工的档案,可以从中了解员工的各种信息,帮助用人部门或人力资源部门寻找合适的人员补充空缺的职位。尤其是使用了人力资源管理信息系统(HRMIS)的酒店,可以更为便捷、迅速地在更大范围内进行挑选。档案法只限于了解员工的客观或实际信息,如员工所在职位、教育程度、技能、教育培训经历、绩效等,而对主观的信息如人际交往技能、判断能力等难以确认。事实上,对很多工作而言,这些能力是非常重要的。

酒店内部招聘的晋升对象确定方法如表 5-1 所示。

表 5-1 酒店内部招聘的晋升对象确定方法

| 序号 | 方法类别 | 具体操作 |
| --- | --- | --- |
| 1 | 比较择优法 | 先列出考查项目(工作表现、态度、能力、资历等),进行对比分析,评出更优秀者为晋升人选 |
| 2 | 主管人评定法 | 部门主管依据考查项目对晋升对象进行评定,考查项目视晋升职务或职位需要而定 |
| 3 | 升等考试法 | 凡在酒店内服务达一定期限,且工作成绩优良者都具有晋升资格。有晋升资格的人需要参加升等考试。考试科目分两类:一类是普通科目,测验一般性知识;另一类是专业科目,测验与职务相关的专业知识,或者通过实地操作进行考试。除此之外,还要参考工作绩效的得分,两者成绩相加(一般升等考试成绩占 60%~70%,工作绩效成绩占 30%~40%)为升等考试总成绩,分数高者为晋升人选 |
| 4 | 评价中心法 | 综合利用多种测评技术,对晋升候选人的个性、兴趣、职业倾向、特长、能力、管理潜力等进行综合评价,对其进行全面了解;而后通过比较测评结果,选择出适当的晋升人选 |
| 5 | 综合法 | 选择多种方法予以综合,选拔出晋升人选 |

(二)酒店外部招聘渠道

如果现有员工不能补充空职,酒店需要考虑从社会上招聘员工。实际上,酒店的大部分员工需要从社会上招聘。酒店外部招聘的途径包括:发布广告、借助中介(人才交流中心、招聘洽谈会、猎头公司等)、校园招聘、网络招聘、熟人推荐(见图 5-8)。

外部招聘的方法 { 发布广告; 借助中介 { 人才交流中心、招聘洽谈会、猎头公司 }; 校园招聘; 网络招聘; 熟人推荐 }

图 5-8 酒店外部招聘的方法

上海半岛酒店官网招聘页如图 5-9 所示。

酒店外部招聘的步骤如下。

步骤一:基于公司战略明晰对于"人才"的要求。

确定招聘计划对公司做出全面的评估与规划是非常重要的。

步骤二:明确职位对于"人才"的要求。

一是职位的工作清单,二是职位的能力清单。

图 5-9　上海半岛酒店官网招聘页

步骤三：确立和评估候选人。

不同的评估方法能够评估不同的内容，而评估方法的选择取决于已经确定的能力清单。

步骤四：入职后的反馈与督导。

一次完备的人员评估不仅能够了解候选人与此职位的匹配程度，更可以了解候选人未来可能面临的问题，管理者要对候选人提供入职后的督导服务。

## 二、酒店招聘的原则

酒店招聘包括以下四项原则。

### 1. 计划性原则

如果酒店人力资源部只采取无计划的紧急招聘（短期行为）来满足企业经营对人力的需求，将会使酒店的人力资源管理活动始终陷入应付的被动局面，因此，酒店员工招聘应遵循计划性原则。

酒店招聘计划的主要内容如下。

(1) 哪些职位需要招聘员工？招聘多少人？

(2) 每个职位的员工的任职资格是什么？

(3) 什么时候发布招聘信息？采取何种渠道招聘员工？

(4) 如何进行员工测试？是否委托专业机构进行？

(5) 招聘费用。

(6)新招聘员工的起始待遇。
(7)新进员工报道工作时间。
(8)招聘截止日期。

2. 择优录用原则

招聘者有必要根据酒店实际情况，因地、因店、因工种条件制宜，即依照酒店的规模、星级标准、接待对象、工作性质和质量要求的不同情况，甄选出真正符合工作需要的合格员工。

3. "内部调配"优先于"空降兵"原则

酒店若要实现员工队伍的知识化、专业化、年轻化和现代化，在招聘与录用时，应优先考虑从酒店现有的工作人员中调剂解决，调剂解决不了的再向社会招聘，这样既可以解决酒店的缺员问题，又可以调动员工的积极性。

4. "就地就近"原则

"就地就近"原则指的是要着力于发现本地区、本单位的人才。"就地就近"的范围是一个相对概念，对不同层次的管理部门有不同的范围，可以小到一个具体单位，大到一个国家。"就地就近"并非画地为牢，而是首先对本单位、本地区的人才进行最大限度地开发，在目之所及的范围内全方位地发现人才。

### 三、酒店人力资源测试方法

（一）人格测试

心理学上认为人格是人所具有的与他人相区别的独特而稳定的思维方式和行为风格。卡特尔的人格特质理论认为特质是决定个体行为的基本特性，是人格的有效组成元素，也是测评人格所常用的基本单位。卡特尔的人格特质理论模型如图 5-10 所示。

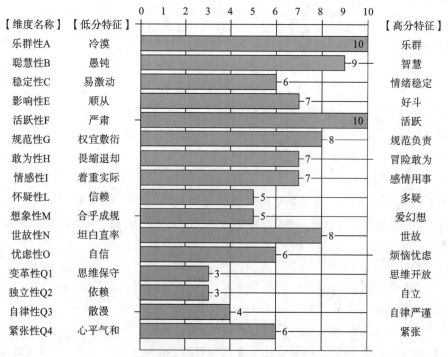

图 5-10 卡特尔的人格特质理论模型

## (二)兴趣测试

美国心理学家霍兰德(John L. Holland)提出职业兴趣六边形模型(RIASEC),将职业环境和人格以同样的维度分为六个类型:现实型(Realistic)、智慧型(Investigative)(研究型)、艺术型(Artistic)、社交型(Social)(社会型)、企业型(Enterprising)、常规型(Conventional)。霍兰德 RIASEC 六种职业类型的特点如表 5-2 所示。

表 5-2　霍兰德 RIASEC 六种职业类型的特点

| R 现实型<br>(例如技术性行业工作人员、工程师)<br>· 喜欢具体的任务<br>· 喜欢机械、动手能力强<br>· 喜欢做体力工作、户外活动<br>· 更喜欢与物打交道 | I 研究型<br>(例如实验室研究员、科学家)<br>· 喜欢探索和理解事物<br>· 爱分析<br>· 有智慧<br>· 独立的 | A 艺术型<br>(例如作家、艺术家)<br>· 喜欢自我表达<br>· 富有想象力、创造力<br>· 追求美<br>· 喜欢多样性与变化性 |
|---|---|---|
| S 社会型<br>(例如教师、护士)<br>· 对人感兴趣<br>· 良好的人际交往技能<br>· 服务他人<br>· 帮助别人解决问题 | E 企业型<br>(例如销售、管理人员、政治家)<br>· 向人推销自己的产品或观点<br>· 追寻领导力与社会影响<br>· 有抱负、雄心勃勃<br>· 言语说服能力强 | C 常规型<br>(例如会计、文秘)<br>· 喜欢有条理、程序化的工作<br>· 愿意听从指示<br>· 有组织、有计划<br>· 细致、准确 |

## 同步案例

**案例 1:**

小王于 2020 年 1 月通过了某酒店的面试,录用通知书上的正式报道时间为同年春节后的 3 月。然而,受外界环境因素影响,酒店的入住率持续下滑,导致劳动力处于富余状态。面对高昂的人力成本,收入大减的酒店为降低成本、渡过难关,开始对人事架构进行调整。在此背景下,酒店考虑取消聘用小王。

问题:

酒店应如何妥善处理此事?

**案例 2:**

小黄是酒店新入职的中餐热菜厨师。工作一段时间后,小黄发现自己很难处理好与同事之间的关系。原来是因为团队里的其他厨师都是老相识,还经常一起要求小黄做许多原本不属于他的工作。小黄对此感到无奈与委屈,于是找到了酒店人力资源部,希望人力资源部的同事能够帮助自己融入厨师团队,不再受到其他厨师的排挤。

问题:

酒店应如何妥善处理此事?

**案例 3:**

小陈在某品牌酒店担任餐饮服务员长达两年的时间。其间,小陈工作勤勤恳恳,

却并未得到升职机会,这令小陈略有微词。为此,他找到了人力资源部经理,表明了自己希望得到升职机会的意愿。人力资源部经理询问他,是否真的热爱酒店这一行业,是否对该酒店存在感情?问完问题后,经理表示,会在接下来的一段时间内考虑为其升职。但小陈却认为这样的回复无法令人满意,感觉这不过是空头支票,因为一年前部门经理就曾鼓励他好好工作,如此就可以得到升职机会。

问题:

小陈该怎么办?

案例4:

老陈是某集团酒店的行政总厨,他与同事小张谈了3年恋爱准备结婚,而小张则是该酒店的客房部经理。由于集团有规定,夫妻双方不能在同一家酒店工作,人力资源部主管便将这一情况告知老陈。对此,老陈和小张表示不能接受,认为如果有一人离开就一起离开。

问题:

酒店应如何妥善处理此事?

## 第三节 酒店员工培训

### 一、培训的主要内容

#### (一)思想意识教育

酒店思想意识教育包括酒店服务意识、酒店质量意识、酒店制度意识等。酒店服务意识,是对酒店服务员的职责、义务、规范、标准、要求的认识,要求服务员时刻保持客人在心中的真诚感。酒店质量意识,强调酒店必须以质量求生存,以质量求信誉,以质量赢得市场,以质量赢得效益。服务质量是酒店的生命,质量就是效益,酒店服务质量越好,受益越多,社会整体效益越好。酒店制度意识,强调没有规矩,不成方圆。

#### (二)专业技能培训

从酒店主要业务构成出发,酒店员工专业技能培训,主要涉及员工礼仪培训、酒店前台服务培训、酒店餐厅服务培训、酒店客房服务培训等。

### 二、员工分类培训的重点内容

#### (一)新入职员工

新入职员工培训具体包括酒店的经营理念与使命;新员工工作所需要的专门信息,如酒店组织架构及其职能等;与新员工个人利益相关的管理制度。

#### (二)普通员工

对于普通员工的培训,要依据工作说明书和工作规范的要求,明确权责界限,向其传授必要的工作技能和技巧,培养员工与酒店文化相适应的工作态度和行为习惯,使其不仅能有效地完成本职工作,还能在酒店中不断发展自己。

(三)专业技术人员

专业技术人员参加培训,是紧跟时代发展的,要不断更新专业知识,及时了解各自领域内的最新动态和最新知识。

(四)基层管理者

基层管理者如领班、经理助理等在酒店中处于一个特殊的位置,他们在从事基层管理工作前,必须通过培训尽快掌握必要的管理技能,明确自己的新职责,改变自己的工作观念,熟悉新的工作环境,习惯新的工作方法。

(五)部门经理及以上人员

酒店部门经理的职责是对整个部门的经营管理全面负责,其知识、能力及行为方式对本部门的经营状况影响极大,甚至会直接影响到整个酒店的经济效益。因此,部门经理及以上人员要不断更新知识、提升能力。

### 三、培训的基本步骤

酒店员工培训是由五个步骤为主链构成的循环过程(见图 5-11)。

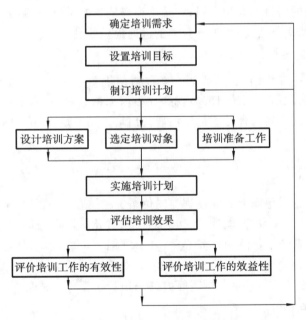

图 5-11 酒店员工培训的基本步骤

(一)确定培训需求

培训需求通常在以下三个层面上进行:

(1)组织分析。组织分析包括对酒店的目标、资源、环境的分析,着重分析每个职能部门的组织结构和组织目标,确定其培训范围和重点。

(2)任务分析。任务分析侧重研究员工具体的工作行为与酒店期望的行为标准之间的差距,从而判断员工需要接受什么类型和程度的培训。

（3）员工分析。对在职员工的分析是分析每个员工的工作过程和工作结果，确定其培训的目标及内容。酒店每个岗位都有明确的知识技能要求，应该根据岗位要求，明确企业需要培训的内容。

（二）设置培训目标

酒店只有具备明确的培训目标，才能确定培训对象、内容、时间、方法等具体内容，并可在培训之后，对照目标进行效果评估。培训目标主要可分为三大类：一是技能培养，对于酒店普通员工，主要涉及具体的服务操作训练；对于中高级管理人员，则主要是侧重于思维性训练，同时也要涉及具体的技巧训练，如书面与口头沟通能力、人际关系技巧等。二是知识传授，包括理论的理解与纠正、知识的灌输与接受、认识的建立与改变等；同时，培训内容和要领必须与实际相结合，这样才能有助于员工透彻理解、灵活掌握。三是工作态度转变。

（三）制订培训计划

培训计划是培训目标的具体化与操作化，即根据既定目标，具体确定培训项目的形式、学时、培训提纲、培训教材、任课讲师、培训方法、考核方式、辅助培训教材与设施等，培训计划应包含本酒店所有的岗前培训、岗位培训和职务培训。

（四）实施培训计划

员工培训的组织实施工作主要包括：与员工沟通培训课程和内容；确定培训员工名单；准备和整理培训中所需的器材和各种资料；安排培训场地和教学设施；调试将用的设备并做好应急预案；在培训中随时提供帮助；为教学双方的沟通提供便利等。

（五）评估培训效果

在员工培训的某一课程结束后，酒店一般要对培训效果进行一次总结性的评估或检查。该评估会检验培训结果是否达到预期的目标，并根据评估结果对培训策略、培训目标、培训计划进行适当的调整。培训效果评估有助于酒店找出培训的不足，总结经验与教训，发现新的培训需要。

## 四、培训的方式

酒店员工培训通常采用职前导向培训与岗位培训相结合的方式。新员工上岗前的职前导向培训是必须的，而且是一次的、短期的、初级的。职前导向培训与岗位培训相结合能使新员工在短期内产生对企业的信任感与热爱心理，基本掌握岗位的性质、特点和要求，能顺利达到岗位要求。切忌用导向培训替代岗位培训，岗位培训是不断的、长期的，是一个从初级到高级不断提升的过程，是使员工具备企业所需能力的一项长期工作。酒店员工培训方法主要分为三类，在实践中应灵活应用。

（一）跟岗学习

跟岗学习，是最常用的酒店一线员工培训方法。因为对于客房部、餐厅部、保安部、前厅部这些酒店一线部门来说，实操演练的培训效果更佳。只是，一线工作虽然较容易上手，但是通常是烦琐枯燥的，所以培训期间，酒店员工容易产生厌倦疲惫感。因此，酒店在进行跟岗培训时，可以增添一些单人或是团队的竞赛奖励游戏，通过游戏，让简单的动作行为变得有趣，进而激发员工的培训热情。

（二）听课学习

目前不少酒店都实行内部晋升的制度，用以树立酒店的公平形象和激发酒店员工的工作热情。因此,对一些优秀的一线员工来说,酒店会将其提拔为领班或者更高的管理层。而作为管理层,没有一定的理论知识,是难以做好酒店管理工作的,所以听课学习,是管理层提升自我的必经环节。只是听课学习所涉及的理论概念会比较多,因此,知识的理解和掌握难度会比较大。为了帮助员工灵活地掌握理论知识,更好地激发管理层的创造性思维,酒店可以采用开放式的课堂讨论模式,在理论学习的课堂上,鼓励学员思考和提问,例如:"就这个问题,你怎么看?为什么?如果换作是你,你该怎么做?依据是什么?"

（三）参观学习

将酒店员工外派出去,有利于他们学习其他酒店的管理经验,但是在酒店员工有了真实的比较体验之后,不同酒店经营条件及发展前途的差距,会较容易让员工对未来自身的发展产生迷惘,这会降低酒店员工的工作积极性,对此,酒店可帮助和鼓励员工进行职业规划,甚至提供一定的心理疏导帮助。这样有利于员工建立更为清晰的未来目标,更好地投入工作。酒店要听取员工培训后的反馈和意见,及时调整培训计划,确保培训花费真正用在刀刃上。

### 同步案例

某酒店为提高酒店员工的整体英语水平而开展了线上英语培训,希望员工通过培训加强个人的英语沟通能力,为顾客带来更好的入住体验。然而酒店的想法并未得到所有员工的支持。有员工反映,自己不愿意在原本属于个人的休息时间内进行类似的英语培训,并认为培训应当在上班时间展开。

问题:
酒店应如何妥善处理此事?

## 第四节 酒店绩效管理

### 一、酒店绩效管理概述

（一）酒店绩效管理的含义

绩效管理是一个动态调整的过程,即首先明确企业要做什么(目标和计划),然后找到衡量工作做得好坏的指标与标准进行监测(构建指标与标准体系并进行监测),通过管理者与被管理者的互动沟通,将目标责任层层传递(辅导、沟通),发现做得好的地方(绩效考核)就进行奖励(激励机制),使其继续保持,或者做得更好,能够完成更高的目标。更为重要的是,发现不好的地方(经营检讨)则通过分析找到问题所在,进行改正(绩效改进),使得工作做得更好。

（二）绩效管理的原则

1. 企业文化导向原则

曾亮相《哈佛商业评论》的青岛海景花园大酒店,在针对顾客抱怨的绩效管理制度中强调

"四个之前"——顾客不悦之前,消费结束之前,顾客离店之前,离店24小时之前;同时要求,顾客投诉就是"火警",要火速处理,并制定相应的平息抱怨的程式和要求。

2. 目标分解原则

绩效管理要以工作分析为基础,以客观准确的数据资料和各种原始记录为前提,制定出全面具体、切合实际,并与酒店的战略发展目标相一致的考评指标和标准体系。员工越清楚地了解他们的任务和目标,绩效管理效果就越好。

3. 双向沟通原则

绩效管理的实质在于通过持续动态的沟通真正提高绩效,实现酒店的经营目标,同时促进员工发展。

4. 简单化原则

从理论上讲,绩效管理手段越科学,考评因素越多,定量技术运用越广泛,则绩效管理的效度越明显。但是,实际情况往往不允许酒店那样做。

## 二、酒店绩效管理的流程

绩效管理通常被看作一个循环过程。这个循环分为六个步骤:绩效调研、绩效计划、绩效实施、绩效考核、绩效反馈和绩效结果应用。绩效管理的一般流程如图5-12所示。

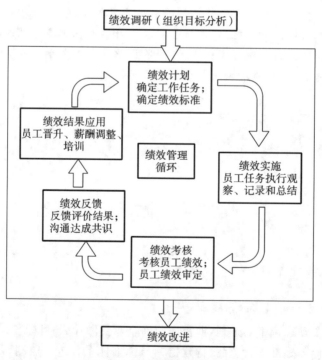

图5-12 绩效管理的一般流程

(一)绩效调研

绩效调研是绩效管理的首要任务。它通过深入、系统地诊断酒店管理现状,摸清酒店管理水平,确认酒店的组织目标已被分解为具体的工作任务并落实到各个工作岗位上。该阶段的工作内容主要包括了解企业组织机构设置、工作流程、企业制度及薪酬系统,明确部门设置及岗位责权分工,熟知企业战略目标、经营计划、企业工作目标和计划实现周期,分析相关部门或岗位过去 1~3 年的业绩表现等工作。

（二）绩效计划

制订绩效计划，首先要有效地确定酒店员工需要考核的关键绩效领域等绩效计划内容，然后确定每个关键绩效领域中的具体绩效指标和相应的绩效标准。关键业绩指标（KPI）是指影响酒店战略发展和总体业绩的关键领域的指标。它既体现公司各层次的动态工作任务要求，又是考核依据，其表现形式是可测量的数值指标、项目指标。

（三）绩效实施

这一阶段的工作主要包括两方面的内容：一是计划的跟进与调整，即管理者通过员工定期的工作进展情况汇报对绩效计划的执行情况进行跟踪，通过双方的沟通，根据实际情况对绩效计划进行调整，以适应实际工作要求；二是过程辅导和激励，即在绩效实施的阶段，管理人员要更多地扮演辅导员的角色，帮助员工达成绩效目标。

（四）绩效考核

绩效考核就是对被考核者的绩效状况进行评定，是整个绩效管理过程的核心。

1. 确定评定者

一般来说，参加绩效评定的人员包括直接主管、员工自己、下属、同事、绩效考核委员会等，不同的人员可从不同角度对被考核者进行评定，各有优劣。

2. 确定考核方法

绩效考核方法并不是越复杂越好。酒店需要根据自身的条件和管理经验来选择绩效考核方法。一般常用的方法有关键绩效指标法、平衡记分卡法、360°绩效考核法、目标管理法和重要事件法。

关键绩效指标法是以酒店年度目标为依据，确定反映酒店、部门和员工在一定期限内综合业绩的关键性量化指标，并以此为基础进行绩效考核的一种方法。平衡记分卡法是从酒店的财务、顾客、内部业务过程、学习和成长四个角度进行评价，并根据战略的要求给予各指标不同权重的一种绩效考核方式。360°绩效考核法是指所有的考评信息来自被考评员工周围所有的人，包括上级、下属、同事、顾客以及员工本人，将上述绩效考核主体综合在一起并采用不同方法完成考核。目标管理法是将酒店的整体目标逐级分解至个人目标，最后根据被考核员工完成工作目标的情况来进行考核的一种绩效考核方式。重要事件法是指考核人在平时注意收集被考核员工的"重要事件"的一种考核方法。这里的"重要事件"是指那些会对部门的整体工作绩效产生积极或消极影响的重要事件。对这些表现要形成书面记录，并以此为依据进行整理和分析，最终形成考核结果。

3. 绩效考核的内容

员工绩效考核包括员工素质评价和业绩评价两个方面。员工素质评价涉及员工的知识、技能、职业道德、生理和心理健康状况等方面的内容。业绩评价则主要包括工作态度评定和工作完成情况评定。工作态度评定是对员工工作活动中的态度的评定；工作完成情况评定是最基本、最重要的核心内容，它一般要从工作的最终结果和工作的执行过程两个方面进行分析。工作态度与工作完成情况的评定是相互关联的，但是两者的评定结果并不总是一致的。

（五）绩效反馈

绩效反馈的目的就是让员工了解自己的工作情况，肯定员工所取得的成绩，确认仍然存在的问题,明确产生问题的原因,并在此基础上制订相应的行动计划。绩效反馈的主要方式是绩效面谈。在绩效面谈的过程中,要营造良好的面谈氛围,向员工说明面谈的目的,告知其绩效评定结果,在双方交流的过程中制订绩效改进计划。在面谈结束后,整理面谈记录,向上级主管报告。

（六）绩效结果应用

绩效考核的结果可以应用在三个方面:一是作为工资等级调整和绩效工资发放的直接依据,与薪酬制度接轨;二是记入人事档案,作为确定职务晋升、职位调配、教育培训和福利等人事待遇的参考依据;三是作为调整工作岗位、脱岗培训、免职、降职、解除或终止劳动合同等人事安排的依据。

## 三、酒店绩效管理的方法

（一）关键绩效指标(KPI)管理法

1. 关键绩效指标概述

关键绩效指标(Key Performance Indicators,KPI),是指基于组织宏观战略目标导向和客户价值关键驱动因素及核心业务系统整合而形成的一套量化管理指标。KPI 管理流程如图 5-13 所示。

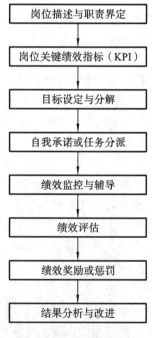

图 5-13　KPI 管理流程

2. KPI 体系的设计

(1) 组织功能分解法。

组织功能分解法是指酒店分系统、分部门地对酒店总的经营管理目标逐级分解,确定各部门和员工所应该承担的职责,并以量化的形式确定 KPI 的一种设计方法。以三级分解为例,采用组织功能分解法可以将酒店 KPI 系统做如下分解。

一级KPI子系统:由酒店战略总目标直接分化而成,可以按照总目标内在逻辑层次分解为若干支持性子目标,形成若干关键绩效模块,例如,门店连锁发展模块、服务质量改进模块、成本控制模块、核心竞争力模块和安全运营模块等,并由此设计酒店一级KPI子系统。

二级KPI子系统:可以根据酒店的组织机构设置,按客房部、餐饮部、康乐部、营销部、财务部和IT部等部门进行分解,每个部门可以按一级KPI子系统,根据具体情况灵活设置指标。例如,餐饮部可以将关键绩效模块分解为销售额、服务质量、盈利水平等,设计销售额增长率、顾客投诉率、客单价和餐饮产品综合毛利率等指标;营销部可以将关键绩效模块分解为旅游团队接待、会议服务接待和营销渠道建设等,设计集团销售成本、重点客户满意度、当地同级别接待的市场占有率和营销渠道建设费用率等指标。

三级KPI子系统:要将酒店各主要部门的绩效模块具体落实到员工层面和具体岗位上,按照核心员工、关键岗位逐级分解和设置指标。

(2) 工作流程分解法。

工作流程分解法是通过对组织内部工作流程输入端和输出端的关键参数进行设置、取样、计算和分析,按照工作流程各环节对客户最终价值的贡献份额,提炼出致使成功的关键绩效模块,将总目标按照业务单元、工作流程等进行层层分解,直到分解为各主要员工和岗位的关键因素,由此选择并确定KPI。以三级分解为例,采用工作流程分解法可以将酒店KPI系统做如下分解。

一级KPI子系统:由酒店要实现的顾客最终价值直接分化而成,可以按照总价值链内在逻辑层次分解为若干支持性子目标,形成若干关键绩效模块,如服务模块、产品模块、收益模块和辅助支持模块等,并由此设计一级KPI子系统。

二级KPI子系统:可以按照接待服务、业务开发、新店筹备等关键工作流程进行分解,每个工作流程可以参照一级KPI子系统,灵活设置指标,如客房接待服务关键流程可以按照产品关键绩效模块,设置开房率、平均房价、客房设施设备完好率和顾客投诉率等指标。

三级KPI子系统:要将接待服务、业务开发、新店筹备等各维度绩效模块具体落实到人、落实到岗位,按照核心员工、关键岗位一一选择并确定具体衡量指标。

(二) 平衡记分卡法

1. 平衡记分卡的含义

平衡记分卡(Balanced Business Scorecard)是以信息为基础,系统考虑组织绩效驱动因素,多维度平衡评价的一种组织绩效评价系统,同时也是一种将组织战略目标与组织绩效驱动因素相结合,动态实施组织战略的管理系统。平衡记分卡的基本原理:根据组织战略,从财务、顾客、内部流程、学习与成长四个角度定义组织绩效目标,每个角度均包括战略目标、绩效指标、测量指标以及实现目标所需的行动方案,从而大大改进了以往绩效管理中由于只关注财务指标而造成的局限性。平衡记分卡作为突破财务指标评价局限性的绩效评价工具,在被提出后,受到了企业界的广泛关注。

2. 平衡记分卡法的主要指标

平衡记分卡主要涉及财务类指标、客户类指标、营运和执行类指标、学习与成长类指标四种。

财务类指标是体现酒店价值创造的最直接的效益指标,可反映出酒店和部门的战略及其实施是否正在为最终经营结果(如利润)的改善做出贡献。当然,经营性部门与非经营性部门选择的财务类指标会有所不同。主要考核的指标：营收指标(保证酒店年底经营目标的实现)；GOP指标(满足酒店盈利要求)；成本率执行(加强成本控制)；人均劳动效率(提高生产效率和经营效率)；应收账款(保证合理的现金流量，防止财务危机)。

客户类指标是检视满足核心客户的关键方面，酒店应以目标客户和目标市场为方向，关注是否满足核心顾客需求。主要考核指标：顾客满意度(酒店定期调查、客户管理)；目标市场占有率(相对竞争对手)；员工满意度(酒店定期调查、员工流失率和核心员工流失率、人才培养与输送(接班人计划执行)、客户投诉、市场信息、员工投诉、客户维系和流失、客户开拓、离职面谈和员工定期面谈)。

营运和执行类指标是衡量为实现酒店价值增长的重要营运操作控制活动的效果，是紧密结合不同岗位特色，体现其直接工作效果的指标。营运和执行类指标应该反映该岗位独特的工作成果。营运绩效考核应以对客户满意度和实现财务目标的影响最大的业务流程为核心。营运和执行类指标既包括短期的现有业务的改善，又涉及长远的产品和服务的革新。注意不要选择两个相似的指标考核同一项具体工作。选择的指标应该既体现出整个部门的主要年度目标，同时又应该注意指标数量不应太多，一般不超过五个。选择营运和执行类指标要特别考虑目标值的设定以及数据收集的途径，确保指标的可实施性。主要考核指标：计划制订及完成；质量主题活动策划、执行；责任事故和安全生产；营销主题活动策划、执行；核心员工流失(大专以上学历人员、中级以上职称人员、领班职务以上人员流失计算)；设施设备保养。

学习与成长类指标用来评估员工管理、员工激励与职业发展等保持酒店长期稳定发展的能力。学习与成长类指标在同级岗位上的设置必须保持一致性。削减对企业学习和成长能力的投资虽然能在短期内减少财务支出，但由此造成的不利影响将在未来给企业造成沉重打击。主要考核指标：员工的能力，信息系统的能力，激励、授权与相互配合(培训计划执行、培训满意度、人均受训时间、部门协作(信息传递)、员工技能抽查合格率)。

(三)目标管理法

1. 目标管理法的含义

目标管理法是指将"以员工为中心"提升到与"以工作为中心"相同的高度，并实施系统化的管理；它是在一个组织中，由上级管理人员会同下级管理人员以及员工一起来制定组织目标，并将目标具体落实到组织的每个部门、每个层次、每位员工，与绩效结果密切联系，明确地规定每个部门、每个层次、每位员工的贡献和奖酬等一套系统化的管理方法。

2. 目标管理的过程

目标管理在酒店业中的应用，通常包括以下六个主要步骤。

(1) 规划组织总目标：制订组织的整体战略计划并确立总的绩效目标。

(2) 认领部门目标：部门负责人与他们的上级一起讨论确定部门应该达成的绩效目标。

(3) 分解部门绩效目标：部门负责人与其部门的所有下属一起讨论部门的目标，并要求下属们制定各自的目标。

(4) 以时间为节点设计岗位绩效目标：部门负责人与其下属一起以季度、月和周为时间单位，研究确定各个岗位在对应的阶段内应该达到的绩效目标。

(5) 检测绩效进度：对绩效目标的完成进度进行检测。部门负责人要把每位员工的实际工作情况与预期的结果相比较。

（6）反馈绩效情况：部门负责人与下属一起定期召开绩效分析会议，讨论绩效目标的达成情况并对下一阶段的工作做出规划与调整，以保证实现预期的绩效目标。

### 同步案例　　如何设置KPI指标？

小李为某公司人力资源部经理，正在思考如何设置该公司的KPI，以及需要按照什么样的思路构建指标体系。于是小李去请教同行，同行的意见是，明确每个部门与员工的职责，从职责里寻找相应的考核指标。随后，小李开始按照这个思路操作，但是在操作过程中，他发现了几个问题。

在每个部门的职责范围里面寻找考核指标，会发现每个部门都会找到很好的考核指标，既然是关键业绩，那么指标就应该是重点，但是，到底哪个是重点呢？很多部门的业绩都是相互关联的，如生产部的计划达成率，与采购部门的物料及时有很大的关联度，从部门职责里找出指标可能会遗漏，那么怎样保证指标之间的关联度呢？业务部门的指标还比较好找，职能部门就比较难找了，因为有些职责并不是随时都发生的。比如招聘，有时候，一年就一次招聘工作，这里面找出的指标，每个月都需要去考核吗？这样操作可能会导致一个结果——部门的目标指标都完成了，公司整体的指标没完成。

问题：

酒店人力资源管理KPI指标应如何设置？设置的具体方法有哪些？

## 第五节　酒店薪酬福利管理

### 一、薪酬管理概述

#### （一）薪酬的概念与构成

从经济学角度来看，在市场经济条件下，薪酬是劳动力价值或价格的转化形式，它是劳动力这一特殊商品的价值的货币表现。从形式上看，薪酬是员工付出劳动以后，得到的以货币和其他物质形式为主的利益回报。

酒店薪酬按照体现形式，可以分成经济性薪酬和非经济性薪酬（见表5-3）。

表5-3　酒店员工薪酬结构表

| 经济性薪酬 | | | 非经济性薪酬 | | |
|---|---|---|---|---|---|
| 直接的 | 间接的 | 其他 | 工作 | 企业 | 其他 |
| 基本工资 | 公司福利 | 带薪假期 | 挑战性 | 社会地位 | 友谊和关怀 |
| 加班工资 | 保险计划 | 病事假 | 责任感 | 个人成长 | 舒适的环境 |

续表

| 经济性薪酬 | | | 非经济性薪酬 | | |
|---|---|---|---|---|---|
| 奖金 | 退休计划 | 休息日 | 兴趣 | 价值实践 | 便利的条件 |
| 奖品 | 培训 | 客房内部价 | 成就感 | | |
| 津贴 | 住房 | 工作餐 | | | |

从员工绩效考评的角度来考察酒店薪酬的构成,薪酬可以分为固定薪酬和浮动薪酬。其中,固定薪酬根据不同情况,具体包括基本工资、岗位津贴、福利待遇等;浮动薪酬则主要包括奖金、小费等短期货币激励,以及长期服务年金、股票期权等长期激励。

### (二)薪酬管理的原则

酒店的薪酬管理应该遵循以下原则:合法性原则、外部竞争性和公平性原则、内部一致性原则、激励性原则、经济性原则。

**1. 合法性原则**

合法性是指酒店的薪酬制度必须符合现行的法律法规,并根据新的法律法规条款及时调整。

**2. 外部竞争性和公平性原则**

外部竞争性是指在当地社会和人才市场中,酒店的薪酬水平要有吸引力,能够招到并且留住酒店所需人才,这是人力资源竞争中战胜对手的一个必要条件;外部公平性,是指同一行业、同一地区或同等规模的不同酒店中类似岗位的薪酬水平应大致相同。

**3. 内部一致性原则**

内部一致性原则包含两个方面:一是横向公平,即酒店内部所有岗位的薪酬应该采用统一的标准进行设计;二是纵向公平,即酒店设计薪酬时必须考虑到历史的延续性,一个员工过去的投入产出比和现在乃至将来的投入产出比都应该是基本一致,且有所增长的。

**4. 激励性原则**

激励性是指在酒店内部各类、各级职务的薪酬水平方面,要适当拉开差距,调动人的主观能动性,激发人的潜能。薪酬的激励作用主要通过满足酒店员工的物质生活需要来实现。

**5. 经济性原则**

经济性原则强调的是,设计薪酬时必须充分考虑酒店自身发展的特点和支付能力;酒店支付所有员工的薪酬后,要有盈余,这样才能支撑酒店追加投资和扩大经营规模,保持可持续发展。

## 二、酒店薪酬管理的基本流程

酒店薪酬管理是酒店以薪酬为关注焦点,围绕薪酬开展的酒店管理活动。酒店薪酬管理的基本流程如图5-14所示。

## 三、酒店薪酬策略

酒店在确定薪酬结构时,有以下三种策略可供选择。

### (一)高弹性薪酬结构策略

高弹性薪酬结构策略是指员工薪酬水平与酒店效益高度挂钩,变动薪酬(如绩效工资、销售提成奖励等)所占比例较高。

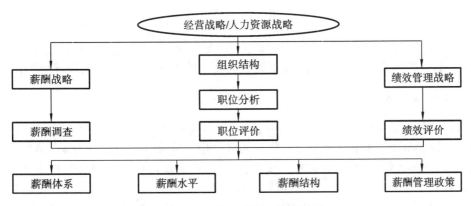

图 5-14 酒店薪酬管理基本流程

（二）高稳定薪酬结构策略

高稳定薪酬结构策略是指员工薪酬水平与酒店效益挂钩不紧密，变动薪酬所占比例较低。这种薪酬结构策略具有很强的稳定性，员工的收入非常稳定。固定薪酬是薪酬结构的主要组成部分，变动薪酬处于次要地位。

（三）混合型薪酬结构策略

混合型薪酬结构策略是指员工薪酬水平与酒店效益挂钩的程度视岗位职责变化而变化，这种薪酬结构策略既有激励性又有稳定性。

## 四、薪酬体系的实施和调整

（一）薪酬预算

编制薪酬预算主要有两种方法：一是根据酒店内部每个岗位未来一年的薪酬标准，计算出整个部门所需的薪酬支出，然后汇集所有部门的预算数字，编制酒店整体的薪酬预算；二是酒店的高层管理者首先决定企业整体薪酬预算额和增（减）薪的幅度，然后再将整个预算额分配到每个部门，各部门按照所分配的预算额，结合本部门内部的实际情况，将薪酬预算分配到每个岗位上。

（二）薪酬调整

酒店的薪酬制度在执行的过程中，由于各种因素的变化，必须不断地加以调整，僵化不变的薪酬制度将会使其激励功能退化。对于薪酬的调整主要包括以下几种情况。

1. 奖励性调整

奖励性调整就是当员工工作绩效突出时，应适当地调整其薪酬水平。

2. 根据生活指数调整

根据生活指数调整员工的薪酬，是为了补偿由于通货膨胀而导致员工的实际收入无形减少的损失。

3. 根据酒店经济效益调整

根据酒店经济效益调整员工的薪酬，是指当经济效益良好时，酒店应提高员工的薪酬水平；当经济效益欠佳时，酒店可以考虑将员工薪酬调到比较低的水平。需要注意的是，这种调整应该是针对全体员工的，否则就有失公平。

4. 根据工龄调整

根据工龄调整员工的薪酬，是指在调整员工薪酬时要考虑工龄，工龄的增加通常意味着员工工作经验的积累与丰富，代表着员工工作能力或绩效潜能的随之提高。

### （三）沟通

在制定和实施薪酬体系的过程中，及时的沟通、必要的宣传或培训可以有效地保证薪酬制度的顺利推行。从本质意义上讲，劳动报酬是对人力资源成本与员工需求之间进行权衡的结果。

### 五、酒店福利管理

酒店福利管理的主要内容为确定福利总额，明确福利目标，确定福利的支付形式和对象，评价福利措施的效果。福利项目有社会保险福利和用人单位集体福利。社会保险福利包括基本养老保险、基本医疗保险、失业保险、工伤保险等。用人单位集体福利则包括非经济性福利和经济性福利。非经济性福利有咨询性服务、保护性服务、工作环境保护等，经济性福利有住房福利、交通福利、饮食福利、教育培训福利、津贴福利、医疗保健福利、带薪假期，以及其他生活福利。

酒店福利总额预算计划包括该福利项目的性质、设施或服务；该福利项目的起始、执行日期，上年度的效果及评价；该福利项目的覆盖范围，上年度总支出和本年度总预算；新增项目的情况。福利费用一般占人力成本的30%。另外，掌握福利项目的设计方法，对酒店薪酬、绩效管理等都具有重要的作用。

## 同步案例

**案例1：**

小张是酒店客房部的副经理，为人忠厚老实，工作勤快，眼里有活，已经在该酒店工作了较长时间。一次，小张偶然得知自己的工资竟是各部门的副经理中最低的，这令小张极为不满。他认为自己并未得到应有的待遇，不仅因为自己的工龄比其他新来的副经理们长得多，而且自己的工作态度一直非常认真。于是，小张来到人事部反映了自己的情况，希望酒店不要欺负老实人。

问题：

酒店应如何妥善处理此事？

**案例2：**

某集团推出了员工入住集团内部酒店6折优惠政策，希望集团各酒店的员工以及总部的同事都能更好地享受自己的假期。兴致勃勃的小黄，请了七天的假，并使用员工价购买了三亚某酒店的客房，准备去那里度假。谁知度假酒店因看到小黄是用员工价入住的，非但没有热情地招待小黄，连客房也安排的是电梯房。面对这样的入住体验，小黄很不开心，并向自己酒店的同事抱怨。小黄认为，自己作为集团的一分子，虽然是以员工折扣价入住酒店，但是理应得到与其他顾客相同的待遇；并且客观而言，三亚夏季的酒店入住率并不是很高，酒店完全有空余的房间可以安排给自己，却仍为自己安排了电梯房。之后，小黄向酒店提出交涉，但酒店不仅拒绝了小黄换房的要求，还认为小黄在无理取闹。

问题：

酒店和集团应如何妥善处理此事？

| 扩充视频 | HR总监给即将实习的你的建议 |

## 本章小结

酒店人力资源管理主要包括人力资源规划、员工的招聘、员工培训、绩效管理、薪酬福利管理。

酒店招聘包括内部和外部两个渠道,酒店员工招聘必须遵循以下原则:计划性原则、择优录用原则、"内部调配"优先于"空降兵"原则,以及"就地就近"原则。

酒店员工培训的方式分为跟岗学习、听课学习和参观学习。不同层级员工培训的侧重点不同。

酒店绩效管理分为六个步骤:绩效调研、绩效计划、绩效实施、绩效考核、绩效反馈和绩效结果应用。酒店绩效管理的方法主要有关键绩效指标法、平衡记分卡法、360°绩效考核法、重要事件法和目标管理法。

酒店在确定薪酬结构时,可以选择高弹性、高稳定或者混合型的薪酬结构。酒店可以对薪酬进行调整。酒店福利本质上是一种补充性的报酬。

## 思考与练习

1. 简述酒店招聘的渠道、原则和方法。
2. 简述酒店培训的内容和方法。
3. 简述酒店绩效管理的流程和方法。
4. 简述酒店薪酬管理的原则和策略。

## 案例分析

### 案例1:万豪的人力资源管理

万豪国际集团(以下简称万豪)由已故的约翰·威拉德·马里奥特于1927年在美国华盛顿创办,为全球数百万的旅客提供高品质的住宿体验,曾连续多年被《财富》

杂志评为"100家最佳雇主"。约翰·威拉德·马里奥特的儿子小马里奥特特别强调"人是我们最重要的资产,这是我们不可动摇的信念"。小马里奥特曾经说过:"只有让我的员工满意了,我的员工才能让我的客人满意。"相对于其他酒店集团,万豪并没有过高的工资,但是在这种观念的指导下,万豪制定了许多特色举措,而这些正是万豪低员工流失率和高员工满意度的重要原因。

在万豪,公司把"员工"称为"伙伴"(Associate),而不是"雇员"(Employee)。比如,过去马里奥特常常坐在大厅的沙发上,听员工谈论他们的私人问题,并且协助他们解决问题。这种关心员工的做法深植公司之中,于是小马里奥特定下大家互助的规定。其中有一条是,员工可以将累积未用的休假时间捐给生病需要请许多假的同事。万豪把员工看作是公司的"合作伙伴"、公司的"资产",努力创造为伙伴成长和个人发展的环境,营造家庭般的氛围以及友好的工作关系,不仅关注员工的物质生活需求,还对员工及其家庭进行全面关怀。例如万豪为员工提供全面的健康保险计划,覆盖医疗、保健等多个方面,员工也可将其获得的各种积分奖励兑换成健康相关的服务或产品,确保员工在面临健康问题时能够得到妥善照顾,减轻经济负担。

万豪不相信惩罚,更相信奖励的作用。公司设有两个主要奖项。一个是最卓越员工奖,该奖颁发给那些对工作或者社会做出了杰出贡献的人,获得这个奖的人可以到美国参加万豪的年度大会,并将接受总裁亲自颁奖;另一个奖是 Alice S. Marriott Award for Community Service,这个奖是颁给那些对当地社会做出了杰出贡献的集体。得到这两个奖,在万豪是至高无上的荣誉;除了总部的奖项,每个酒店都有自己的奖励机制,例如每年的"最佳员工"评选,对于受到客人表扬的员工,酒店也会有相应的奖金奖励。

万豪的员工折扣和优惠福利也非常多样化。员工在万豪旗下酒店及其合作伙伴酒店住宿时,可以享受特定的折扣优惠,这种折扣优惠根据酒店的政策和员工的级别可能有所不同,但通常是员工专享的特权。员工在酒店内用餐时,可以享受折扣优惠,包括在餐厅、酒吧和其他餐饮场所的用餐消费。员工每次入住万豪旗下酒店都能获得一定数量的积分奖励,如美国及加拿大地区的酒店,员工每次入住都能获得3500积分奖励。万豪还会定期举办各种促销活动,员工参与这些活动可以获得额外的积分奖励,如万豪2024年Q1活动,员工入住可以获得每晚1000积分奖励,员工每年还可以通过推荐新会员注册万豪旅享家获得最多50000积分奖励。

万豪十分注重员工的职业成长和发展,提供全面的培训计划,包括内部培训、跨部门培训和外部培训机会。这些培训旨在帮助员工提升技能、拓展知识,实现职业生涯的可持续发展。例如,除入职培训外,酒店规定每天每位员工都有15分钟的培训,在这15分钟的培训中,员工会不断巩固自己的基础技能和业务知识。万豪分别给旗下各酒店品牌总结出了12个基本习惯,要求员工每天都温习一个习惯。万豪认为员工如果按照习惯来提供服务,将会更自然、更顺畅。万豪规定经理每年必须有40小时的培训时间,并且专门为之设计了核心管理课程,这些课程是由酒店服务业所需的9个主要技能发展出来的,而万豪普通员工一般也有20~30小时的培训。

万豪的薪酬制度明确以员工的岗位职能和绩效考核为基础,并根据员工的职位、表现和贡献进行定期评估和调整。员工的工资与其所在岗位的责任、技能要求和业绩紧密挂钩,确保了薪酬的公平性和合理性,激励员工不断提升自己的工作表现,同时也体现了公司对员工价值的认可。例如,员工在本酒店工作年限每满一年,即可每月增加工龄工资200元,上限为每月1000元;酒店根据员工的绩效考核结果,对优秀员工给予额外的奖金和晋升机会。万豪的薪酬制度不仅关注员工的个人表现,还注重酒店的整体效益。当酒店整体业绩提升时,员工的薪酬水平也会相应提高,实现员工与酒店的共同发展。

问题:

万豪酒店的上述举措,主要涉及了人力资源管理的哪些模块?发挥了什么功能?伴随着"Z世代"员工比例的持续增加,万豪酒店还可通过哪些创新举措去进一步提升其人力资源管理功能?

**案例2:PDCA循环应对人力资源过剩问题**

某国际酒店管理集团大中华区的部分地区酒店营收状况较差,人力资源出现明显过剩;而部分地区酒店入住率较高,人力资源出现短缺,需要通过招聘解决酒店劳动力不足的问题。对此,集团的人力资源部使用了PDCA循环来解决该问题。

Plan(计划):如果要招聘,无非是内部或外部招聘。对此情况,集团要求酒店停止一切外部招聘,通过集团内部员工的调转使那些拿着无薪假期或者最低保障的员工得到工作与稳定的收入。按照集团的设计,各酒店的HR将以邮件的形式,将职位需求和过剩人员名单发给集团,由集团负责整理信息并匹配岗位。集团此次的内部招聘共有两种类型:一是内部转岗,即从集团一家酒店的正式员工变为另一家酒店的正式员工;二是临时调转,即将员工从一家入住率较低的酒店临时调换至另一家入住率较高的酒店帮忙,时长一般为一至两个月。临时调转类似集团常用的Taskforce(可以理解为临时特别工作小组,当集团出现人员空缺时,集团会与酒店协商,临时借调酒店的相关员工来集团工作一段时间,工资由集团支付,但行政上仍部分归酒店管理,如需要请假时,该员工在取得集团直线上司的许可之后,还需告知酒店的HR。该法也常用于酒店与酒店之间)。

Do(实施):集团人力资源部的同事通过邮件收集数据,使用Excel进行整合匹配,之后将结果反馈给酒店,最后由酒店与酒店之间自行相互联系解决具体调动问题。

Check(检查):由于酒店上传的信息内容繁杂,结构化程度较低,因而集团作为信息的收集与处理方需要承担繁重的工作量,影响了工作质量与效率;同时,酒店方较为注重自身的职位空缺,却不太注重人员的输出,因而导致集团收集到的信息未能实现供求平衡,匹配成功率不高。

Action(处理):为解决相应的问题,总部采用线上共享表格的信息收集模式完成收集工作。如此,各个酒店的HR不仅可以在共享表格中实时更新本酒店的人力资源需求信息,也可以通过其他酒店共享的信息自行寻找需要的职位和员工;同时,总部要求各酒店的HR和各酒店的员工进行友好交流,鼓励出现人手短缺的酒店中的二线员工支持一线员工,或者鼓励GOP低的酒店向GOP高的酒店输送人力资源,提高酒店员工的流动意愿。

问题:

请简述酒店如何运用PDCA循环来解决人力资源过剩问题。

# 第六章

## 现代酒店服务质量管理

本章知识图谱

### 学习导引

酒店服务质量管理是酒店在激烈的市场竞争中取得相对优势的最为直接且重要的途径,是酒店生存与发展的基础。没有服务质量做保证,再积极的营销工作都是徒劳的。

面对现代市场需求的多样化、个性化等特征,顾客质量意识增强,情感需求增多,酒店服务质量管理工作难度增大。在旅游业蓬勃发展的今天,现代酒店作为面向大众直接提供服务产品的企业,更应该做好服务质量管理。

什么是酒店服务质量?如何认知和评价酒店服务质量?酒店服务质量管理可以采取哪些策略?我们可以通过本章的学习找到答案。

### 学习重点

通过本章学习,重点掌握以下知识要点:
1. 酒店服务质量的含义、内容要素、特点。
2. 酒店服务质量评价的工作内容和评价主体。
3. 酒店服务质量管理策略。

### 素养目标

学生通过学习上述知识要点,可以增强服务质量意识,提升精细操作能力、科学管理能力和质量管控能力,并在学习服务质量管理的过程中理解精益求精的工匠精神。

## 第一节 酒店服务质量概述

新形势下,质量建设意识不但在企业运营管理和事业单位管理与服务中有所体现,而且在党建和国家机关管理层面也是重要的工作内容和管理方向。酒店作为服务型企业,面对现代市场需求的多变性和人们对产品质量的高要求性,其要想在激烈的市场竞争中取得相对优势,并能够持续的生存与发展,就必须加强服务质量管理。

## 一、酒店服务质量的含义

"酒店服务质量"通常有两种理解:一种认为,酒店属于服务型产业,生产的是服务产品,所以酒店服务质量即酒店产品的质量;另一种则认为,酒店服务质量是酒店员工向顾客提供服务过程时单纯的服务质量(主要指表现出来的态度和技能等)。那么,究竟何为酒店服务质量?狭义上的酒店服务质量,是指由服务劳动所提供的服务的质量。但广义的酒店服务质量,则是指酒店以其所拥有的设施设备为依托,为顾客提供的服务在使用价值上适合并满足顾客物质和精神需要的程度。满足程度高,即顾客满意度高,则质量高;反之,则酒店服务质量低。一般来说,人们通常从广义上来理解酒店服务质量,即酒店服务产品的质量。

## 二、酒店服务质量的内容要素

酒店服务产品的构成要素包含有形产品和无形产品两部分,因此,酒店服务质量是指有形产品质量和无形产品质量的总和。

有形产品质量主要指酒店提供服务产品时所依托的载体,包括设施设备和实物产品。

（1）设施设备：①客用设施设备,如客房设施、餐厅设施、会议设施、康乐设施等;②供应用设施设备,如锅炉设备、制冷供暖设备、厨房设备等。

（2）实物产品：菜品酒水、客用品、商品、服务用品、服务环境质量（整洁、美观、有序、安全）、鲜明个性的文化品位等。顾客可以通过"五官"来体验这些酒店服务产品,酒店可以在采购环节对服务产品的质量加以控制,所以酒店有形产品质量相对来说比较好把握。

无形产品质量主要指职业道德（敬业、乐业、勤业）、礼节礼貌、服务态度、服务技能、服务效率、安全卫生、环境气氛等。顾客根据接受酒店服务后产生的感受、印象来评价该质量,但每个顾客标准不一且评价时心境不同,对同样的标准程序或规范服务得出的评价结果常常是不一样的,因此,酒店无形产品质量相对来说不太好把握。

## 三、酒店服务质量的特点

### （一）服务质量构成的综合性

酒店产品包括有形产品和无形产品,具有综合性的特征。酒店产品的提供需要酒店前台和后台多部门的合作,一个部门或环节出错,将影响整体质量。

### （二）服务质量评价的主观性

酒店服务质量源于顾客享受服务后的感受、印象和评价,而这些感受、印象和评价都是顾客的心理活动,会受到顾客的性格、接受服务时的情绪和个人喜好等因素的影响,缺乏客观性。

### （三）服务质量显现的短暂性

服务产品生产、销售和消费的同时性和不可储存性的特点决定了服务一旦完成消费立即结束,如果出现质量问题无法进行还原和修复,时间一长,顾客也只能凭印象、记忆中留下的短暂感受来对服务质量进行评价。

### （四）服务质量内容的关联性

酒店产品的综合性决定了服务质量内容的关联性,顾客一般基于对酒店的整体印象评价酒店服务质量,如果酒店某个部门或环节使顾客不满意,则顾客可能会对整个酒店的服务不满意。这就是所谓的质量否定公式——"100－1＝0"。

（五）服务质量对员工素质的依赖性

虽然酒店的有形产品可以事先加以控制,但酒店的无形产品(服务)往往无法事先控制,这就要求酒店的一线服务人员具有较高的综合素质、应变能力和服务经验。

（六）酒店服务质量的情感性

酒店的服务对象(顾客)是"人",酒店的服务者也是"人",人往往有思想、有情感,如果双方在提供服务和接受服务的过程中感情融洽,那么顾客对酒店的质量评价一定是优质的,反之则相反。比如,酒店的服务者在良好的情绪下提供服务,传递给顾客的是亲切感、轻松感和舒适感,此时顾客也会在愉快的心情下接受服务,并表现出满意和谢意,进而激发服务者更好的服务意识,这样的良性循环会加深顾客对酒店的美好印象。

## 第二节 酒店服务质量的评价

酒店服务质量是酒店的生命线,提升酒店服务质量是酒店管理者必须常抓不懈的中心工作,高质量的酒店产品是培养顾客忠诚度的前提。那么,应该如何评价酒店的服务质量？酒店服务质量评价工作的具体内容和要求有哪些？这些都是酒店管理工作者和员工应该关心和熟记的。

### 一、酒店服务质量评价的工作内容

（一）酒店服务质量评价的依据

酒店服务质量分为有形产品质量和无形产品质量,有形产品质量相对客观,比较好控制,因此评价的结果偏差不大;但无形产品质量产生于酒店一线服务人员的服务过程,一线服务人员具有个体素质差异,顾客也有主观体验差异,因此很难有客观的、量化的评价标准,其质量评价的结果常常会出现偏差,给酒店管理者和一线服务人员造成困扰。因此,酒店通常的做法是先制定服务标准程序,以制度化要求每一位酒店从业人员必须根据既定的标准来提供服务,并将这些服务质量标准作为酒店服务质量评价的依据。但是按照服务质量标准提供的服务产品是否都能使顾客满意？答案是不一定。

**同步案例**

某四星级酒店,一清早服务员小王来到910房间查收洗衣。他先轻轻地敲了一下门,说:"我是服务员,来收洗衣。"房内那位住客大声回答了一句,但小王没听清。于是小王在门外等了10分钟仍没有动静,小王担心没按时收洗衣会受到批评,便来到工作间打电话给910房间的客人。客人一接电话,大为恼怒地说小王打搅了他休息。中午11点客人起床后,针对此事向楼层主管投诉。

该案例说明:酒店为了保障服务质量,制定了各种规范的服务程序,服务员应该严格执行,但是在执行服务规范时,应该明确这些规范是定给服务员执行的,不是定给客人执行的。服务员在执行规范时切忌生搬硬套,影响客人休息,招致客人不满甚至投诉,进而使客人对酒店整体服务质量产生怀疑。

### (二)酒店服务过程的跟踪评价

酒店服务过程的跟踪评价即考察酒店服务过程中的各个顺序和环节是否科学、合理,目的在于保持酒店服务活动的逻辑顺序和酒店服务资源的协调利用,从而不断改善酒店的服务质量。比如客房服务员打扫房间,是先做走客房还是住客房?前台服务员结账时是先通知客房服务员查房还是先给客人结账?酒店服务人员的工作和服务应该按作业流程进行,违背作业流程的服务则视为不符合质量标准的服务。

### (三)酒店组织结构与服务架构的科学设置

酒店服务质量管理中最难控制的环节就是无形服务。对无形服务质量加以控制的关键在于,对操作服务的"人员"的综合素质和业务技能预先加以管控。酒店组织结构与服务架构的设置,人员配备和岗位胜任力的考核都是影响服务质量的重要因素,因此,必须事前进行科学设置,安排合适的人在合适的岗位,通过预防来提升服务质量。

### (四)酒店服务结果对服务质量的影响

服务结果直接反映酒店的服务质量,顾客满意度调查结果的变化可以检查、监督酒店服务质量的变化。酒店服务质量会直接影响顾客的回头率和口碑宣传效果,它也是酒店品牌形象和社区公众形象塑造的核心要素。因此,酒店可以通过顾客住宿意见调查表、顾客服务质量评价卡片、社区访谈等途径了解服务质量状况,树立事前、事中和事后统一的质量意识,为全面开展服务质量管理做好基础工作。

## 二、酒店服务质量评价的主体

酒店服务质量评价是一个系统工程,评价主体不同评价的结果也会不一致。为了客观全面地评价酒店服务质量,我们应该综合考虑各主体方的评价意见和结果。酒店服务质量评价的主体主要包括酒店顾客、酒店自身、第三方组织或机构三个方面。

### (一)酒店顾客

顾客是酒店产品和服务的直接购买者和消费者,酒店服务质量评价取决于顾客的满意度,而顾客的满意度通常因人、因地、因时、因季而异,同样标准程序的服务也会有不同的评价结果。因此,顾客对酒店服务质量的评价是酒店管理决策的重要依据和参考。

顾客对酒店服务质量的评价会受到自身在消费酒店产品时所期望的价值和实际感知价值的影响,实际感知价值越高,顾客的满意度越高,对服务质量的评价就越好。

因此,酒店应该通过各种途径深入了解顾客对酒店产品的实际需求,保持意见投诉渠道的畅通,关注顾客的需求差异,为顾客提供个性化服务,并建立良好的顾客关系。

### (二)酒店自身

酒店是服务的提供者,也是服务产品的相关受益者,有义务对自身的产品和服务进行考评，了解所提供产品和服务的品质优劣、市场适应性和产品的盈利水平，并对不合格的产品及时做出调整，或开发新产品以获取更大的经济效益。酒店开展服务质量评价是服务质量管理工作的重要环节之一，只有对自身的服务质量情况进行全方位了解才能有效开展服务质量管理。

酒店要做好服务质量管理工作，应该建立相应的评价机构，如质检部、质量管理办公室等；制定一套完整的评价方案；有效地实施评价方案；并对评价结果进行分析，及时修改和优化不符合项。

### （三）第三方组织或机构

第三方组织或机构一般指酒店和酒店顾客之外的组织和团体。目前，我国酒店业服务质量评价的第三方主要是国家及省、市、县的旅游行政部门和行业协会组织。

第三方评价的优点在于：①具有权威性和客观性。第三方组织或机构既不代表顾客的利益，也不代表酒店的利益，评价比较客观公正，令大众信服，如全国旅游饭店星级评定标准的权威性和客观性不容置疑。②可以推行标准化。标准化是为了在一定的范围内获得最佳秩序，对实际或潜在的问题制定共同遵守的规则。③实行行业管理。行业管理主要是通过相关的行业标准来实施，而行业标准的制定一般由国家及省、市、县的旅游行政部门和行业协会组织来完成，考核、检查也是都由旅游行政管理部门执行，如《旅游饭店星级的划分与评定》等。

第三方评价形式主要有资格认定，等级认定，质量认证，行业组织、媒体和社团组织的评定等。

## 三、酒店服务质量的评价方法

酒店服务质量管理的效果最终主要表现在是否符合酒店服务质量的等级标准和是否满足客人的物质需要、精神需要两个方面。酒店服务质量的评价范围包括服务质量的硬件和软件内容、服务过程、服务结构、服务技能、服务结果和影响等方面。但实际上，酒店在服务过程中的每一个环节、每一项服务设施的状态等要素都会影响客人对整体服务质量的评价。

酒店服务质量管理的评价包括数据收集、数据分析和服务质量改进三个步骤。数据收集常用的调查方式主要有直接面谈、电话访谈、问卷调查和暗访调查，获取质量数据后通常运用层次分析法、ABC分析法、因果分析法进行数据分析，进而识别和积极寻求服务质量的改进机会。

### （一）层次分析法

层次分析法是将酒店收集的数据按照不同目的和要求进行分类，将性质和条件相同的数据归在一起进行分析。分析可以使杂乱无章的数据和错综复杂的因素更加系统化和条理化，从而能够更加便利地找出主要质量问题，并采取措施来解决问题。使用层次分析法对酒店服务质量进行评价，需要将复杂的评价对象通过一定的方法和程序进行归类划分，因此，层次分析法是酒店服务质量评价中最先会应用到的方法。

### （二）ABC分析法

ABC分析法又称"重点管理法""主次因素法"，是意大利经济学家帕累托分析社会人员和社会财富的占有关系时采用的方法。美国质量管理学家朱兰把这一方法用于质量管理并取得了效果。运用ABC分析法可以找出酒店服务中存在的主要质量问题。

ABC分析法以"关键的是少数，次要的是多数"这一原理为基本思想，尽可能归纳并总结影响酒店服务质量管理的诸方因素,对这些因素的发生次数和发生频率进行定量分析,计算出每个服务质量问题在质量问题总体中所占的比重,由大到小,依次分成 A、B、C 三类,以便找出对酒店服务质量影响较大的 1～2 个关键性的质量问题,并把它们纳入酒店当前重点的质量控制与管理中去,从而实现有效的服务质量管理,使服务质量管理工作既突出重点,又顾及一般。

用 ABC 分析法分析质量问题主要有三个步骤。

(1) 收集服务质量问题信息。通过顾客意见书、投诉处理记录、各种原始记录等收集有关服务质量的信息。

(2) 分类、统计、排列、制作服务质量问题统计表。将酒店收集到的质量问题的信息进行分类、统计、排列,并制作统计表,在表上计算出各个问题的比率和累计比率。同时,做出有两条纵坐标轴的直角坐标图——横坐标为"分类质量问题";纵坐标为"质量问题出现的频数"和"累计比率"。

(3) 分析找出主要的质量问题。如图 6-1 所示,将图中累计比率为 0%～70% 的因素定义为 A 类因素,即主要因素;将累计比率为 70%～90% 的因素定义为 B 类因素,即次要因素;将累计比率为 90%～100% 的因素定义为 C 类因素,即一般因素。通过排列图找出主要因素就可以抓住问题的主要矛盾。运用 ABC 分析法进行质量分析有利于酒店管理者找出主要问题,但运用 ABC 分析法应注意以下问题:其一,A 类因素所包含的具体质量问题不宜过多,1～3 项最好,否则无法突出重点;其二,划分问题的类别不宜过多,其中不重要的问题可归为一类。

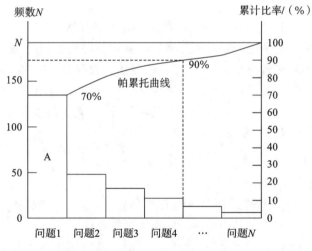

图 6-1 服务质量问题排列图

### (三) 因果分析法

运用 ABC 分析法进行质量分析虽然能够找出酒店的主要质量问题,但无法判定这些主要的质量问题产生的原因。而因果分析法则是分析质量问题产生原因的行之有效的方法。

因果分析法就是将造成某项结果的众多原因以系统的方式图解,即以图来表达结果(质量)与原因(影响因素)之间的关系,因其形状像鱼骨,又称"鱼骨图"(见图 6-2)。

运用因果分析法进行酒店服务质量分析一般要经过三个步骤:①确定要分析的质量问题,即通过 ABC 分析法确定 A 类质量问题;②寻找产生 A 类质量问题的原因,发动酒店的全体工作人员(包括管理人员和员工)共同分析;③将找出的问题的原因进行整理,并按因果关系反映到鱼骨图中。

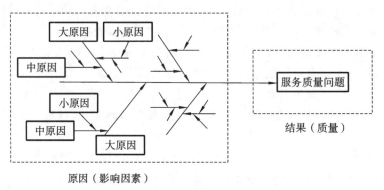

图 6-2　因果分析法

## 第三节　酒店服务质量管理策略

### 一、全面质量管理

**（一）全面质量管理的概念**

1956 年，阿曼德·菲根堡姆在《哈佛商业评论》中首次提出"全面质量控制"（Total Quality Control，TQC），它是指依靠企业全体职工及有关部门的同心协力，将专业技术、经营管理、数理统计方法和思想教育相结合，建立从产品的开发设计、生产制造到销售服务的一整套质量管理的活动体系，同时采用最经济的手段，保证生产出满足用户需要的优质产品的一整套管理活动。其核心是提高人的素质，调动人的积极性，人人做好本职工作，通过控制工作质量来保证和提高产品或服务的质量。

**（二）全面质量管理的特点**

全面质量管理具有以下几个特点。

（1）全面性。全面质量管理的质量既包括产品质量，也包括产品质量赖以形成的工作质量，也就是企业的一切经营活动都必须纳入质量管理的轨道。从另一个角度来说，质量是产品或服务的特色和品质的总和，这些品质和特色将影响产品去满足各种明显的或隐含的需要的能力。

（2）全过程。全面质量管理的对象是产品的全过程。从市场调查，到研究试制、生产技术准备、正式生产、销售，直到售后服务的全过程都要进行质量管理。

（3）全员性。全面质量管理要调动企业全体人员参与管理。

（4）预防性。优良的产品质量是设计和制造出来的，而不是检验出来的，所以要强调事前的预防工作，以防为主，防检结合。

（5）服务性。一是企业为用户服务；二是企业内部职能部门为生产部门服务，生产过程中的上道工序为下道工序服务。

**（三）酒店全面质量管理的概念及特点**

1978 年，我国引入全面质量管理，并将之应用到酒店业。酒店全面质量管理是指酒店为保证和提高服务质量,组织酒店全体员工共同参与,综合运用现代管理科学,控制影响服务质量的全过程和各因素,全面满足顾客需求的系统管理活动。它主要有以下特点。

(1)管理的全方位性。全面质量管理就是针对酒店服务质量全面性的特点,对所有服务质量的内容进行管理,酒店服务质量内容包括设备质量、服务质量、产品质量等,管理的全方位性就是指不是只关注局部的质量管理,而是关注全部的质量管理。

(2)管理的全过程性。酒店服务是一个系列活动,它既包括服务前的组织准备,又包括服务中的对客服务,还包括服务后的妥善处理,这三者是一个不可分割的完整过程,而酒店服务质量是以服务效果为最终评价的。因此,预防为主、防患于未然成为质量管理的基本要求,服务质量管理的重点从"事后把关"转变为"事先预防"。此外,酒店内部应树立"如果你不直接为客人服务,那么你就应该为客人服务的人服务"的观念,即强调上道工序为下道工序服务的观念,工作的下一个环节就是你的客人,就是你服务的对象,你必须负责让其满意,最终使得酒店服务过程中的每一个环节都符合酒店质量管理的要求。

(3)管理的全员性。酒店服务活动主要是依赖于人员来完成,因此,酒店中的每位员工及其工作都与服务质量密切相关。全面质量管理要求全体员工都参加质量管理工作,发挥每位员工的积极作用,从而保证酒店的服务质量。所以说,酒店服务质量管理具有全员性。

(四)酒店全面质量管理的内容

现代酒店全面质量管理的内容可以归纳为"五全",即全方位管理、全过程管理、全员性管理、全方法管理和全效益管理。

1. 全方位管理

酒店全方位管理是指酒店内部的各个部门为住宿客人提供的各个方面的服务质量管理。酒店服务质量的关联性和综合性说明了酒店全面服务质量管理具有构成因素多、涉及范围广的特征。因此,酒店全面质量管理必然是全方位的质量管理,既包括有形产品的质量管理,又包括无形服务的质量管理;既包括酒店一线部门的各种质量管理,又包括酒店后台职能部门的各种质量管理。

2. 全过程管理

酒店服务质量不仅仅由提供给客人的瞬间服务决定,更重要的是服务产品形成的全过程。从客人消费的角度来看,客人从进店到离店的过程,是接受和体验酒店各项产品与服务的过程,也是酒店产品与服务生产和销售的过程,具有一次性、时效性的特点。因此,酒店全面服务质量管理应该把重点放在预防上,不仅要做好事中和事后的质量管理,更要做好事前质量管理,进行全过程的管理。

3. 全员性管理

从广义上来说,酒店服务质量由与酒店服务相关的人员决定,既有酒店的内部人员也有外部人员,前者是内部服务人员,后者是参与的顾客。从狭义上来说,酒店服务质量是由全体员工共同完成的,贯穿于酒店全员及各个部门的直接和间接对客服务过程中。一线人员直接为客人提供各种服务,后台职能部门人员通过为一线人员的工作服务而间接为客人服务,管理人员则组织一线人员和后台职能部门人员共同为客人服务。

4. 全方法管理

酒店全方法管理是指多种不同管理方法的有机结合。酒店服务质量管理过程中要根据实际情况采用灵活多样的方法和措施不断改进服务质量,提供优质服务。目前已经形成多样化、复合型的方法体系,具体有PDCA循环法、质量管理小组活动、因果分析法、ABC分析法、层次分析法等,在使用不同方法进行管理时要注意方法之间的有机统一。

5. 全效益管理

酒店作为参与市场竞争的经济实体,只有在获得一定经济效益的基础上才能生存和发展。酒店也是社会重要的企业公民,必须兼顾社会效益和生态效益。酒店全效益管理就是要实现经济、社会、生态三种效益的统一与和谐,在实现酒店的经济效益的同时让顾客满意、社会受益,进而谋求长期的效益。

**同步案例**

一宗大生意将于今日敲定,赵老板高兴地来到酒店前台办理入住,随后住进了其秘书通过长途电话预订的豪华客房。赵老板想在寒冷的冬日到房间痛快地洗个热水澡,这样既能解除旅途的疲劳,又能振作起精神参加中午的合同签订仪式,于是便在冷冰冰的客房脱掉衣服一头钻进卫生间,结果放了五分钟水,水依然是冷的,赵老板愉悦的心情一下被身体冻得瑟瑟发抖的现实破坏。他愤怒地抓起电话拨打给大堂副理,气愤地投诉差劲的酒店客房设施和服务,并扬言要马上退房搬出这家晦气的酒店。大堂副理敷衍地提出"换房间"的建议更让赵老板不能接受。他在酒店餐厅用餐时对同事及朋友大声抱怨,不仅惊动了在旁桌就餐的客人,也引起了餐厅经理的注意。餐厅经理一边安抚客人,为其调换更好、更僻静的单间,为客人周到地点菜和安排服务;一边通知大堂副理迅速为客人解决问题,美味佳肴、优质的服务以及重新调换房间,使赵老板的愤怒的情绪得以缓解,继续住下办理他的签约大事。而赵老板进店后的不愉快经历,使酒店管理层真正认识到,要注意提高管理水平和服务质量。

该案例说明:第一,酒店服务质量是有形产品质量和无形产品质量的总和。该酒店既存在有形产品质量问题(设施设备问题),也存在无形产品质量问题(员工没有质量意识,没有关注顾客需求,服务态度也不够主动),从而引起顾客的不满,并使其大声抱怨,产生不良影响。第二,酒店要使全员性管理、全方位管理、全过程管理、全方法管理、全效益管理深入人心。一方出现质量危机,八方进行补救,挽回可能因质量问题造成的损失。该案例中,幸好餐厅经理具有较好的补位意识,及时解决了前面同事工作中出现的问题,避免了酒店可能出现的损失,消除了不良的影响。第三,加强硬件质量的检查,加强服务质量监督。

## 二、PDCA循环质量管理

### (一)PDCA循环质量管理方法

PDCA循环由美国质量管理专家威廉·爱德华兹·戴明首先使用,又称为"戴明环"。PDCA循环法是酒店服务质量管理常用的方法。它将酒店的质量管理活动分为计划(Plan)、实施(Do)、检查(Check)、处理(Action)四个阶段,只有这四个阶段的任务都完成并且不断地循环下去,才会使酒店服务质量问题越来越少,从而使酒店服务质量不断提高并趋向于零缺点。

PDCA 循环包括四个阶段,一般分为八个步骤。

1. 计划阶段

步骤一,分析服务质量现状,运用 ABC 分析图(又称帕累托图和主次因素排列图)找出酒店存在的主要质量问题。

步骤二,运用因果分析法分析产生质量问题的原因。

步骤三,从分析出的原因中找出影响质量问题的关键原因。

步骤四,提出解决质量问题的质量管理计划(目标及实现目标的措施、方法和责任人)。

2. 实施阶段

步骤五,按已定的目标、计划和措施执行。

3. 检查阶段

步骤六,检查步骤五的执行结果,看还有没有步骤一发现的但没有解决的问题,检查步骤四中措施、方法的执行效果,检查步骤六是否存在其他问题。

4. 处理阶段

步骤七,总结经验、吸取教训,防止类似问题再次出现。

步骤八,提出步骤一所发现的尚未解决的其他质量问题,并将它们转入下一个循环中与下一循环步骤一衔接起来,继续循环往复直至零缺点。

表 6-1 所示为 PDCA 循环的管理程序。

表 6-1　PDCA 循环的管理程序

| 阶段 | 步骤 |
| --- | --- |
| 计划阶段<br>(Plan) | A. 分析现状,找出存在的质量问题<br>B. 分析产生质量问题的原因<br>C. 找出主要原因<br>D. 针对主要原因制订计划和措施 |
| 实施阶段<br>(Do) | E. 组织实施制订的计划和措施 |
| 检查阶段<br>(Check) | F. 把实际工作结果与预期目标进行对比,检查计划执行情况和执行过程中所存在的问题 |
| 处理阶段<br>(Action) | G. 总结经验,巩固成绩,指出目前存在的问题<br>H. 将未解决的问题转入下一个步骤循环解决 |

(二) PDCA 循环的特点

首先,循环不停地转动,每转动一次提高一步。只有每次循环都有新的目标和内容,质量问题才能不断得到解决,酒店服务质量水平才能不断提高。

其次,大环套小环,小环保大环,相互联系,彼此促进。整个酒店是一个大环,各部门则是大环中的小环。小环以大环为整体,是大环的分解和保证。

最后,强调管理的完整性。PDCA 循环是一个整体,每一个阶段都同等重要。每一个阶段的工作都是下一个阶段的开始,不可忽视或缺少。

### (三) 实施 PDCA 循环的注意事项

PDCA 循环的四个阶段是一个有机的整体,缺一不可。运用 PDCA 循环进行酒店服务质量管理评价,首先需要重视计划和实施阶段的作用,因为这两个阶段直接反映了计划制订的科学性和有效性;其次需要重视检查阶段,这一阶段直接衡量了结果和计划之间的差距;最后必须重视处理阶段,酒店服务质量管理的评价是一个开放的动态循环过程,为了巩固已取得的成果,吸取失败的教训,防止问题反复出现并最终提高服务质量管理的水平,我们必须全面落实好处理阶段的工作。

**经典案例　　PDCA 循环质量管理的酒店经典案例**

某国际酒店管理集团发现其餐饮服务部门在供应链管理和客户服务方面存在效率低下的问题。原流程中,菜品的选择、供应商的管理、顾客反馈的处理等环节都显得烦琐且孤立,严重影响了服务质量和客户满意度。

于是,集团决定采用 PDCA 循环质量管理方法对餐饮服务部门的工作流程进行优化。

Plan(计划)阶段:集团计划开发一个集成系统,该系统旨在整合菜单管理、供应商订单、顾客反馈及服务质量监控,以提高工作效率和服务质量。

Do(实施)阶段:集团与技术服务提供商合作,定制开发了一个餐饮服务管理平台,并对餐饮服务部门的员工进行了系统使用培训。

Check(检查)阶段:实施后,集团识别出几个问题:一是,系统与某些小型供应商的接口对接存在问题;二是,员工在使用新系统时对某些功能的操作不熟悉;三是,客户反馈收集并未完全自动化。

Action(处理)阶段:对于上述问题,集团进行了系统功能的升级,改善了与供应商的接口对接;组织了更多的员工培训,提高其操作熟练度;并对客户反馈机制进行了改进,实现了更高程度的自动化收集和分析。

通过不断的 PDCA 循环,餐饮服务部门的工作流程得到了明显改进。员工对新系统的使用更加熟练,供应链管理更加高效,顾客的反馈能够快速得到处理,从而显著提升了客户满意度。集团计划继续使用 PDCA 循环质量管理方法对工作流程进行审查和改进,以求不断提高服务水平。

## 三、零缺点质量管理

### (一) 零缺点质量管理的概念

零缺点(Zero Defects)质量管理是 20 世纪 60 年代菲利普·克劳士比在美国提出的一种管理思想,美国首先推行了零缺点运动,随后该思想在日本制造业中获得全面推广,使日本的制造业的产品质量迅速提高,达到世界级水平。此思想主要流行于工商业领域。

零缺点又称无缺点,零缺点管理主张企业发挥人的主观能动性来进行经营管理,努力使自己的产品、服务没有缺点,向着高质量标准目标而奋斗。它要求生产者从始至终保持严肃认真的态度,将工作做到准确无误,在生产过程中从产品的质量、成本与消耗、交货期等方面按照要求合理安排,而非依靠事后检验来纠正错误。零缺点管理强调预防系统控制和过程控制,第一次就把事情做对并且符合顾客的要求。开展零缺点管理可以提高全体工作人员对产品质量和服务质量的责任感,从而使产品质量和工作质量得以保证。

(二)零缺点质量管理的基本原则

克劳士比的零缺点质量管理具有四项基本原则。

原则一:什么是质量?质量的定义就是符合要求,而非"好"。"好""卓越"等描述都是主观且含糊的。

原则二:质量是怎样产生的?产生质量的是预防,而非检验。检验是在过程结束之后将不符合要求的产品挑选出来,而不是促使不符合要求的产品的改进。检验告知的是缺陷已经产生,但不能产生没有缺陷的符合项。预防则发生在过程的设计阶段,能够沟通、计划、验证以及逐步消除出现有缺陷的不符合要求的产品的可能性,这就要求资源的配置能够保证工作正确完成,而不是将资源浪费在缺陷的查找和补救上面。

原则三:什么是工作标准?工作标准必须是零缺点,而非"差不多就好",工作人员任何时候都必须满足工作过程的全部要求,决不向任何不符合要求的情形妥协,并极力预防错误的发生。零缺点管理意味着以下的心态:事情第一次就做对;避免双重标准;决不允许发生错误;极度重视预防;只有在符合全部要求时才行。

原则四:怎样衡量质量?质量是用不符合要求的代价而不是指数来衡量的。指数是一种把有缺陷的不符合要求的产品用相关的坏消息进行软处理的方法。软化坏消息的处理方法会导致管理者不采取积极行动。而展示有缺陷的不符合要求的产品的货币价值,能够增加管理者和工作人员对问题和缺陷的认识。不符合要求的代价是当要求不符合时产生的额外的费用,是浪费的代价,浪费时间、人力和物资,也是不必要的代价。

酒店服务质量的特点给零缺点质量管理增加了难度,因此,要做到零缺点质量管理,必须遵照上述四项原则,正确认知服务质量的意义,对于有形产品按国际质量标准管理,对于无形产品事先进行预见性管控;建立酒店服务质量检查制度,开展零缺点竞赛;加强员工知识、技能培训,重视情绪劳动管理;员工上岗之前做好充分的准备,预防工作中出现差错,万一出现失误及时补救。酒店还要树立全员质量管理、全方位质量管理、全过程质量管理、全效益质量管理及全方法质量管理意识,一方出现质量危机,八方进行补救,尽可能挽回因质量问题而造成的损失。

(三)零缺点质量管理在酒店的应用

1. 建立服务质量检查制度

在酒店内部建立例行检查、夜查、专项检查、抽查和暗访五级检查制度,以此督促员工执行质量标准,预防酒店服务质量问题的出现。

例行检查,就是按照既定时间、内容和标准对酒店进行全方位服务质量检查;夜查主要检查一些白天难以发现的问题,如酒店的安全设施设备使用是否正常、值班人员是否有睡觉和脱岗现象等;专项检查是针对某项具体服务内容的检查,如针对服务态度的检查、针对重大接待活动准备工作的检查等;抽查是事前不进行任何通知的检查,重点是针对与客人接触多、容易引起投诉的环节的检查;暗访一般选择具有丰富行业经验的人来进行,是酒店服务质量检查中最为有效的手段。

2. DIRFT

DIRFT 即每个人第一次就把事情做对(Do It Right The First Time)，这是零缺点管理的核心所在。酒店服务具有生产与消费同时进行的特点，是一个不可逆的过程。因此，每位员工把每项服务做到符合质量标准至关重要，这是提升酒店服务质量的基础。

3. 开展零缺点工作日竞赛

一般来说，缺乏服务所需知识和服务态度不够端正是造成酒店服务质量问题的主要因素。专业知识可通过培训教育得到充实，但服务态度只有通过提高员工个人觉悟才有可能改进。因此，酒店可开展零缺点工作日竞赛，使员工养成 DIRFT 的工作习惯，并在此基础上逐渐推行零缺点工作周、零缺点工作月、零缺点工作年等工作计划，不断丰富员工工作经验、改善服务态度，最终实现提升酒店整体服务质量的目标。

## 同步案例

一天傍晚，某家新开的高星级酒店内灯火辉煌，客人络绎不绝，酒店的几位高层领导正列队在大厅里，准备迎接某位重要客人的到来。突然总台前传来了客人的争吵声，大堂经理赶紧上前交涉。

据了解，该客人自称为 1508 房间的住客，因房卡被同房间另一位住客带走，要求总台人员帮其开门。总台则解释，该客人出示的身份证号码及姓名与登记者均不一致，因此拒绝开门。在僵持不下的情况下，大堂经理只好先请客人到茶吧小坐，一边稳定客人的情绪，一边向客人解释总台这样做是为了住客的财产安全着想，请他谅解。然后提议，由他拨打登记入住的同房间客人电话，征得对方的同意并报一下身份证号码，如身份证号码与登记的相同，就可以开门。但由于该客人不配合，且情绪越来越激动，大厅内又吵了起来……

在重要客人即将抵店前夕，大厅如此喧哗是非常不合时宜的。大堂经理只好采取另一种解决办法，请总台复印了客人的身份证，补上登记，并迅速引领客人离开大厅。然后通过观察及核实房内的物品特征等方式证实该客人确实住在 1508 房间，同时大堂经理请安保部利用录像进行监控，较妥当地处理了此事，安抚了客人的情绪。

该案例说明：第一，酒店要树立零缺点质量管理意识，要求员工从一开始就本着严肃认真的态度把工作做得准确无误。这个案例中，如果总台服务员把好登记关，并主动征询客人是一个人住还是两个人住，是需要一张房卡还是两张房卡，就不会出现如此问题。第二，酒店要树立全员性管理、全方位管理、全过程管理、全效益管理及全方法管理意识，一旦出现质量危机，应及时进行补救，挽回可能因质量问题造成的损失。案例中，如果事发后总台员工面带微笑，有礼有节地耐心与客人协商解决办法，尽快稳住客人情绪，可能客人还不至于如此激动；或者在事件不能解决的第一时间通知大堂经理来协调。所幸争吵事件发生后该店大堂经理能及时出现，快速处理，否则将造成极坏的影响。

### 四、目标管理

**（一）目标管理的概念**

目标管理（Management by Objectives，MBO）由美国著名管理学家彼得·德鲁克首创，1954年，他在《管理实践》一书中首先提出"目标管理与自我控制"的主张，随后在《管理：任务、责任、实践》一书中对此做了进一步阐述。目标管理是指组织最高管理者根据组织所面临的内外部形势需要，制定出在一定时期内组织经营活动所要达到的总目标。德鲁克认为，并不是有了工作才有目标，而是有了目标才能确定每个人的工作。所以"企业的使命和任务，必须转化为目标"，没有目标，相关领域的工作就会被忽视。因此，企业管理者应该通过设立目标对下级进行管理，当企业的高层管理者确定了企业目标后，必须将目标有效分解成各部门和个人的分目标，而企业管理者则根据分目标的完成情况对下级进行考核、评价和奖惩。目标管理的方法在酒店服务质量管理中也行之有效。

**（二）目标管理的特点**

（1）以目标为中心。目标管理以酒店一定时期的战略规划为基础，通过自上而下的目标分解和自下而上的目标保证建立起目标体系，酒店所有活动都以目标体系为中心展开。

（2）注重结果。目标管理强调工作绩效，注重目标的实现。目标实施的结果不但被当作绩效考核的标准，而且也是员工晋升、加薪的主要依据。

（3）系统性与协调性相结合。目标管理将公司战略目标根据部门职能特点层层分解，形成部门目标，然后可进一步细分到每个员工，用公司战略目标指导部门目标，以完成部门目标来保证公司战略目标，使公司目标与部门目标形成一个整体，彼此相互协调。

（4）以人为本。在目标设置的过程中要求员工参与，在目标实施的过程中强调员工自我控制，在目标成果评价的过程中重视员工的自我评价，这些目标管理的基本原则把人推到了管理的中心。

**（三）目标管理的步骤**

目标管理是一个循环过程，在一定时期的目标实现后，要根据公司新的情况、条件制定新的目标，开始新的目标管理过程。值得注意的是，目标管理过程的每个环节都相互联系、相互制约，这就要求酒店在进行目标管理时，各环节处于良性的运作状态。

目标管理的步骤如图6-3所示。

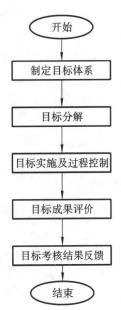

图6-3　目标管理的步骤

## 同步案例

某酒店工程部接到客房部电话报修，1505房的水龙头漏水。5分钟后，工程部员工带着工具出现在现场。修理后，工程部员工上报"漏水问题已解决"，请客房部员工验收，验收者拧紧龙头，龙头口仍连续滴了五六滴水，于是宣布不合格，维修工二话没说,立即返工。因为按照酒店目标管理制定的质量标准,水龙头拧紧后,最多滴三滴水方为合格。

该案例说明:目标管理在现代酒店服务质量管理中是行之有效的管理手段,管理者通过将企业的使命和任务转化为目标对下级进行管理,可避免矛盾和冲突的发生,增强管理者和被管理者自觉的质量意识,提高管理和服务质量。

 **本章小结**

1. 酒店服务质量从广义上来理解,即酒店服务产品的质量。酒店服务质量是有形产品质量和无形产品质量的总和,酒店服务质量具有自身的特点。

2. 酒店服务质量评价的工作内容,主要包括制定质量标准,实施过程管理,事前进行科学的组织结构与服务架构的设置,酒店服务质量满意度调查,为全面开展服务质量管理做好基础工作。

3. 酒店服务质量评价必须由三方面主体进行,即酒店顾客、酒店自身、第三方组织或机构,只有各方共同努力才能得出全面、客观、真实的评价结果。

4. 酒店服务质量管理的主要策略有PDCA循环质量管理、零缺点质量管理和目标管理等,各个策略内涵互相渗透,不能完全分割,可以根据实际工作需要综合实施。

5. 重视服务质量管理可以提高员工的责任意识,有效地实施人力资源管理,创建品牌,不断提高酒店顾客消费市场的满意度,维护客户关系。

 **思考与练习**

1. 现代酒店为什么非常重视服务质量管理?
2. 酒店服务质量的特点有哪些?
3. 第三方组织或机构对酒店服务质量评价的优点有哪些?
4. 结合实际谈谈酒店应该怎样实施零缺点质量管理。
5. 查阅资料,以某酒店集团为例,谈一谈该集团是如何开展服务质量管理工作的。

 **案例分析**

### 国际酒店集团在服务质量管理中的危机应对

酒店的运营仿佛智者千虑,难免一失,因此,制定完善的补救措施是质量管理的重要一环,国际酒店管理集团对此已有严格的制度要求。

案例1：

以某国际酒店管理集团为例，2019年秋，该集团位于江苏省的一家酒店发生了疑似食源性疾病传播事件，连续3天均有食用自助晚餐的客人出现上吐下泻的症状，并被医院确诊为急性肠胃炎。对此，酒店总经理和餐饮负责人按照集团制定的应对措施全程跟进，保存留样食品，和患病客人及时沟通，探访住院病患，了解实时情况，同时填写集团要求的情况汇报表。集团要求的措施包括酒店总经理第一时间与相关机构取得联系、第一时间请当地负责的第三方机构介入调查、第一时间采取的补救措施等内容，保证事件处理的公开与透明。最后事件得到妥善解决。

事后，集团加强了食品安全培训，从线上至线下，派出专人进行培训及检查，从空调滤网扩散至后厨加工食材的病原体到制冰机内部的污垢等都成为集团检查的重点。亡羊补牢，为时未晚。良好的应对措施可以提升集团整体危机应对能力，有效降低风险再次发生的可能性。

案例2：

某国际知名的高端酒店品牌近期因食品安全问题受到行业内的关注。某日，该酒店就之前"蛋糕引发多人高烧腹泻"的有关问题向公众致歉。尽管如此，这一事件并未得到圆满解决。该酒店品牌以豪华服务著称，价格通常很高，但此次以及之前涉及的一系列卫生事件，包括备受关注的"杯子的秘密"事件和被地方卫生监督机构列为不合格的情况，都给其声誉带来了不良影响。这一系列事件引起了消费者对酒店服务质量和内部管理的质疑。

（资料来源：新浪财经，2020-06-04，转自北京商报。）

问题：

1. 如何评价两个酒店集团在安全卫生方面的服务质量管理？
2. 如何通过服务质量管理策略避免酒店的服务质量危机？
3. 危机处理能力考验酒店的服务水平，酒店在危机处理过程中应该注意哪些问题？
4. 酒店服务危机频发是否与酒店的扩张有关？应如何平衡？

# 第七章

## 酒店财务与收益管理

本章知识图谱

### 学习导引

掌握着酒店命脉即资金运动的酒店财务与收益管理工作,在酒店管理中的地位与作用日益凸显。在日趋激烈的市场竞争环境下,酒店财务与收益管理已成为酒店在市场竞争中取得胜利的重要因素,同时也是一种推进酒店总体战略的科学管理手段。本章将阐述酒店财务与收益管理的相关知识。

### 学习重点

通过本章学习,重点掌握以下知识要点:
1. 酒店财务分析的方法。
2. 酒店收入管理、税金管理、利润管理。
3. 销售比较法和因子分析法。
4. 酒店投融资的方式、方法。
5. 基于 Cesim 软件的模拟管理方法。

### 素养目标

学生通过学习上述知识要点,可以增强财税管控意识,提升收益管理能力、成本控制能力和税务筹划能力,并在此过程中培养坚守诚信和遵守道德的优秀品质。

## 第一节 酒店财务分析

### 一、财务分析概述

#### (一)财务分析的含义

酒店财务分析是指以酒店财务核算资料(主要是财务报表)为主要依据,运用特定的分析方法,对酒店财务状况和经营成果进行计量分析。

财务分析是酒店财务管理的重要组成部分。在财务管理循环中,财务分析既是一个循环的终点,又是下一个循环的起点。通过财务分析,我们可以总结以往经营管理中的经验教训,找出管理工作中的薄弱环节,采取必要的措施改进财务管理工作。因此,它对于提高酒店的经营效率及成果,正确处理与各利益相关者的财务关系,促进决策的科学性具有重要的意义。

(二)财务分析的种类

从财务分析人员的关系来看,它可以分为外部分析和内部分析。外部分析是与酒店外部有关的利害关系者,为获取判断该酒店的资料而对酒店的财务报表进行的分析和比较。如金融机构和债权人在向酒店提供融资时所进行的信用分析,投资者和股东为是否投资而进行的投资分析,税务部门为合理征税而进行的税务分析,审计部门为判断报表的合法性而进行的审计分析等。内部分析是酒店内部管理者为判断本酒店财务状况和经营成果而进行的分析,又称为诊断分析,以下所讲的酒店财务分析就是这种诊断分析。

从财务分析的时期来看,它可以分为定期分析和不定期分析。定期分析是按照国家或酒店规定正常提供的定期分析报告,如每月的月度财务分析、中期财务分析和年度财务分析等。不定期分析则是没有固定日期限制,按当时的具体需要所进行的财务分析,如经营出现大的波动或有大项目要做而进行的财务分析都属于不定期财务分析。

从财务分析的具体内容和目的来看,它可以分为全面分析、简要分析和专题分析。全面分析是对酒店财务情况进行比较全面的系统的分析,当然全面分析也必须有重点,一般来说全面分析要定期进行,如每半年或一年进行一次分析。简要分析是对财务情况的几个主要问题或财务指标所进行的扼要分析,旨在揭示经营管理中存在的主要问题,以便加以纠正,一般来说,每个月进行的财务分析就是简要分析。专题分析一般不定期进行,是当酒店经营管理中存在的问题有必要做专题研究时才进行的一种分析,如对某项经济政策、管理措施的执行,或对某些典型事例进行专项的深入分析,以解决存在的问题。

## 二、酒店财务分析的程序与方法

(一)财务分析的程序

正确的财务分析程序,是提高财务分析效率和结果的必要保证。一般来说,进行一项财务分析应按照以下程序进行。

1. 明确分析目的,编制分析的计划

财务分析要达到什么目的是进行财务分析时首先要解决的问题,目的制约着行动。我们应在明确分析目的的前提下,再来决定如何进行分析,即制订分析计划,对分析工作的组织、分工、日程安排等进行计划。

2. 充分调查研究,收集分析素材

在这一阶段,我们主要解决财务分析的对象问题。只有充分地掌握分析资料和相关数据,才能进行有效的财务分析。财务分析主要依据的资料是财务报表及各种日常统计核算的资料,当然同时离不开对市场、政策等外部环境资料的占有和收集,这在很大程度上影响了财务分析的质量和各项经营决策的制定。

3. 对数据进行整理分析

在占有资料的基础上,我们应按照不同的分析目的和要求,运用一定的方法对数据进行整理和分析,找出其中的差异和存在的问题,为提出改进措施奠定基础。

4. 写出分析报告,提出整改的措施建议

通过比较分析,在对各项指标完成情况及背后的经营管理方面的问题有了认识之后,我们要对酒店财务状况做出判断并写出分析报告。在分析报告中,我们要寻找问题产生的原因,并提出整改措施和建议,提交有关会议讨论,为领导决策起到参考作用。

(二)财务分析的方法

1. 比较分析法

这种方法是将各种经济指标放在同一基础上进行比较,从而发现问题。运用比较分析法,必须选择好比较的标准。一般常见的比较标准如下。

(1)实际指标与预算指标比较。

如将实际营业收入和成本与预算的营业收入和成本进行比较,由此可以看出预算指标的完成情况。这种比较分析是否有效,关键在于预算指标的制定是否科学和切合实际。

(2)实际指标和上年同期指标或历史最好水平指标比较。

通过比较可以发现酒店经营活动的规律和管理中的薄弱环节,这为采取措施、提高水平提供了依据。适用于比较法的指标很多,计算方法基本上是相同的。以报告期实际指标与预算指标比较为例,可按如下公式进行比较。

实际指标较预算指标的增减数额 = 报告期实际完成数 − 同期预算数

$$完成预算百分比 = \frac{报告期实际完成数}{同期预算数} \times 100\%$$

$$超额或未完成预算百分比 = \frac{报告期实际完成数}{同期预算数} \times 100\% - 100\%$$

例如,酒店一主题餐厅 2019 年 9 月的实际收入为 119400 元,预算收入应为 105300 元,比较其预算完成情况。

实际收入比预算收入增加了 14100 元,即

$$119400 - 105300 = 14100(元)$$

完成预算百分比为 113%,即

$$\frac{119400}{105300} \times 100\% \approx 113\%$$

超额完成预算百分比为 13%,即

$$113\% - 100\% = 13\%$$

使用比较分析法一定要注意指标的可比性,比较的指标的经济内容和时间长短必须一致,否则不具有可比性。比较分析法既可以从绝对数上进行比较,也可以从相对数上进行比较。这种比较分析法简便易行,能较为直观地反映指标间的差距,但是无法找到这种差距产生的原因。为了进一步分析差距产生的原因,进而提出解决问题的措施,还必须进行因素分析。

2. 因素分析法

因素分析法是指根据某项综合性财务指标的变动原因,按其内在组合的原始因素进行数据分解,以测定每一因素对综合指标影响程度的一种分析方法。

进行因素分析时,首先要确定构成某一个经济指标的因素是什么,其次要确定各个因素与经济指标的关系,再次要分别测定各个因素对经济指标的影响方向和影响程度,最后再综合分析各种因素对经济指标所带来的总的影响。

因素分析法以被比较的数值为基础,然后将影响酒店经营情况的因素逐个代入;将第一次替代的结果与被比较的数值比较,其差额为第一个因素的影响程度;将第二个因素进行替代时,第一个已经用实际指标替代的因素其数值不再变动,把第二个因素替代的结果与第一个因素替代的结果进行比较,其差额为第二个变动因素的结果。这种将逐个因素进行替代,并用环比的方式来计算各种因素的影响程度的方法也叫连环替代法。

例如,酒店有客房 200 间,在 2019 年 10 月的实际费用中,毛巾的支出为 3264 元,预算支出为 2160 元,实际比预算多支出了 1104 元。要求分析毛巾费用增加的原因。

客房毛巾的费用是由客房的出租数量、每天毛巾的配备量、每条毛巾的使用时间及毛巾的价格决定的。客房的出租数量又是由酒店拥有可供出租客房的数量、报告期的天数及出租率三个因素决定的,用公式来表示则为

$$客房毛巾用量 = \frac{客房间数 \times 出租率 \times 每间客房毛巾用量 \times 报告期天数}{每条毛巾使用天数}$$

客房毛巾费用支出 = 毛巾的单价 × 毛巾用量

酒店有客房 200 间,10 月报告期天数为 30 天,预计出租率为 60%,每间客房毛巾配备量为 4 条,每条毛巾预计可使用 10 天,每条毛巾预计价格为 1.50 元,则 10 月份毛巾费用预算支出为

$$1.50 \times 200 \times 60\% \times 4 \times 30 \times \frac{1}{10} = 2160(元)$$

实际执行结果为

$$2 \times 200 \times 68\% \times 4 \times 30 \times \frac{1}{10} = 3264(元)$$

实际支出比预算多支出 1104 元,其原因是出租率和毛巾单价提高。

用因素分析法进行分析,先用实际价格替代预计价格,即

$$2 \times 200 \times 60\% \times 4 \times 30 \times \frac{1}{10} = 2880(元)$$

$$2880 - 2160 = 720(元)$$

这表示由于毛巾单价提高了 0.50 元,使客房毛巾费用增加了 720 元,占毛巾费用上升的比重为 65%。

其次用实际出租率替代预算出租率,即

$$2 \times 200 \times (68\% - 60\%) \times 4 \times 30 \times \frac{1}{10} = 384(元)$$

$$720 + 384 = 1104(元)$$

这表示由于出租率的提高,客房毛巾费用增加了 384 元,占毛巾费用上升比重的 35%。两个因素共同作用,使毛巾费用增加了 1104 元。将费用上升的因素找出后,还要进一步分析导致这种变化的原因是否都是合理的,对不合理的原因应及时加以改进。

从上面的例子可以看出,因素分析法是将各影响因素逐次替代进去,进而分析各种因素变化对经济指标的影响程度。因此,在分析时必须注意以下几点:

(1) 所确定的影响因素必须是与指标紧密相连的客观因素,不能随意拼凑。上述案例中,客房毛巾的费用是由客房毛巾用量和单价构成的,而与工作人员的多少没有直接关系,因此不能通过工作人员的数量来分析客房毛巾的费用。

(2) 各种因素在进行排序时必须依照它们之间的依存关系排列,也就是按照它们之间的

主从关系排列,将主要的因素排在前面,次要的因素排在后面。因素的排序不能随心所欲、前后颠倒,否则分析出来的结果就失去了科学依据,从而得出错误的结论。

在实际工作中,为简便起见,可以不用全部因素或指标金额进行替代,而是以变化了的因素中的比较数与被比较数的差额来计算出该因素变化的影响。

仍以上例为例,其计算方法如下。

毛巾价格的变化:

$$(2-1.5)\times 200\times 60\% \times 4\times 30\times \frac{1}{10}=720(元)$$

客房出租率的变化:

$$2\times 200\times 60\% \times 4\times 30\times \frac{1}{10}=2880(元)$$

$$2\times 200\times 68\% \times 4\times 30\times \frac{1}{10}=3264(元)$$

$$3264-2880=384(元)$$

用各项变动因素差额计算的结果与前面以实际因素替代预算因素计算的结果是一致的。不同的是这里是用差额计算的,所以人们又把这种方法称为差额连环替代法。

3. 比率分析法

比率分析法是计算有内在联系的两项或多项指标之间的比例关系,据此分析酒店经营活动的质量、结构、水平的一种分析方法。通过比率分析,我们可以研究财务结构的变化及趋势,将同一时期的同一比率与同行业同一比率进行比较,可以找出本酒店的优势和存在的问题,如对酒店进行偿债能力分析、流动性分析、获利能力分析等均属于比率分析。

4. 趋势分析法

趋势分析法是将某项指标以往数年的数据,按顺序排列,分析其发展趋势、变化速度及规律的一种分析方法。这种方法在酒店做财务预算及一些重大投资项目决策时,是非常有帮助的一种分析思路。一般来说,由于趋势变化选择的基期不同,趋势分析可以分为定基分析和环比分析。前者是以一个固定的年份为基期进行对比分析,后者是同一指标都以上一年为基期进行环比分析。

### 三、酒店财务分析工作内容

对酒店财务状况进行分析通常包括偿债性分析、周转性分析、获利性分析。

(一)偿债性分析

负债经营是酒店发展的正常现象,那么负债后能否按期偿还便是酒店需要研究的一个重要问题。负债分短期负债和长期负债,因此偿债性分析也包括短期偿债能力分析和长期偿债能力分析。

1. 短期偿债能力分析

短期偿债能力反映的是酒店近期财务状况是否稳定。如果酒店的短期偿债能力不强,即使经营成果较好,也会由于支付困难而导致酒店破产,因此,对短期偿债能力进行分析是酒店财务分析的重要内容。短期偿债能力分析的主要指标有流动比率和速动比率。

(1)流动比率。

流动比率是酒店的流动资产与流动负债之比,用以衡量酒店偿付即将到期的短期债务的

能力。其计算公式如下:

$$流动比率 = \frac{流动资产}{流动负债} \times 100\%$$

投资者和银行最关心的是酒店短期内清偿债务的能力,因此,流动比率也叫"银行家比率"。对酒店而言,它必须时刻关注流动比率的大小,以防支付困难造成财务危机。

酒店的流动比率一般为 1.5 左右时,就具备偿还短期负债的能力。如果比率过高,则表示酒店流动资金呆滞,影响资金利用效果;如果比率过低,则表示酒店偿债能力较弱,是财务状况不良的危险信号。如果流动资产周转速度很快,随时可用收回的资金偿还负债,即便比率低于 100%,也不会发生无法偿还债务的情况;反之,如果流动负债的周转速度很慢,这时流动比率即使在 2 以上,也会产生周转不灵的现象。

(2) 速动比率。

速动比率也叫酸性试验比率,是酒店的速动资产(即易变现流动资产)与流动负债之比。其计算公式如下:

$$速动比率 = \frac{流动资产 - 存货}{流动负债} \times 100\%$$

$$= \frac{现金 + 短期证券 + 应收收款}{流动负债} \times 100\%$$

不是所有的流动资产都容易转换成现金来偿付债务的,比如存货的流动性就较差,所以去掉存货后用易变现的流动资产来衡量酒店立即偿付流动负债的能力是很重要的。

通常速动比率的标准是 1∶1。该比率太高说明资金有呆滞现象,太低说明立即偿付债务的能力很弱。应注意的是速动比率会随不同行业的特点而变化,同一酒店经营环境不同速动比率也可以不同。如旅游酒店季节性较强,旺季到来的时候,需求量增加,库存量也要增加,对货币资金的需求量大增,就超过了流动负债的近期数额。另外,还要考虑应收账款的变现速度问题及坏账损失问题,从而使速动资产更准确地反映酒店的实际情况。

2. 长期偿债能力分析

长期偿债能力反映的是酒店长期财务状况是否良好。负债经营是酒店餐饮业资金营运的普遍形式,随着负债经营规模的扩大,负债的风险也在加剧。如何控制负债经营风险,保证债务的按期偿还便是酒店所有者及债权人最为关心的问题。而一个酒店的财务结构(指酒店全部资金来源的成分及各成分所占比重)和资本结构(指酒店的中、长期资金来源的成分及各成分所占比重)如何,不仅决定着酒店负债经营的规模,也决定着财务风险。因此,对财务结构及资本结构进行分析便是长期偿债能力分析的核心。

如果一个酒店餐饮业的财务结构比较脆弱,那么它的长期偿债能力必定不强。对于债权人,这可能会成为其不愿继续支持该酒店的理由;对于酒店,它要继续举债筹资也将比较困难,所以酒店必须对自身的长期偿债能力有清楚的了解,才能争取到债权人的支持,使酒店经营活动得以顺利进行。酒店对长期偿债能力进行分析主要有以下几项指标。

(1) 负债比率。

负债比率也称债务比率,是指全部负债与全部资产的比率。其计算公式如下:

$$负债比率 = \frac{负债总额}{资产总额} \times 100\%$$

这一比率反映在总资产中借债所占的比例大小。财务上利用这一比例可以计算理想的资本结构,预测筹资风险的大小。该比率越大,筹资风险就越大,对债权人的保障程度就越低。

(2) 股东权益比率。

它是指股东权益与资产总额之间的比率。其计算公式如下：

$$股东权益比率=\frac{股东权益总额}{资产总额}\times100\%$$

股东权益比率越高，酒店餐饮业所承担的财务风险越小，反之越大。因为股东权益比率和负债比率之和等于1，股东权益比率越低，则负债比率越高，所要承担的财务风险也就越大。

(3) 负债-权益比率。

负债-权益比率又称债务资本比率或债务股权比率，它是指负债总额与股东权益总额之间的比率。其计算公式如下：

$$负债\text{-}权益比率=\frac{负债总额}{股东权益总额}\times100\%$$

酒店资产是由股东和债权人提供的。在资产总额一定的情况下，两者是此消彼长的关系。通过该比率的分析，我们可以看出两者的对比关系，同时它也是衡量酒店债权人不受损失的一个保障程度。如果这个比率超过1，表明债权人提供的资金超过股东提供的资金，这时债权人的保障程度就会降低，风险就会加大。

(4) 利息保障倍数。

利息保障倍数是指酒店息税前利润与利息费用之比。通常情况下该比率要大于1才能举债筹资。其计算公式如下：

$$利息保障倍数=\frac{息税前利润}{利息费用}$$

$$息税前利润=净利润+利息费用+所得税$$

一个酒店的盈利能力对其偿债能力有重要的影响，因此增强偿债能力的关键还是要提高效益，增大现金净流量。除利息保障倍数外，还可通过固定费用补偿倍数、优先股股利的保障倍数等来分析酒店偿债能力。

(二) 周转性分析

酒店餐饮业的资产只有在运动中才能实现增值，运动的快慢对增值的大小起重要的作用。周转性分析主要是对酒店资产在一定时期内的周转速度进行分析对比，从而提高资产的使用效率和管理效率。周转性分析主要包括以下几项指标。

1. 应收账款周转率

应收账款周转率是营业收入额与应收账款平均余额之比，是反映应收账款变现速度快慢的一项指标。其计算公式如下：

$$应收账款周转率=\frac{营业收入额}{应收账款平均余额}\times100\%$$

如果要更精确地计算应收账款周转率，则分子的营业收入额可以改成赊销收入净额进行计算。分母的应收账款平均余额，计算时可用期初数和期末数之和除以2，但酒店经营的季节性有可能使这样计算的结果不能准确地反映全年应收账款占用情况，所以可以改用各月或各季度数据计算应收账款平均余额，这样比较准确。

应收账款周转率实际上是应收账款占用率的倒数。应收账款周转率快，说明应收账款管理良好，变现能力强，它使财务分析中流动比率和速动比率的信用增强，使不产生效益的应收账款方面的占用资金减少。

2. 存货周转率

存货周转率表示一定时期内存货更新次数,用以表示存货周转速度的快慢。其公式如下:

$$存货周转率 = \frac{本期销售成本}{本期平均存货} \times 100\%$$

保持一定量的存货是酒店餐饮业经营活动正常进行所必需的。通常情况下,存货周转率高,表示占用在存货上的资金少,经营利润大。但是存货周转率过高,并不一定是好事,它可能意味着有存货供应不足的风险,一旦发生存货短缺,则不能满足客人的消费需求,将使信誉受到影响,也使酒店失去了获取利润的机会。库存周转率慢,占压资金多,会影响资金使用率。不同酒店存货周转率差别较大,酒店要结合自身经营需要、现金流量状况及物资紧缺情况等确定存货周转率。

3. 固定资产周转率

固定资产周转率是营业收入与固定资产平均占用额之比(净值)。其计算公式如下:

$$固定资产周转率 = \frac{营业收入}{固定资产平均占用额(净值)} \times 100\%$$

其中,

$$固定资产平均占用额 = \frac{期初固定资产总额 + 期末固定资产总额}{2}$$

酒店餐饮业固定资产比例较大,其利用程度如何关系到酒店的盈利,因此要有效地利用固定资产,必须关注固定资产周转率的高低。该指标低则表示酒店未有效地运用它的固定资产,需要进行详细的分析,及时对未充分利用的固定资产做出处理。但要注意,由于计算固定资产周转率用的是净值,那么折旧方法的不同会造成周转率高低不等,对选择加速折旧法的酒店来说,在其他条件不变的情况下,其周转率必然很高。

4. 总资产周转率

总资产周转率是指营业收入与平均资产总额的比率。其计算公式如下:

$$总资产周转率 = \frac{营业收入}{平均资产总额} \times 100\%$$

一般来说,总资产周转率越高,酒店的资产使用得越有效。若该比率有下降趋势,则要进一步分析是否资产占用过多、使用效率不高。若确实如此,则应对不需要的固定资产及时进行处理。

(三)获利性分析

酒店经营的目标是获取利润,只有在存在令人满意的利润时,投资者才会增加投资,债权人才有信心贷款给酒店。获利性分析的指标主要有以下几项。

1. 销售利润率

销售利润率又称边际利润,它是税后净利润与销售收入之比,表示每元销售收入所提供的净利的大小。其计算公式如下:

$$销售利润率 = \frac{税后净利润}{销售收入} \times 100\%$$

2. 资产总额利润率

资产总额利润率是指息税前利润与平均资产总额之比,表示酒店运用全部资产(包括股东资产和债权人资产)的收益率。其计算公式如下:

$$资产总额利润率 = \frac{息税前利润}{平均资产总额} \times 100\%$$

资产总额利润率是衡量资产运用效率的指标,无论是股东资金购置的资产还是借款购置的资产,其功能是一样的,所以计算时没有将利息扣除,由此根据扣除利息后的利润额计算的所得税也不应扣除,因此公式中分子应是息税前利润。但如果酒店只给出简明财务报表,而无法获得利息及税金数据的话,也可以用净利来代替息税前利润。

3. 股东权益收益率

股东权益收益率又称净值收益率或资本收益率,是酒店净利与股东权益平均额之比。其计算公式如下:

$$股东权益收益率 = \frac{净利}{股东权益平均额} \times 100\%$$

股东权益收益率是获利性分析中的一项重要指标,它反映酒店所有者投资获得报酬的高低,在一定程度上反映了酒店追求财务杠杆利益的高低。该指标越高,表示资本运用效果越好,所有者将它与资金成本进行比较,从而可以决定是否继续对酒店进行投资。

4. 成本利润率

它是酒店利润总额与成本费用总额之比。其计算公式如下:

$$成本利润率 = \frac{利润总额}{成本费用总额} \times 100\%$$

成本利润率指标是用来衡量耗费一定量成本费用后所能产出的利润的高低,该指标越高越好。其中,成本费用总额包括所有营业成本、营业费用、管理费用和财务费用,利润总额应是税前利润。

## 第二节 酒店收益管理

一、酒店收入管理

（一）酒店财务收入的分类

酒店财务收入主要来源于委托管理、特许经营、拥有和租赁酒店以提供住宿和其他辅助服务创造的经营性收入,以及房地产投资的非经营性收入。

第一类是基础管理费和激励管理费。这些收入来自委托管理酒店。酒店集团向委托管理酒店提供酒店管理服务,委托管理酒店持有酒店品牌知识产权的许可证。作为回报,酒店集团有权收取基础管理费用,这是酒店收入的一部分,而激励管理费则基于酒店的盈利能力。

第二类是特许经营费。酒店集团向使用酒店品牌的特许经营酒店提供特许和经营者的执照。作为回报,酒店集团有权获得由初始申请和延续执照的特许经营费以及按酒店某些收入的百分比计算的特许权使用费。

除了委托管理和特许经营的酒店,酒店集团还拥有和租赁酒店。酒店赚取的这类直接收入是第三类收入,即酒店为客人提供住宿和其他服务。作为回报,酒店会收取固定的每夜费用和其他服务费用。如前所述,酒店集团拥有酒店,这意味着他们收购或处置酒店物业是一种房地产投资,所以交易损益产生非经营性收入。

第四类是成本报销收入。根据委托管理和特许经营协议,酒店集团有权报销代表受管理、特许经营和持牌物业支付某些费用。费用主要由工资及有关开支组成。

(二)酒店营业收入的日常管理

面对激烈的市场竞争,酒店应做好营业收入的日常管理。一般来说,应包括以下两个方面。

1. 及时办理结算、尽早收回营业收入

酒店营业收入的取得主要有三种方式。

(1)预收,即在提供服务之前,预先收取全部或部分服务费。如酒店在客房预订确认以后,会向客户收取一部分预订金,长住户也往往要在年初支付该年的全部费用。

(2)现收,即在为客人提供服务的同时收取服务费,如在那些总台只负责结算房费的酒店,客人在餐厅、商店的消费即采取现收方式。

(3)事后结算,即在向客人提供服务以后,一次性或定期地进行结算。这种形式常常在单位之间进行,如酒店和旅行社之间常采用事后结算方式。

对于不同的收费方式,营业收入的管理重点是不同的。对于预收服务费的项目,要树立认真执行合同规定的意识,如果酒店单方面不执行预订的服务项目,没有提供相应的服务,就会因此信誉受损,要部分或全部地退回预收款,甚至要对客人进行赔偿,其赔偿费要从营业利润中支付。

对于现金结账的部分,关键是健全内部牵制制度,严格按操作规程去执行和检查。要加强对所有收银点的管理,避免让舞弊行为发生,留下隐患。

至于事后结算的管理制度,不要等积压占款过多时才去控制,要强化事前控制意识。对结算期过长的款项,要采取加强催收力度等措施,降低资金占压的数额。

2. 建立完善的客人财务管理系统

酒店营业收入的取得,一方面来自住店客人,另一方面来自非住店客人,对此应分别建立客人财务管理系统及其操作程序与标准。

(1)住店客人财务管理系统。

住店客人财务管理系统主要包括客人账户的开立、记账核对和结账三方面的内容。客人入住酒店,首先会在服务台办理手续,并填写住宿登记单,由前厅部开出客人账单及其他文件送到有关部门。前台结账处要根据不同结账方式的规定对此进行核对,确认无误后将客人的总账单及有关附件放入相应房号的账单夹内。

将客人住店期间在酒店内各营业部门的消费账单迅速汇集至前台,以防出现跑账、漏收的情况。一般来说,客人可采用现金、支票、信用卡、旅行社凭单、经同意的转账结算单等方式进行结算。要按不同结账方式规定的操作程序进行处理,并将有关凭证分别交给客人或稽核组核对。

每日下班前要编制收款员收入明细表、收款员收入日报表,核对收款员交款袋,并将其投入交款箱内,交于夜间稽核员。

(2) 非住店客人财务管理系统。

非住店客人往往在酒店的餐厅、商店、康乐中心等营业点进行消费。以餐饮消费为例,根据客人点菜要求填写点菜单,并在厨房联上盖上收款员印章,交给服务员,根据财务联在账单上填写日期、桌号、人数、服务员工号、数量及单价等内容,放在账单夹内,客人若加菜,服务员应立即加上新的账单,以防漏收。客人要求结账时,服务员应立即计算出应付款额,并将账单呈送给客人,收下客人的现金并将客联交给客人,然后将现金与账单的财务联交给收款员。收款员下班之前要编制收入明细表、日报表并核对账款。

(三) 酒店定价方法

酒店收入与定价策略(即定价技术)有关,下面以酒店住宿为例说明两种定价方法。

1. 销售比较法

销售比较法在房地产估价中得到广泛应用。从最近出售的"可比品"中选择数据,这些数据必须是公平交易,才能得出"目标"的市场价值。此外,可比较项目主要位于距离核心商业区的一定范围内。找到一组可比对象后,根据特征差异调整可比销售价格。因此,这种评价是所谓的主观过程。

利用销售比较法进行酒店客房定价的步骤:第一步,从最新的以公平市场价格租用的酒店客房中选择可比较的客房。第二步,根据酒店的一些特征来调整同类酒店房间的价值,特征一般包括位置、酒店年限、建筑质量、景观、室内设计、客房大小等。第三步,对可比较酒店客房的价值进行加减,以显示由不同特征引起的可比较酒店客房与被比较酒店客房的市场价值差异。

2. 因子分析法

因子分析是一种数据简化工具,用于从一组相关变量中删除冗余信息。这种方法会分析许多相关的变量,然后得出少量的自变量,即所谓的因子。原始变量预计将聚集到几个组别当中,这些组别可以作为因子进行分析。

因子分析法常被用来调查酒店的顾客忠诚度。基于问卷调查,以了解满意度、信任、会员计划、感知质量和价值。在调查中,每个受访者都应根据评估为各个项目打分。因子分析可以告诉我们哪些因素在影响客户忠诚度方面具有重要作用。

二、酒店税金管理

(一) 酒店税金的种类

税金是酒店按照税法规定向国家缴纳的款项,其实质是国家通过税收的形式参与酒店纯收入的分配。按照财务处理方式的不同,酒店税金可分为以下三类:销售税、计入管理费用的税金、所得税。

1. 销售税

销售税以销售额为计税依据,主要有增值税、消费税、城市维护建设税、教育费附加等。

(1) 增值税。

增值税是对商品生产、流通、劳务服务中多个环节的新增价值或商品的附加值征收的一种流转税。由消费者负担,有增值才征税,没增值不征税。但在实际中,商品新增价值或附加值在生产和流通过程中是很难准确计算的。因此,我国也采用国际上普遍的税款抵扣办法,即根据销售商品或劳务的销售额,按规定的税率计算出销项税额,然后扣除取得该商品或劳务时所支付的增值税款,也就是进项税额,其差额就是增值部分应交的税额,这种计算方法体现了按增值因素计税的原则。其计算公式如下:

$$应纳税额 = 当期销项税额 - 当期进项税额$$

13%的增值税基本税率适用于销售货物、劳务、有形动者租赁服务或者进口货物(除《中华人民共和国增值税暂行条例》第二条第二项、第四项、第五项另有规定外)。9%的税率适用于销售或进口农产品等物质食粮,图书等精神食粮,自来水和煤气等生活能源,饲料等农业生产资料,交通运输服务,邮政服务,建筑服务,基础电信服务,不动产租赁服务,销售不动产,转让土地使用权。6%的税率适用于增值电信服务,金融服务,生活服务,现代服务(租赁服务除外),销售无形资产(转让土地使用权除外)。零税率适用于纳税人出口货物(国务院另有规定的除外),以及境内单位和个人跨境销售国务院规定范围内的服务、无形资产。另外,小规模纳税人增值税征收率为3%,国务院另有规定的除外。

(2) 消费税。

消费税是在对货物普遍征收增值税的基础上,选择少数消费品再征收的一个税种,主要是为了调节产品结构,引导消费方向,保证国家财政收入。

根据国家税务总局2014年和2015年的有关公告,消费税共设置了15个税目,包括:烟,酒,高档化妆品,贵重首饰及珠宝玉石,鞭炮、焰火,成品油,摩托车,小汽车,高尔夫球及球具,高档手表,游艇,木制一次性筷子,实木地板,电池,涂料。消费税的征收采取从价定率、从量定额和复合计税三种方式。其计算公式如下:

$$实行从价定率办法计算的应纳税额 = 销售额 \times 比例税率$$
$$实行从量定额办法计算的应纳税额 = 销售数量 \times 定额税率$$
$$实行复合计税办法计算的应纳税额 = 销售额 \times 比例税率 + 销售数量 \times 定额税率$$

消费税的纳税期限一般为一个月或一个季度,酒店应在期满之日起15日内申报纳税。

(3) 城市维护建设税。

城市维护建设税是以纳税人实际缴纳的增值税、消费税的税额为计税依据所征收的一种税,主要目的是筹集城镇设施建设和维护资金。其计算公式如下:

$$应纳税额 = (增值税 + 消费税) \times 适用税率$$

税率按纳税人所在地区不同实行差别比例税率:市区的税率为7%;县城、镇的税率为5%;不在市区、县城或者镇的税率为1%。

(4) 教育费附加。

教育费附加是以各单位和个人实际缴纳的增值税、消费税的税额为计税依据而征收的一种费用,其目的是加快发展地方教育事业,扩大地方教育经费资金来源。征收比率为3%,与增值税、消费税同时缴纳。其计算公式如下:

$$应纳教育费附加 = (实际缴纳增值税税额 + 实际缴纳消费税税额) \times 征收比率$$

2. 计入管理费用的税金

(1) 房产税。

房产税是以房屋为征税对象,按房屋的计税余值或租金收入为计税依据,向产权所有人征收的一种财产税。房产税的征税对象是房产,纳税义务人是房屋的产权所有人。

房产税的计税依据有两种：一种是依照房产原值一次减除10%～30%后的余值计算缴纳，税率为1.2%；另一种是依照房产租金收入计算缴纳的，税率为12%。但对个人按市场价格出租的居民住房，用于居住的，可暂减按4%的税率征收房产税。

（2）车船税。

车船税是依照法律规定对在中国境内的车辆、船舶，按照规定税目和税额计算征收的一种税。车船税采用定额税率。其计算公式如下：

车船税应纳税额＝年应纳税额÷12×应纳税月份数

车船税税额如表7-1所示。

表7-1 车船税税额

| 税目 | | 计税单位 | 年基准税额 | 备注 |
| --- | --- | --- | --- | --- |
| 乘用车（按发动机气缸容量（排气量）分档） | 1.0升（含）以下的 | 每辆 | 60元至360元 | 核定载客人数9人（含）以下 |
| | 1.0升以上至1.6升（含）的 | | 300元至540元 | |
| | 1.6升以上至2.0升（含）的 | | 360元至660元 | |
| | 2.0升以上至2.5升（含）的 | | 660元至1200元 | |
| | 2.5升以上至3.0升（含）的 | | 1200元至2400元 | |
| | 3.0升以上至4.0升（含）的 | | 2400元至3600元 | |
| | 4.0升以上的 | | 3600元至5400元 | |
| 商用车 | 客车 | 每辆 | 480元至1440元 | 核定载客人数9人以上，包括电车 |
| | 货车 | 整备质量 每吨 | 16元至120元 | 包括半挂牵引车、三轮汽车和低速载货汽车等 |
| 挂车 | | 整备质量 每吨 | 按货车税额的50%计算 | |
| 其他车辆 | 专业作业车 | 整备质量 每吨 | 16元至120元 | 不包括拖拉机 |
| | 轮式专用机械车 | 整备质量 每吨 | 16元至120元 | |
| 摩托车 | | 每辆 | 36元至180元 | |
| 船舶 | 机动船舶 | 净吨位 每吨 | 3元至6元 | 拖船、非机动驳船分别按照机动船舶税额的50%计算 |
| | 游艇 | 艇身长度 每米 | 600元至2000元 | |

（资料来源：《中华人民共和国车船税法》，2018年修正。）

（3）印花税。

以经济活动中签立的各种合同、产权转移书据、营业账簿、权利许可证照等应税凭证文件为对象所课征的税。所有企业都要缴纳印花税，它由纳税人按规定应税的比例和定额自行购买并粘贴印花税票，即完成纳税义务。

印花税税率如表 7-2 所示。

表 7-2 印花税税率

| 税目 | | 税率 | 备注 |
|---|---|---|---|
| 合同（指书面合同） | 借款合同 | 借款金额的万分之零点五 | 指银行业金融机构、经国务院银行业监督管理机构批准设立的其他金融机构与借款人（不包括同业拆借）的借款合同 |
| | 融资租赁合同 | 租金的万分之零点五 | |
| | 买卖合同 | 价款的万分之三 | 指动产买卖合同（不包括个人书立的动产买卖合同） |
| | 承揽合同 | 报酬的万分之三 | |
| | 建设工程合同 | 价款的万分之三 | |
| | 运输合同 | 运输费用的万分之三 | 指货运合同和多式联运合同（不包括管道运输合同） |
| | 技术合同 | 价款、报酬或者使用费的万分之三 | 不包括专利权、专有技术使用权转让书据 |
| | 租赁合同 | 租金的千分之一 | |
| | 保管合同 | 保管费的千分之一 | |
| | 仓储合同 | 仓储费的千分之一 | |
| | 财产保险合同 | 保险费的千分之一 | 不包括再保险合同 |
| 产权转移书据 | 土地使用权出让书据 | 价款的万分之五 | 转让包括买卖（出售）、继承、赠与、互换、分割 |
| | 土地使用权、房屋等建筑物和构筑物所有权转让书据（不包括土地承包经营权和土地经营权转移） | 价款的万分之五 | |
| | 股权转让书据（不包括应缴纳证券交易印花税） | 价款的万分之五 | |
| | 商标专用权、著作权、专利权、专有技术使用权转让书据 | 价款的万分之三 | |
| 营业账簿 | | 实收资本（股本）、资本公积合计金额的万分之二点五 | |
| 证券交易 | | 成交金额的千分之一 | |

（资料来源：《中华人民共和国印花税法》。）

印花税税额的计算公式如下：
$$应纳税额＝计税依据×适用税率$$

3. 所得税

所得税包括企业所得税和个人所得税两种。

（1）企业所得税。

企业所得税是对在我国境内的企业（除外商投资企业和外国企业外）的生产经营所得和其他所得征收的一种税。

2018年12月29日第二次修正的《中华人民共和国企业所得税法》规定：企业所得税的税率为25%，非居民企业的适用税率为20%；符合条件的小型微利企业，减按20%的税率征收企业所得税；国家需要重点扶持的高新技术企业，减按15%的税率征收企业所得税。

企业所得税计算公式如下：
$$应纳税额＝应纳税所得额×适用税率－减免税额－抵免税额$$
$$应纳税所得额＝收入总额－不征税收入－免税收入－各项扣除－允许弥补亏损额$$

其中，减免税额和抵免税额是指依照企业所得税法和国务院的税收优惠规定减征、免征和抵免的应纳税额。不征税收入包括：①财政拨款；②依法收取并纳入财政管理的行政事业性收费、政府性基金；③国务院规定的其他不征税收入。免税收入包括：①国债利息收入；②符合条件的居民企业之间的股息、红利等权益性投资收益；③在中国境内设立机构、场所的非居民企业从居民企业取得与该机构、场所有实际联系的股息、红利等权益性投资收益；④符合条件的非营利组织的收入。

（2）个人所得税。

个人所得税是对个人取得的各项应税所得征收的一种税。2018年8月31日第七次修正的《中华人民共和国个人所得税法》和2019年1月1日起施行的《中华人民共和国个人所得税法实施条例》规定的各项个人所得范围包括：①工资、薪金所得；②劳动报酬所得；③稿酬所得；④特许权使用费所得；⑤经营所得；⑥利息、股息、红利所得；⑦财产租赁所得；⑧财产转让所得；⑨偶然所得。

由于所得不同，使用税率也不同，具体可分为以下内容。

①综合所得，适用3%～45%的超额累进税率（见表7-3）。

②经营所得，适用5%～35%的超额累进税率（见表7-4）。

③利息、股息、红利所得，财产租赁所得，财产转让所得和偶然所得，适用比例税率，税率为20%。

表7-3 个人所得税税率表一（综合所得适用）

| 级数 | 全年应纳税所得额 | 税率 |
| --- | --- | --- |
| 1 | 不超过36000元的 | 3% |
| 2 | 超过36000元至144000元的部分 | 10% |
| 3 | 超过144000元至300000元的部分 | 20% |
| 4 | 超过300000元至420000元的部分 | 25% |
| 5 | 超过420000元至660000元的部分 | 30% |

续表

| 级数 | 全年应纳税所得额 | 税率 |
|---|---|---|
| 6 | 超过660000元至960000元的部分 | 35% |
| 7 | 超过960000元的部分 | 45% |

(资料来源:《中华人民共和国个人所得税法》,2018年修正。)

表7-4 个人所得税税率表二(经营所得适用)

| 级数 | 全年应纳税所得额 | 税率 |
|---|---|---|
| 1 | 不超过30000元的 | 5% |
| 2 | 超过30000元至90000元的部分 | 10% |
| 3 | 超过90000元至300000元的部分 | 20% |
| 4 | 超过300000元至500000元的部分 | 30% |
| 5 | 超过500000元的部分 | 35% |

(资料来源:《中华人民共和国个人所得税法》,2018年修正。)

个人所得税的应纳税所得额的计算如下。

①居民个人的综合所得,以每一纳税年度的收入额减除费用60000元以及专项扣除、专项附加扣除和依法确定的其他扣除后的余额,为应纳税所得额。

②非居民个人的工资、薪金所得,以每月收入额减除费用5000元后的余额为应纳税所得额;劳务报酬所得、稿酬所得、特许权使用费所得,以每次收入额为应纳税所得额。

③经营所得,以每一纳税年度的收入总额减除成本、费用以及损失后的余额,为应纳税所得额。

④财产租赁所得,每次收入不超过4000元的,减除费用800元;4000元以上的,减除20%的费用,其余额为应纳税所得额。

⑤财产转让所得,以转让财产的收入额减除财产原值和合理费用后的余额,为应纳税所得额。

⑥利息、股息、红利所得和偶然所得,以每次收入额为应纳税所得额。

(二)酒店税金的日常管理

酒店税金管理必须遵守税法的相关规定,按时、足额向税务部门申报并及时缴纳,不能偷税漏税,更不能将税金挪作他用,应按照程序做好日常税金的管理工作。

(1)办理税务登记。酒店经工商行政管理部门批准,在取得营业执照后的30日内,应向税务机关办理申报。

(2)申报纳税鉴定。应向税务机关填写纳税鉴定表,经税务机关审核后,确定其适用的税种、税目、税率、纳税环节、计税依据、纳税期限、征收方式等,领取纳税鉴定书。

(3)办理纳税申报。企业要按照规定向税务机关报送纳税申报表、财务会计报表和有关纳税资料。按照纳税机关规定的时间进行纳税申报。

(4)缴纳税金。纳税时间可按日、旬、月预交,最长不得超过30日,按季度或半年结算,年终清缴,多退少补。

(5)主动纳税。企业财会人员应熟悉税法,做好会计基础工作,如实申报和按期缴纳税款。

### 三、酒店利润管理

（一）利润的概念

利润是指企业在一定会计期间的经营成果。利润包括收入减去费用后的净额、直接计入当期利润的利得和损失等。

直接计入当期利润的利得和损失，是指应当计入当期损益、会导致所有者权益发生增减变动的、与所有者投入资本或者向所有者分配利润无关的利得或者损失。

营业利润＝营业收入－营业成本－销售费用－管理费用－财务费用－资产减值损失
　　　　　＋公允价值变动收益（－公允价值变动损失）＋投资收益（－投资损失）

或　　　营业利润＝营业收入－营业成本－销售费用－管理费用－财务费用
　　　　　－资产减值损失－公允价值变动损失－投资损失

其中，营业收入是指企业经营业务所确认的收入总额，包括主营业务收入和其他业务收入。营业成本是指企业经营业务所发生的实际成本总额，包括主营业务成本和其他业务成本。资产减值损失是指企业计提各项资产减值准备所形成的损失。公允价值变动收益（或损失）是指企业交易性金融资产等公允价值变动形成的应计入当期损益的利得（或损失）。投资收益（或损失）是指企业以各种方式对外投资所取得的收益（或发生的损失）。

利润总额＝营业利润＋营业外收支净额
　　　　＝营业利润＋营业外收入－营业外支出

其中，营业外收入是指企业发生的与其日常活动无直接关系的各项利得。营业外支出是指企业发生的与其日常活动无直接关系的各项损失。

净利润＝利润总额－所得税费用

其中，所得税费用是指企业确认的应从当期利润总额中扣除的所得税费用。

（二）酒店利润的日常管理

酒店进行利润管理，提高利润总额，具体可以从以下三方面入手。

1. 增加营业收入，降低成本费用

营业收入包括客房收入、餐饮收入、娱乐收入、商品销售收入、商务中心收入和其他业务收入等。客房部增加营业收入的关键是通过提供优质的服务增强酒店声誉，吸引客户，提高酒店出租率。餐饮部应在提供高质量服务的同时进行准确核算，降低各原材料的消耗。商品部应保证供应链的畅通，降低流通费用及采购成本，提高销售利润。

2. 增加投资收益

投资收益是指酒店对外投资所取得的收益，减去发生的投资损失和计提的投资减值准备后的净额。在市场经济的作用下，投资收益对于利润总额的贡献不可小觑。酒店应不断提高自身对外投资的管理水平，充分利用闲置资金，在保证安全、流动的前提下尽可能提高投资收益率。

3. 增加营业外收支净额

营业外收入和营业外支出，是指酒店发生的与其生产经营活动无直接关系的各项收入和各项支出。营业外收入包括固定资产盘盈、处置固定资产净收益、处置无形资产净收益、罚款净收入等。营业外支出包括固定资产盘亏、处置固定资产净损失、处置无形资产净损失、债务重组损失、计提的无形资产减值准备、计提的固定资产减值准备、计提的在建工程减值准备、罚款支出、捐赠支出、非常损失等。酒店应对营业外收支进行严格管理和控制并分别核算,并在利润表中分列项目反映。营业外收入和营业外支出还应当按照具体收入和支出设置项目明细,进行明细核算。

## 第三节　资本市场中的酒店管理

### 一、酒店的投资管理

#### (一)酒店投资决策的分类

按照不同的分类标准,酒店的投资决策可做如下分类。

1. 以决策的条件分类

(1)确定型决策。在这类决策中,系统状态或环境条件是明确的。确定型决策的问题应具备以下四个条件:一是有一个决策者希望达到的明确目标;二是有两个或两个以上可行的行动方案可供选择;三是只有一个确定的自然状态;四是每个可行方案在确定状态下的损益值可以计算。

(2)风险型决策。在这类决策中,系统状态或环境条件不明确,但可估计出发生各种结果的概率。风险型决策问题应具备以下五个条件:一是决策者达到的目标明确;二是有两个或两个以上可行的方案可供选择;三是存在着两个或两个以上的不以决策者意志为转移的自然状态;四是不同的行动方案在不同的自然状态下的损益值可以计算;五是在几种自然状态下,每种自然状态出现的可能性可以估计,但决策者无法肯定未来究竟出现哪种状态。

(3)不确定型决策。在这类决策中,系统状态或环境条件是不明确的。不确定型决策应具备的条件除了状态出现的可能性无法估计,其他条件与风险型决策的条件相同。

2. 以决策的模型分类

(1)结构型决策。所涉及的问题能够用一元函数的数学模型来表示,且在约束条件下有最优解。

(2)非结构型决策。所要解决的问题无法全部满足结构型决策基本条件。

(3)边际型决策。所要解决的问题具有多元目标,但可归纳为一元函数的数学模型来解决。

3. 以决策的规律性分类

(1)常规类型决策。这类决策一般都有章可循,并且有一定的决策程序,如库存决策、销售计划等一些经常出现的决策。

(2)非常规类型决策。这类决策没有一定的章法和决策程序,属于那些不经常出现的决策,但往往比较重要。这类决策在很大程度上需要决策者利用经验来解决问题。

#### (二)酒店投资决策的主要方法

1. 确定型决策方法

确定型决策具备四个条件,它的自然状态是一种既定情况。因此,它的决策问题是在已知未来可能发生的情况的条件下选择较优的决策方案问题。针对这种情况,决策者只需对各种方案所产生的不同效益加以比较,就可选出较优的决策方案。

## 2. 风险型决策方法

风险型决策就是根据事件在几种不同自然状态下可能发生的概率进行决策。因为风险型决策系统状态或环境条件不明确，所以对未来可能发生的结果只能进行概率估计。概率是衡量一个事件出现的可能性。由于在决策中引入了概率的概念，在依据不同概率所拟订的各种决策方案中，不论选择哪种方案，都要承担一定的风险。

（1）风险型决策标准。

从上述决策分类中可知，风险型决策具备五个条件，由于风险型决策在所具备的条件中存在不同自然状态下不可控制的因素，所以统一决策方案可能会出现几种不同的结果。并且，由于风险型决策中存在自然状态的不确定性，决策者对各种自然状态的概率及其损益情况只能进行大致的估计。因此，风险型决策便存在一个选择决策方案的标准问题。选择风险型决策方案有很多标准，应用较为普遍的标准是采用最优损益期望值标准，简称损益期望值标准。损益期望值标准就是根据不同自然状态下的概率，计算出各种方案的期望值，并以此为标准，选择受益最大的或损失最小的决策方案为最佳决策方案。因此，在具体应用中，又可分为最大期望收益值标准和最小期望损失值标准。

（2）风险型决策分析方法。

以损益期望值为标准，根据各种不同的自然状态和所计算的各种数据分析，风险型决策分析方法主要有决策表分析法、决策树分析法和矩阵分析法。

①决策表分析法。该分析法即运用统计分析，通过有关表格计算出各种方案的损益期望值，然后经过比较，按照最大期望收益值标准或最小期望损失值标准来选择最佳决策的方法。

实际上，最大可能准则分析法是将两个或两个以上的自然状态的风险型决策简化为一个自然状态的确定型决策问题来进行决策的，运用最大可能准则分析法的最大的特点是比较简单和稳定。但应提醒注意的是，最大可能准则分析法只适用于在若干自然状态中，某个状态出现的概率比其他状态出现的概率大，并且在该状态下，各方案的收益值或损失值差别不太大的情况。若自然状态概率都很小且相差不大（即失去可能性大的这一优势），采用最大可能准则分析法进行决策的效果就会不好，甚至会产生错误。

②决策树分析法。该分析法因运用树状图形分析和选择决策方案而得名，它是一种以图解为辅助进行风险型决策的方法。

决策树图形是对某个决策问题的分析和计量过程在图上的反映。决策树图形的内容包括决策点、方案分枝、状态节点、概率分枝和结果点。

采用决策树进行决策有许多优点：一是，它构成一个简单的决策过程，使决策者可以按顺序有步骤地进行决策分析；二是，决策树以其直观的图解，使决策者清晰地了解事态发展中可能出现的自然状态、其可能性大小、各种自然状态的风险结果以及可以互相代替的方案，从而有助于决策者进行科学的分析、思考与决策；三是，在画出决策树图形后，便于集体讨论和共同分析，有利于权衡利弊，做出决策。

③矩阵分析法。该分析法通过矩阵形式分析来选择最优方案。它适用于处理分析数据很多、计算不便的风险型决策问题。

## 3. 不确定型决策方法

不确定型决策问题是对未来各种自然状态可能出现的概率无法进行预测和估计的决策问题，因此，不确定型决策在很大程度上取决于决策者的主观判断。针对不确定型决策问题，不同的决策者会运用不同的决策标准来进行决策分析，下面是常用的几种分析方法（决策标准）。

(1) 最大最小收益值分析法(小中取大标准法)。

最大最小收益值分析法是计算出各方案在各种自然状态下最小收益值的基础上,以最大最小收益值为标准,从这些最小收益值方案中选择其中受益值最大的一个方案作为决策方案的一种方法。这种方法,实际上是把最小收益的自然状态假定为必然出现的自然状态,并在这几个最小收益的自然状态下寻找最大值,以确定最佳方案的方法,因此又称为小中取大标准法,这种方法的主导思想是对客观情况持悲观态度,认为事情的结果总是向着不利的方向发展。既然万事都不如意,为保险起见,决策时只求在最坏的情况下找一个结果较好的方案,这是一种保守的分析方法。因此,有时此方法也被称为悲观准则法。

(2) 大中取大标准法。

大中取大标准法与最大最小收益值分析法正好相反。它是从各个自然状态下最大收益值中选择收益最大的一个方案的一种方法。这种方法实际上是一种好中取好的方法,其主导思想是对客观情况持乐观态度,所以有时此方法也称为乐观准则法。

(3) 最小最大后悔值分析法(大中取小标准法)。

最小最大后悔值分析法是计算出在某种自然状态下,由于未采用最佳方案造成的最大后悔值,再经过比较,从各方案的最大后悔值中选出一个后悔值最小的方案作为选择最佳决策方案的一种方法。这种方法的主导思想是根据决策时所选择方案在实施中未能符合实际情况而产生后悔的假设,以后悔值最小的方案为最佳方案,避免将来后悔。

(4) 折中分析法。

折中分析法实际上是一种指数平均方法,是介于最小收益值和最大收益值之间的一种选择方法。此方法采用折中系数(用 $a$ 表示),计算出最大收益值和最小收益值之间的折中收益值,然后选择最大的折中收益值为最佳决策方案。

折中收益值的计算公式如下:
$$折中收益值 = a \times 最大收益值 + (1-a) \times 最小收益值$$

其中,折中系数 $a$ 的值为 $0 \leqslant a \leqslant 1$。当 $a=0$ 时,为保守标准;当 $a=1$ 时,为冒进标准。$a$ 的取值没有理论标准,是由决策者经过对历史资料的分析或根据个人经验和认识加以判定的。

上述介绍的四种分析方法所得到的决策结论不完全相同,是由于评选标准不同所致。最大最小收益值分析法,其指导思想为选择何种方案可取得最低限度收益值,属于悲观的标准。大中取大标准法,其指导思想为选择何种方案可使收益值最大,属于乐观的标准。最小最大后悔值分析法,其指导思想为选择何种方案可使最大后悔值最小。折中分析法则在最大收益值与最小收益值之间选择。因此,对于同一个决策问题,不同的评选标准会得出不同的结论。实践中,对于不确定型的决策问题,人们在理论上还未能证明哪种标准是最合理的。因此,究竟运用哪种分析方法,采用何种评选标准为好,完全取决于决策者对待风险的态度和魄力。

根据国外经验,决策过程中最好采用各种标准进行计算比较,综合分析,将其中被确认为最佳方案次数最多的方案作为最佳决策方案。

(三) 酒店投资决策的准则及步骤

1. 准则

现代酒店的经营决策适宜将美国管理学家西蒙创立的现代决策理论作为决策的理论准则。现代决策理论的主要论点如下。

(1) 决策是管理的核心与基础,是事关企业和全局的事。任何人,无论身居何职,在工作中都要遇到决策问题。

(2) 合理的决策不一定是最优的决策。决策的效果应从经济、社会、心理三个方面来进行综合评价,有限合理性原则是决策的标准。

(3) 影响决策的因素是多方面的。决策者的情绪、需要、思想、性格、学识及联想力都是不可忽视的因素。

(4) 企业经营管理的活动可划分为常规化和非常规化两类。前者是可以程序化的,是不必经过决策过程选择的活动,后者则是不可程序化的。因此,非常规化的经营管理活动是决策的主要对象。

(5) 涉及创新的决策过程应先确定总目标,通过手段-目的分析,找出完成总目标的手段和措施,然后将这些手段和措施当作新的次级目标,再寻找一种更详细的完成方法。

2. 步骤

按照现代决策理论,决策的全过程如图 7-1 所示。

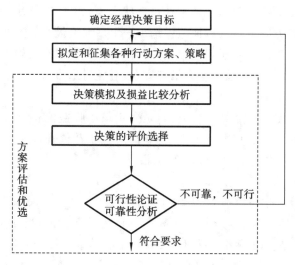

图 7-1 决策的全过程

一般来说,决策的全过程应包括以下三个步骤。

(1) 确定经营决策目标。决策的目的是达到一定的经营目标,制定明确的决策目标才能使做出的决策将经营管理引向预定的目标。决策理论注重于定量分析与定性分析相结合,因此,确定目标应力求做到定量化。例如,某项新的酒店产品的投资获利指数、回收年限等。确定决策目标时应注意到目标实现的可能性,必须将目标建立在确实有可能实现的基础上。目标确定后要有一定的稳定性和持久性,不能因个别原因更换或放弃。

(2) 拟订和征集各种行动方案、策略。拟订行动方案是进行科学决策的关键和基础工作。酒店经营决策所要解决的问题客观上都存在着多种途径和方法,所以应拟订几种可行的行动方案以供选择,没有选择的方案就不存在决策问题。行动方案的拟订应充分鼓励酒店各级管理人员和全体员工参加,应向全体员工征求方案,以便从众多的方案和想法中概括提炼出若干个可供选择的方案。拟订方案时,应注意考虑各种可能存在的、对方案有影响的因素,并对这些因素进行定量分析,使之量化、具体化。

(3) 方案评估和优选。方案的评估是对所拟订的"方案内容""实施条件"以及"效率和问题"进行分析论证,衡量利弊,为选择最优方案提供各种定量数据。

## 二、酒店的筹资管理

### (一)酒店筹资的方式

酒店筹资的方式很多,但概括起来分为两大类。一类是接受投资者投入的资金及酒店内部积累资金,即酒店自有资金;另一类是向债权人借入的资金,即酒店负债筹资。

#### 1. 酒店自有资金

酒店自有资金主要由酒店投资者投入的资本金和企业经营积累所形成的资金构成,它包括资本金、资本公积金和留存收益三部分内容。

资本金是酒店在工商行政管理部门登记的注册资金,是企业实际收到投资者投入的资金。它是所有者权益最基本的构成部分。资本金主要是通过发行股票或集资的方式来筹集的。酒店资本金按其投资的主体不同,可分为国家资本金、法人资本金、个人资本金和外商资本金等。酒店资本金可由投资者以各种形式的资产来进行投资,它主要包括现金、实物等有形资产和无形资产等。

资本公积金,同样也是酒店所有者权益的一部分,这是一种资本储备形式,主要包括资本溢价、法定财产重估增值、资本折算差额和接受捐赠四个方面。它是酒店资金来源的重要途径。

留存收益是指酒店经营所得利润的内部积累,是从税后净利润中提取而形成的。它主要包括盈余公积金、公益金和未分配利润。

#### 2. 酒店负债筹资

负债筹资是酒店企业主要的筹资形式之一。酒店在经营发展过程中,资本筹资的有限性、企业经营规模的扩大及负债筹资的高资本收益率都说明企业经营过程中负债筹资的必要性。以下主要从银行借款、发行债券、融资租赁、商业信用等筹资形式,介绍酒店负债筹资的内容。

银行借款是指酒店根据借款协议或合同向银行或其他金融机构借入的资金款项。按期限长短,银行借款可分为短期借款和长期借款两类。期限在一年以上的各种借款为长期借款,它主要用于酒店长期资产投资和永久性流动资产需要;期限在一年以内的各种借款就是短期借款,它主要用于解决酒店企业暂时的现金需要。目前,我国中外合资酒店企业这部分借款占到流动资金平均需求的70%左右。

发行债券是指酒店企业为筹集资金而发行的,约期还本付息的借贷关系的有价证券。按照偿还期的不同,债券可分为短期债券、中期债券和长期债券。其中,长期债券期限一般在十年以上。尽管发行债券,可以解决企业在一定时期内对资金的需要,但这种方式缺乏灵活性,定时付息,到期还本,势必给酒店造成很大的财务压力,严重影响酒店的经营与发展,甚至危及酒店的生存,致使企业破产。所以在采用这种方式筹集资金时,经营者一定要认真考虑酒店的实际能力,避免陷入债务危机。

融资租赁是一种新兴的信贷方式。它是出租人以收取租金为条件,在契约或合同规定的期限内,将资产租给承租人使用的一种经济行为。它主要涉及出租人、承租人、租金、租赁资产四个基本要素。租赁的形式有融资租赁、营业租赁、服务租赁等,其中融资租赁是最为常见的形式。当酒店需购买大型设备而又缺乏足够的资金时,可以向租赁公司租用该设备,通过融物来达到融资的目的。虽然,融资租赁最为常用,但经营者仍需认真考虑,科学分析比较,合理选择适合酒店今后发展的筹资方式。

商业信用是一种从供应商处以应付货款和应付票据的方式筹集资金的方法。从筹资角度来看,商业信用的偿还压力和风险较大,但成本低,有时甚至无成本。其主要形式有应付账款、应付票据、预收货款等。

(二) 资本成本

在市场经济条件下,酒店筹集和使用资金,都要付出代价。资本成本就是酒店为筹集和使用资金而付出的代价,它主要由筹资费用和使用费用两部分构成。前者是指在筹资过程中为获得资本而付出的费用,如手续费、发行费等;后者是指酒店在经营过程中因使用资金而支付的费用,如股利、利息、债息等。资本成本既可以用绝对数表示,又可以用相对数表示。一般情况下,资本成本都是用相对数来表示的。其计算公式如下:

$$K = \frac{D}{P(1-F)} \times 100\% \quad 或 \quad K = \frac{D}{P-J} \times 100\%$$

其中:$K$ 为资本成本;$D$ 为使用费用;$P$ 为筹资总额;$J$ 为筹资费用;$F$ 为筹资费用率。此外,资本成本还可以按其筹资的方式不同,分别确定不同的资本成本。

## 第四节 基于 Cesim 软件的模拟管理方法

一、Cesim 模拟平台介绍

(一) 首页

Cesim 平台首页如图 7-2 所示。

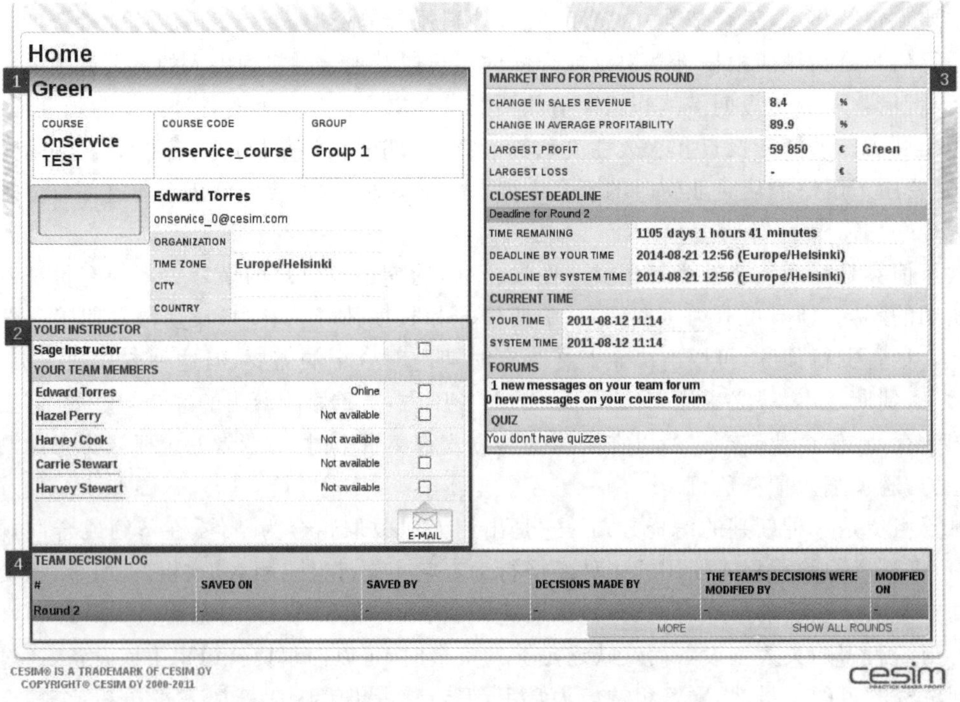

图 7-2 Cesim 平台首页

（1）用户信息。

（2）邮件功能。用户可以轻松地通过邮件联系到小组成员和指导教师，通过便捷的复选框来选择想要联系的人。

（3）在面板顶部，用户可以看到上个回合的重要指标。在它下面，用户可以找到关于回合截止时间的信息、论坛的消息以及测验的信息。

（4）小组决策日志。用户可以在这里看到小组成员的决策保存的情况。请留意面板底部的“SHOW ALL ROUNDS”和“MORE”按钮。默认条件下，用户只能看到当前回合的最近的决策保存情况。点击这两个按钮可以将面板扩展到显示所有回合以及每一回合每次的决策保存。同时要注意的是，在小组决策区域做出的决策不会在日志中显示更多细节，只会显示小组决策修改者。

（二）决策列表

Cesim 模拟提供给用户一个创新型的决策制定区域，在这里小组成员可以很好地控制整个决策制定的流程。决策列表分为两个部分：每个学生自己的个人决策区域和小组决策区域。请注意，每回合到了截止时间以后，回合的结果只会根据小组决策区域的决策来计算。在每回合的模拟进程中，用户可以在决策列表找到已修改决策的高亮的单元格。

Cesim 平台决策列表页面如图 7-3 所示。



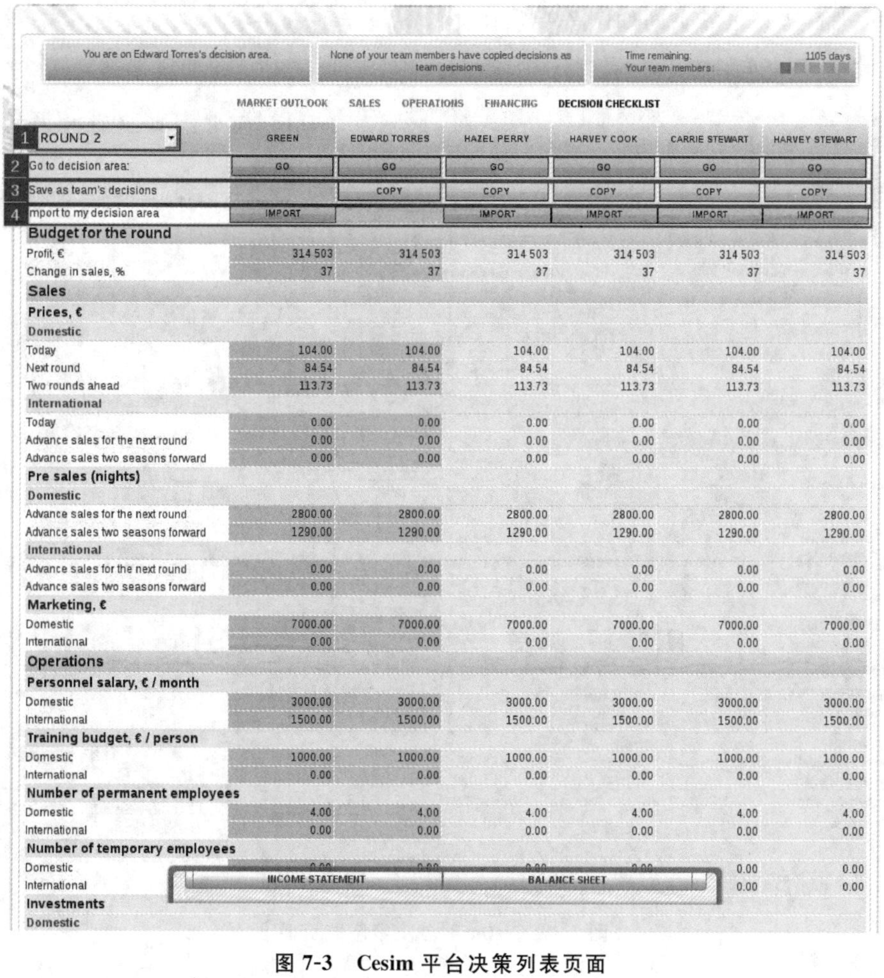


| 1 ROUND 2 | GREEN | EDWARD TORRES | HAZEL PERRY | HARVEY COOK | CARRIE STEWART | HARVEY STEWART |
|---|---|---|---|---|---|---|
| 2 Go to decision area: | GO | GO | GO | GO | GO | GO |
| 3 Save as team's decisions | | COPY | COPY | COPY | COPY | COPY |
| 4 Import to my decision area | IMPORT | | IMPORT | IMPORT | IMPORT | IMPORT |
| **Budget for the round** | | | | | | |
| Profit, € | 314 503 | 314 503 | 314 503 | 314 503 | 314 503 | 314 503 |
| Change in sales, % | 37 | 37 | 37 | 37 | 37 | 37 |
| **Sales** | | | | | | |
| **Prices, €** | | | | | | |
| **Domestic** | | | | | | |
| Today | 104.00 | 104.00 | 104.00 | 104.00 | 104.00 | 104.00 |
| Next round | 84.54 | 84.54 | 84.54 | 84.54 | 84.54 | 84.54 |
| Two rounds ahead | 113.73 | 113.73 | 113.73 | 113.73 | 113.73 | 113.73 |
| **International** | | | | | | |
| Today | 0.00 | 0.00 | 0.00 | 0.00 | 0.00 | 0.00 |
| Advance sales for the next round | 0.00 | 0.00 | 0.00 | 0.00 | 0.00 | 0.00 |
| Advance sales two seasons forward | 0.00 | 0.00 | 0.00 | 0.00 | 0.00 | 0.00 |
| **Pre sales (nights)** | | | | | | |
| **Domestic** | | | | | | |
| Advance sales for the next round | 2800.00 | 2800.00 | 2800.00 | 2800.00 | 2800.00 | 2800.00 |
| Advance sales two seasons forward | 1290.00 | 1290.00 | 1290.00 | 1290.00 | 1290.00 | 1290.00 |
| **International** | | | | | | |
| Advance sales for the next round | 0.00 | 0.00 | 0.00 | 0.00 | 0.00 | 0.00 |
| Advance sales two seasons forward | 0.00 | 0.00 | 0.00 | 0.00 | 0.00 | 0.00 |
| **Marketing, €** | | | | | | |
| Domestic | 7000.00 | 7000.00 | 7000.00 | 7000.00 | 7000.00 | 7000.00 |
| International | 0.00 | 0.00 | 0.00 | 0.00 | 0.00 | 0.00 |
| **Operations** | | | | | | |
| **Personnel salary, € / month** | | | | | | |
| Domestic | 3000.00 | 3000.00 | 3000.00 | 3000.00 | 3000.00 | 3000.00 |
| International | 1500.00 | 1500.00 | 1500.00 | 1500.00 | 1500.00 | 1500.00 |
| **Training budget, € / person** | | | | | | |
| Domestic | 1000.00 | 1000.00 | 1000.00 | 1000.00 | 1000.00 | 1000.00 |
| International | 0.00 | 0.00 | 0.00 | 0.00 | 0.00 | 0.00 |
| **Number of permanent employees** | | | | | | |
| Domestic | 4.00 | 4.00 | 4.00 | 4.00 | 4.00 | 4.00 |
| International | 0.00 | 0.00 | 0.00 | 0.00 | 0.00 | 0.00 |
| **Number of temporary employees** | | | | | | |
| Domestic | | | | | 0.00 | 0.00 |
| International | | | | | 0.00 | 0.00 |
| **Investments** | | | | | | |
| **Domestic** | | | | | | |

图 7-3　Cesim 平台决策列表页面

（1）用户可以展开下拉列表选择其想要查看的回合。用户可以通过选择先前的回合来查看之前各回合的决策，但是不能修改。

（2）"GO"按钮允许用户进入小组决策区域或者进入组员的个人决策的区域。请注意，用户所做的修改将会被保存在进入的决策区域。任何在小组决策区域的直接修改都将在回合结束后直接作为最终决策参与结果的计算。

（3）"COPY"按钮会将一个小组成员的决策复制为小组决策。一旦复制成功，以前的小组决策将不能找回。在回合结束前，用户可以任意将个人决策复制到小组决策。请注意，如果直接在小组决策区域做决策，则不需要任何额外的步骤，决策将直接参与回合结束后的结果计算。

（4）"IMPORT"按钮可以将小组或者其他组员的决策导入自己的决策区域。一旦导入，原先的决策将无法恢复。被导入的组员的决策将不会有任何变化。

（5）本回合预算显示了根据当前决策的预计利润以及与前一个可比较回合相比的销售额变化。

（三）决策区域

决策区域基于不同分类被分为若干个主题（如需求、生产等）。可根据决策制定指南来决定从哪里开始用户的决策制定以及决策制定的顺序。此外，有一些区域需要事先填写，因为它们会影响到一些计算结果以及预计值。

Cesim 平台决策区域页面如图 7-4 所示。

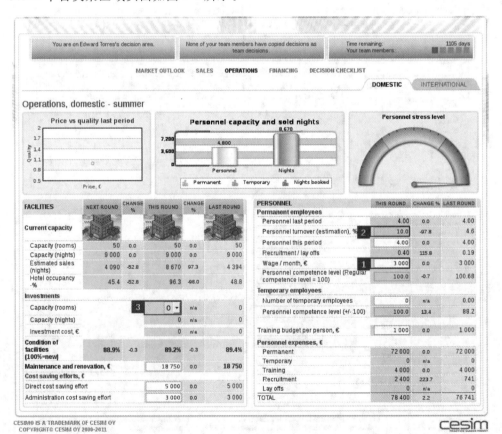

图 7-4　Cesim 平台决策区域页面

实际的决策需要输入各自的指定区域。一般而言,指定区域有三种类型。

(1) 在白色的单元格里,用户可以输入自己的决策。

(2) 在高亮的单元格里,用户可以估计其销售量、员工流失率等。这些估计值将会作为系统给出的预算的基础。

(3) 下拉列表则常被用于输入一些需要具体选项的特定的决策。

当用户做出决策时,系统会自动更新预算。

用户需要注意模拟中的两个决策区域。第一个是个人决策区域。每个小组成员都有自己的决策区域,他们可以任意修改自己的决策并查看预算结果。每个人登录后会默认进入自己的决策区域。在个人决策区域做出满意的决策后,可以通过"COPY"按钮把决策复制到第二个决策区域——小组决策区域中。一旦复制成功,这一系列决策将会被用来计算回合的结果。

此外,决策可以直接在小组决策区域制定。一个小组成员可以在决策列表里通过"GO"按钮进入小组决策区域。小组决策区域中任何决策的修改都会被自动保存,一旦修改,将会被用于之后的回合结果计算中。请注意,如果一个小组成员的决策被保存覆盖了之前直接在小组区域做出的决策,这些决策将不能恢复,除非在复制之前有其他的小组成员将小组决策导入个人区域。

一旦回合结束,软件将根据小组决策区域里的决策自动开始计算本回合的结果。如果决策没有直接在小组区域做出,在回合结束前请再次确认个人决策是否被保存为小组决策。

(四) 结果

Cesim 平台结果页面如图 7-5 所示。

正如前面所提到的,回合结果在回合结束后会立刻根据小组决策计算得出。软件允许用户在任何时间通过选择结果页的下拉列表查看过往回合的结果,包括练习回合。同时用户还可以使用一些特殊的功能,比如可下载的 Excel 版本的回合结果以及一些重要指标的幻灯片。具体操作如下。

(1) 下拉团队列表可以让用户选择当前课程中的任何团队。

(2) 下拉回合列表可以让用户选择想要查看的回合结果。

(3) 点击"Down load"按钮可以下载一个在 Excel 文档中显示的所选回合结果。

(4) 点击"Slides"按钮可以查看当前回合一些重要指标的幻灯片。

(5) 点击"Printable"按钮可以打印回合结果。

(五) 日程表

在日程表页面(见图 7-6),用户可以看到一个课程的回合列表,包含了每一回合的截止时间。为了避免用户的电脑时间和课程设置的系统时间不符,这个页面把用户的电脑时间和课程设置的系统时间都显示了出来。

模拟通常在开始的阶段会有练习回合。而练习回合的结果对之后实际回合的结果并没有任何影响,仅用于练习。一旦练习回合结束,软件将会重新被设置回初始的市场情况。

(六) 小组区域

在小组区域(见图 7-7),用户可以看到课程中所有团队或小组的成员的信息。用户可以编辑小组信息,例如,小组名称、口号以及小组介绍。

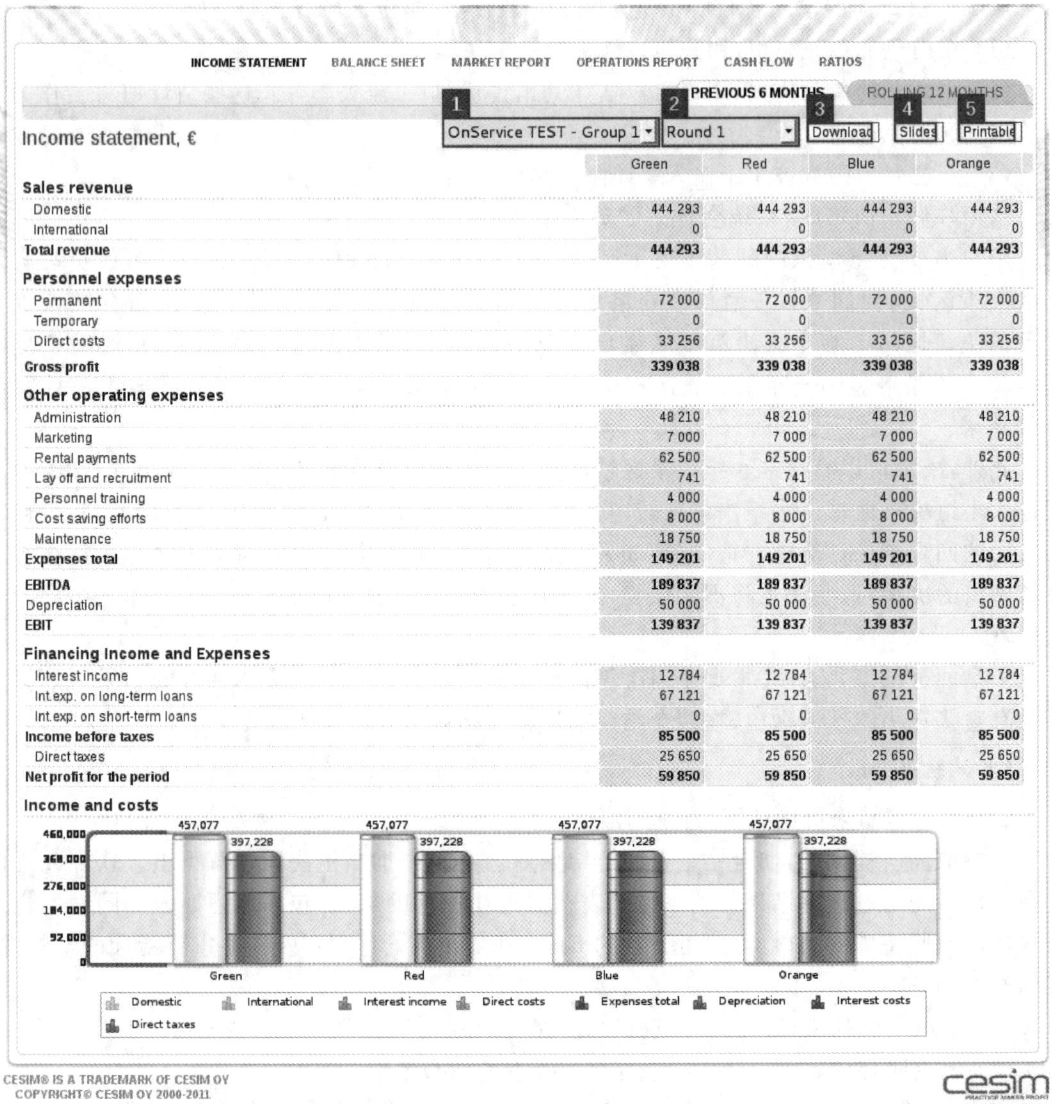
INCOME STATEMENT　BALANCE SHEET　MARKET REPORT　OPERATIONS REPORT　CASH FLOW　RATIOS

PREVIOUS 6 MONTHS　ROLLING 12 MONTHS

Income statement, €

1 OnService TEST - Group 1　2 Round 1　3 Download　4 Slides　5 Printable

| | Green | Red | Blue | Orange |
|---|---|---|---|---|
| **Sales revenue** | | | | |
| Domestic | 444 293 | 444 293 | 444 293 | 444 293 |
| International | 0 | 0 | 0 | 0 |
| **Total revenue** | **444 293** | **444 293** | **444 293** | **444 293** |
| **Personnel expenses** | | | | |
| Permanent | 72 000 | 72 000 | 72 000 | 72 000 |
| Temporary | 0 | 0 | 0 | 0 |
| Direct costs | 33 256 | 33 256 | 33 256 | 33 256 |
| **Gross profit** | **339 038** | **339 038** | **339 038** | **339 038** |
| **Other operating expenses** | | | | |
| Administration | 48 210 | 48 210 | 48 210 | 48 210 |
| Marketing | 7 000 | 7 000 | 7 000 | 7 000 |
| Rental payments | 62 500 | 62 500 | 62 500 | 62 500 |
| Lay off and recruitment | 741 | 741 | 741 | 741 |
| Personnel training | 4 000 | 4 000 | 4 000 | 4 000 |
| Cost saving efforts | 8 000 | 8 000 | 8 000 | 8 000 |
| Maintenance | 18 750 | 18 750 | 18 750 | 18 750 |
| **Expenses total** | **149 201** | **149 201** | **149 201** | **149 201** |
| **EBITDA** | **189 837** | **189 837** | **189 837** | **189 837** |
| Depreciation | 50 000 | 50 000 | 50 000 | 50 000 |
| **EBIT** | **139 837** | **139 837** | **139 837** | **139 837** |
| **Financing Income and Expenses** | | | | |
| Interest income | 12 784 | 12 784 | 12 784 | 12 784 |
| Int.exp. on long-term loans | 67 121 | 67 121 | 67 121 | 67 121 |
| Int.exp. on short-term loans | 0 | 0 | 0 | 0 |
| **Income before taxes** | **85 500** | **85 500** | **85 500** | **85 500** |
| Direct taxes | 25 650 | 25 650 | 25 650 | 25 650 |
| **Net profit for the period** | **59 850** | **59 850** | **59 850** | **59 850** |



图 7-5　Cesim 平台结果页面

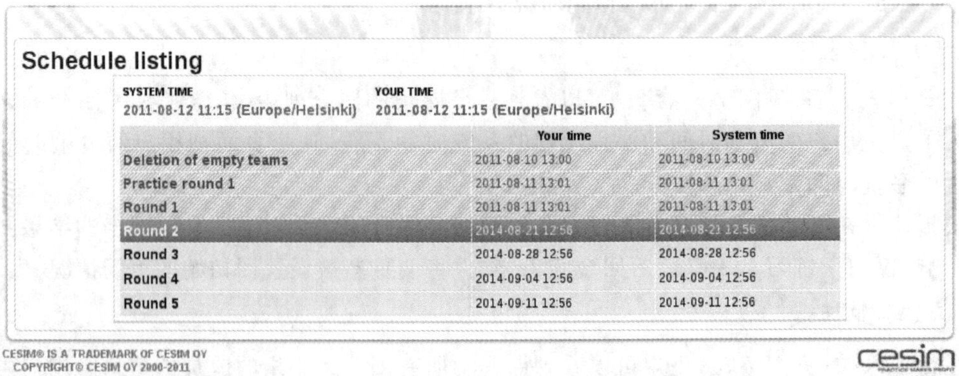
Schedule listing

SYSTEM TIME 2011-08-12 11:15 (Europe/Helsinki)　YOUR TIME 2011-08-12 11:15 (Europe/Helsinki)

| | Your time | System time |
|---|---|---|
| Deletion of empty teams | 2011-08-10 13:00 | 2011-08-10 13:00 |
| Practice round 1 | 2011-08-11 13:01 | 2011-08-11 13:01 |
| Round 1 | 2011-08-11 13:01 | 2011-08-11 13:01 |
| Round 2 | 2014-08-21 12:56 | 2014-08-21 12:56 |
| Round 3 | 2014-08-28 12:56 | 2014-08-28 12:56 |
| Round 4 | 2014-09-04 12:56 | 2014-09-04 12:56 |
| Round 5 | 2014-09-11 12:56 | 2014-09-11 12:56 |



图 7-6　Cesim 平台日程表页面

图 7-7　Cesim 平台小组区域页面

当其他小组未满员且现在处于第一个回合（如有练习回合，则是第一个练习回合）截止时间之前时，在小组区域页面未满员的小组名字下方会出现加入小组的选项。用户可以点击加入相应小组。在第一个回合结束后，如果用户想调到其他小组，则需向指导教师申请，此时只有指导教师有权限进行组员调配。

（七）阅读资料

Cesim 平台阅读资料页面如图 7-8 所示。

图 7-8　Cesim 平台阅读资料页面

此页面包括了学习和使用此软件所需的资料。一般而言，阅读材料里包括了决策制定指南和案例描述。指导教师也可以上传与自定义案例相关的材料到此页面。

决策制定指南会告诉用户模拟的基础知识，比如用户界面的功能，如何制定决策，做决策时应该考虑的问题以及每回合进行决策的一般顺序。

案例描述提供了关于在课程中使用的商业案例的信息，包括了行业形势的总体理解、行业趋势、未来挑战等。特定的案例相关参数也在案例描述中给出。

另外，有些模拟还提供视频教程可供参考。

扩充视频　实操1：市场前景与前台模块

扩充视频　实操2：餐饮模块与其他模块

## （八）论坛

Cesim 平台论坛页面如图 7-9 所示。

图 7-9　Cesim 平台论坛页面

论坛是一个当用户无法与指导教师和同学面对面交流时的绝佳的沟通途径。比起使用电子邮件，使用论坛的好处在于每个人都可以看到论坛里的讨论并提出自己的见解。

论坛分为小组论坛和课程论坛。从名称就可以看出，小组论坛里只有同小组的成员可以看到组员发出的帖子并进行回复。而课程论坛则是对课程中所有人都开放的，无论用户属于哪个小组。

指导教师可以阅读并回复论坛里所有的帖子。课程论坛的里的帖子所有人可见，在论坛发帖提问可以使所有人受益，减少老师"一对一"答复产生的工作量；小组论坛是组内成员发表非公开想法、记录小组内部决定的理想场所，组员可以随时随地查阅之前的信息记录以帮助决策。

如果设置了邮件通知,那么当小组论坛有新的帖子时,用户将会收到邮件的提醒。

## 二、酒店模拟

### (一)概要

本模拟是一个酒店经营的游戏,包括了酒店的餐厅管理。它是按照回合制进行的,每回合的时间是两周,一般建议运行4~12回合。每回合需要做一定数量的决策,并且在决策截止时间过后,系统会计算出每回合每个小组的结果。

模拟的获胜条件应该阐述清楚,除非指导教师另有选择,否则获胜条件就是将所进行回合的累计收益最大化。

### (二)模拟流程

模拟按照回合进行。每回合里用户将主要制定基于两星期的区间的决策(用户可以在截止时间前任意修改其决策),然后模拟在截止时间过后自动计算出回合的结果。结果里的数据可以对用户下一回合的决策制定提供参考。

部分决策(比如员工安排和客房定价)时间是分工作日和周末制定的。此处工作日指的是周一到周四,周末则是周五到周日。

### (三)酒店运营

酒店运营以客房为中心,包括相互关联的不同分类中的流程,不同的部门区分可以从在线模拟的菜单中找到,具体如下。

1. 前台

前台:客房预订、登记入住和办理退房。决策包括客房定价、促销决策、前台员工安排和经理的工作重点。

2. 相关设施

(1)保洁:打扫整理客房、公共区域和酒店的外部区域。决策包括总体的保洁目标,选择保洁的优先区域,与外包公司合作来补充自有的保洁员工(注意:保洁外包公司使用临时员工)。

(2)维修:日常维护,常规技术维护和小型维护项目管理。决策包括选择维护区域和决定维修经理的关注区域。

3. 办公室

(1)HR(人力资源):招聘、培训和薪酬决策。

(2)采购:采购管理和采购活动。

(3)财务计划:根据运营决策的变化和价格设置,预测销售量和成本。

每回合,用户可以进行本回合、下一个回合和下两个回合的客房销售。

酒店入住的总数以"间夜"为单位,比如一个客房每回合可以创造14个间夜的收入。入住率则是一个总可用客房间夜的百分比。

酒店有固定数量的客房。所有的客房都被认为是功能相似的,仅在房间的布局上有所差异。保洁和维修可以使部分客房布置得更好、更漂亮或者有一定的差异性。这种调整是灵活的,所以酒店不会出现某一类型的客房单独售罄的情况,除非整个酒店都已住满。

为了简化整个模拟,一部分现实生活中的复杂性被有意排除在外。比如不能取消预订,所有被预订的客房都已入住。房价和其他的定价都不包含税金。酒店顾客的数量仅通过间夜来测算,所以不会区分一间客房住了多少人或者某个特定的顾客入住了多少天。

（四）餐厅运营

餐厅运营以酒店的餐厅管理为主,按功能分为后厨和大堂。在后厨,厨师根据点菜情况准备菜肴。在大堂,服务员接受顾客点单,负责传菜以及结账。

每周餐厅只运营固定的小时数。

每个顾客都会根据喜好选择一款主菜（菜单中四选一）。同时,每个顾客会选择一定量的酒水。

关于酒水的选择,用户提供给顾客的酒单越复杂,酒吧对顾客的吸引力就越大。然而,复杂的酒单会带来相对高昂的固定成本。每一种酒单选择的固定成本可以在市场前景页面的右侧参数里找到。

Cesim 平台餐厅运营页面如图 7-10 所示。

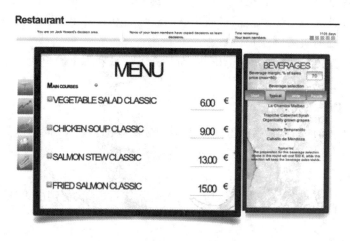

图 7-10　Cesim 平台餐厅运营页面

（五）报表

在结果页面,用户可以找到一系列的报表。这些报表提供给用户关于酒店和餐厅运营的各种信息。与现实类似,用户可能会发现有些信息与用户无关。同样,用户也可能感觉有些重要的信息没有包含在内。在某些情况下,用户可以通过报表中的已有信息计算出想要的结果。而在某些情况下,用户需要在缺少部分细节的情况下进行运营管理。

用户要时刻提醒自己结果中的数据是历史数据,也就是过去的回合已经发生,所以用户的决策要专注于接下来的回合。

为了更清晰地统计结果,餐厅运营会体现在单独的报表中。餐厅运营与酒店运营共用保洁、维修、HR 和采购。但是餐厅有自己的雇员、收入、成本结构、顾客,甚至不是酒店的顾客也会在此就餐,所以需要单独的报表。

除了用户所在小组的报表,用户还可以在结果中找到其他组的运营报表,然后进行比较,用来研究其他小组的成功之处、错误以及战略。横向比较分析会对用户的决策制定有很大的帮助。

## 本章小结

酒店财务分析的方法包括比较分析法、因素分析法、比率分析法和趋势分析法。

酒店财务分析主要包括偿债性分析（短期偿债能力分析、长期偿债能力分析）、周转性分析（应收账款周转率、存货周转率、固定资产周转率、总资产周转率）、获利性分析（销售利润率、资产总额利润率、股东权益收益率、成本利润率）。

酒店财务收入主要来源于委托管理、特许经营、拥有和租赁酒店以提供住宿和其他辅助服务创造经营性收入，以及房地产投资的非经营性收入。它的日常管理包括：①及时办理结算、尽早收回营业收入；②建立完善的客人财务管理系统。酒店可用销售比较法和因子分析法进行定价。

酒店税金包括销售税（增值税、消费税、城市维护建设税、教育费附加等）、计入管理费用的税金（房产税、车船税、印花税）、所得税（企业所得税、个人所得税）。它的日常管理包括：①办理税务登记；②申报纳税鉴定；③办理纳税申报；④缴纳税金；⑤主动纳税。

酒店利润的日常管理包括：①增加营业收入，降低成本费用；②增加投资收益；③增加营业外收支净额。

酒店可以通过 Cesim 软件进行模拟管理。

## 思考与练习

1. 酒店财务分析的含义和方法有哪些？
2. 酒店主要进行哪些财务分析？
3. 酒店收益管理包括哪些内容？分别怎样进行日常管理？
4. 如何运用销售比较法和因子分析法定价？
5. 酒店投资决策的方法和步骤是什么？
6. 酒店筹资的方式有哪些？

### 案例1：销售比较方法

**案例背景：**

本案例的目标客房位于上海市静安区的一家酒店，并提供了七个交易（A 到 G）的详细信息。案例中有的交易客房与目标客房位于同一区（即静安区），有的交易客房位于松江区、黄浦区、徐汇区的酒店内。为了简化计算，我们列出了酒店的四个特征，即是否为园景房、房间面积、酒店年限和是否有豪华浴室，并假设所有酒店客房的其他特征皆相同。表7-5 则为各酒店客房的相关信息。

表 7-5　各酒店客房的相关信息

| 房间目标 | A | B | C | D | E | F | G |
|---|---|---|---|---|---|---|---|
| 位置 | 静安区 | 静安区 | 松江区 | 静安区 | 黄埔区 | 徐汇区 | 静安区 | 静安区 |
| 房价（元/晚） | ××× | 900（截至2020年） | 400（截至2020年） | 500（截至2020年，带折扣） | 800（截至2020年） | 800（截至2020年） | 650（截至2017年） | 750（截至2020年） |
| 是否为园景房 | 否 | 是 | 否 | 否 | 是 | 否 | 是 | 否 |
| 房间面积/平方米 | 15 | 15 | 30 | 15 | 15 | 15 | 30 | 15 |
| 酒店年限/年 | 10 | 10 | 1 | 1 | 10 | 1 | 10 | 10 |
| 是否有豪华浴室 | 无 | 有 | 无 | 无 | 无 | 有 | 有 | 有 |

(1) 比较对象的选择。

销售比较法最重要的概念就是选择比较对象。适用的标准有三个。第一，可比较的交易应该是最近的交易。第二，是以公允的市场价值进行交易。第三，标的酒店应与核心商业区的距离以及目标酒店的距离相近。

在本案例中，根据这些标准将 A、D、E 和 G 作为可比性交易进行比较。B 不具有可比性，因为该酒店位于松江区，而松江区是上海市的郊区（即远离核心商业区）。相比之下，其他酒店包括目标酒店都位于核心商业区。C 的交易可能是一种特殊的员工折扣优惠，尽管 C 与目标酒店位于同一商圈，但仍不具有可比性。交易 F 是在 2017 年记录的，已经过时了。根据第一项标准，交易 F 也不能作为比较对象。

(2) 特征隐含值的估算。

为获得特征的隐含价值，应该挑选出合适的和可比较的交易。最直接的方法是找出一个具有某一特征的样本，但另一个样本不包括这个特征，而其他特征完全相同。将两个样本之间的房价差解释为该特定特征的隐含值。

①是否为园景房。

房间 A 提供花园景观，但房间 G 除此特征外其他并无相同。因此，A 和 G 之间的房价差异被视为花园景观的隐含价值，等于每晚相差 150 元。

②酒店年限。

在房间其他特征相同的情况下，房间 E 位于新酒店，而房间 G 位于一家已开业 10 年的酒店内。因此，E 和 G 之间的房价差异在于酒店的 10 年历史，等于每晚相差 50 元。

③是否有豪华浴室。

在房间其他特征相同的情况下，房间 A 提供豪华浴室，但房间 D 不提供。因此，A 和 D 之间的房价差异被视为豪华浴室的隐含价值，等于每晚相差 100 元。

(3) 目标房价的估算。

目标房价是通过对参考房价的调整进行估算的,应根据特征进行调整。本研究提供四种可选方案。

第一种方案中,我们选择 D 作为参考。D 和目标房间的唯一区别是 D 提供花园景观,但目标房间并没有。因此,我们从 D 房费中减去花园景观的隐含价值。目标房费估算为每晚 650 元。

第二种方案中,我们选择 G 作为参考。G 和目标房间的唯一区别是 G 提供豪华浴室,但目标房间并没有。因此,我们从 G 房费中减去豪华浴室的隐含价值。目标房费估算为每晚 650 元。

第三种方案中,我们选择 E 作为参考,则应当根据酒店的年限和是否提供豪华浴室对房价进行调整。由于目标房间位于开业 10 年以上的酒店,因此,每晚房费应扣除 50 元。之后,由于目标房间的浴室较差,房费应每晚再降低 100 元。目标房费估算为每晚 650 元。

第四种方案中,我们选择 A 作为参考。目标房间与 A 相比,不提供花园景观和豪华浴室。因此,我们应该从 A 房费中扣除这两个特征的隐含值,以得出目标房费。目标房费估算为每晚 650 元。

综上所述,所有四个备选方案都得出相同的目标房费,即每晚 650 元。

(4) 重点。

本案例着重强调如下所示的销售比较方法的关键概念。

①选择可比较对象的三个标准分别是近期的交易,公允的市场价值,与比较目标位于核心商业区类似的距离范围内。

②参考费率的调整取决于比较目标的特征。观察到更多的特征,就可以进行更精确的调整,这就提高了对目标估算的精度。

问题:

请结合案例,简要说明利用销售比较法进行酒店客房定价的步骤。

### 案例 2:携程酒店合并现付与预付业务

据报道,携程将分开近一年的酒店现付和预付业务部门再次合并。其实,在 2014 年底携程已经将酒店预付业务的三星级及以下酒店划给现付业务统一维护。为了进一步提升效率和竞争力,携程大住宿事业部对部门内结构进行了调整,将现付、预付相关业务团队进行了合并。

OTA 在大步向前迈进之时,一方面存在酒店现付与预付业务的内部之争;另一方面也存在自身业务与代理商如何平衡的问题。而在酒店业务的这场争夺战中,最受伤的依然是酒店。

酒店总是面临着如下场景。

(1) 一种情况是 OTA 预付组已经谈妥了一个价格,为 500 元/间夜,并在网上标出该价格。现付组的人员知道之后,就直接要求酒店给预付的价格,并且同时返现 50 元;如果酒店不给,就会被要求调高预付价格,甚至要求预付的价格下线。

(2) 另外一种情况是现付组的人员谈妥了一个价格,但活动刚上线没多久,预付组的人来了,要求酒店提供一个预付的底价。因为预付的支付方式及条款限制,酒店必须给除常规佣金外,低于现付底价 5% 以上的预付底价。酒店为了确保自身的预订量,会用含不含早餐或者不同的房型来进行平衡。

(3) 平台化之后还有代理商,代理商拿一个低价,直接放在OTA上出售。然后,包房商就出现了,并且也要一个价格放在OTA上出售。

一部分酒店总是在左右为难、半推半就中打破了价格体系。甚至有业内人士夸张地说,长此以往,酒店最后在OTA上出售的价格只有一个,那就是包房商的价格。酒店一边遭受着外部的激烈竞争,另外一边还得承受着平均房价以及总收益被拉低。

当然,现付与预付之争,并不只是携程一家的问题。有业内人士称,去哪儿的现付与预付业务已经分分合合两次了。OTA将酒店的现付和预付业务部门分开也好、合并也罢,都会面临着左右手互搏的问题。相信OTA内部也有两派的声音:一方认为没有竞争,哪里会有成长;另一方认为苦不堪言,内耗严重。

问题:
1. 携程的酒店现付与预付业务团队合并对业务经营有何意义?
2. 如何平衡OTA与酒店之间的收益?
3. 如何解决OTA自身业务与平台业务的竞争关系?

# 第八章

## 现代酒店信息化管理

本章知识图谱

### 学习导引

小明要在本周末去海南旅游,他要提前预订好周五和周六两天的酒店客房。为了方便,小明直接在携程上进行预订,将酒店、机票、旅游服务一次搞定。此类场景在全球各处屡见不鲜,它与现代酒店的信息化管理息息相关。通过本章的学习,我们将了解酒店电子商务的内涵及应用场景,网上订房的模式,以及酒店中的 CRM 管理与实践。

### 学习重点

通过本章学习,重点掌握以下知识要点:
1. 酒店电子商务的定义和内涵。
2. 酒店网上订房的模式。
3. 酒店客户关系管理的方法和重要性。
4. 国内酒店客户关系管理存在的问题和策略。

### 素养目标

学生通过学习上述知识要点,可以增强数字思维意识,提升数据分析能力、数据决策能力和信息管理能力,并在信息化学习的过程中培养创新精神、重视信息安全、提升职业道德素养。

信息技术的进步和相关产业的迅速发展促进了现代企业(包括酒店业)信息化水平的迅速提高和信息技术应用的迅速普及。企业信息化管理是应对经济全球化的条件,也是提高企业竞争力的保障。企业信息化管理主要包括企业资源规划(Enterprise Resource Planning,ERP)、客户关系管理(Customer Relationship Management,CRM)、供应链管理(Supply Chain Management,SCM)、商业智能/商务智能(Business Intelligence,BI)、电子商务(E-commerce)等。一般而言,企业信息化发展经历三个阶段,即实现产品生产制造过程中的自动控制,实现企业内部管理的系统化,开展电子商务。电子商务是企业信息化的最终目标或最高水平。酒店业作为典型的服务行业,消费者的需求是其进行服务营销的核心,本章重点介绍与消费者直接相关的酒店电子商务部分,包括概念、模式、网上订房等,以及互联网环境下的客户关系管理。

## 第一节 酒店电子商务概论

本节将介绍酒店电子商务的概念、应用模式和优势。

> **经典案例** 7天酒店——电子商务与SNS社区
>
> 7天酒店将电子商务与SNS结合在一起,为消费者提供了一个良好的沟通渠道,从而直接或间接地提升了7天酒店的营销效果,让新老顾客更愿意通过电子商务等模式来预订7天酒店。
>
> 7天社区为入住7天酒店的顾客提供了一个社交平台,顾客可以在其中分享自己的住宿经历,与其他顾客进行互动,同时提升整个社区的热度。
>
> 通过社交平台的互动设计,7天连锁酒店拉近了其与顾客之间的关系,提高了顾客的重购意愿,为下一阶段的营销推广奠定了基础。

### 一、酒店电子商务的概念

酒店电子商务指的是利用先进的计算机网络及通信技术,以电子商务为基础,整合酒店的内部和外部资源,扩大酒店信息的传播范围,加大推广力度,实现酒店产品的在线发布和销售,为顾客提供一个知识共享、增进交流与互动的平台的网络化运营模式。它是酒店利用电子化的方式向顾客提供商务服务,通过电子化的手段管理酒店内部的商务系统。需要强调的是,虽然本节重点介绍与顾客直接相关的酒店电子商务部分,但酒店电子商务不仅包括为顾客提供网上订房的入口,或者利用电子化方式提供消费服务,还包括通过电子化的手段管理酒店的内部事务。

酒店电子商务是现代酒店业发展的必然趋势。酒店电子商务系统由酒店互联网(Internet)站点、酒店外部网(Extranet)和酒店内部网(Intranet)构成。它能够提供给顾客的核心服务包括:①信息的发布服务;②在线预订服务;③提供个性化酒店产品和服务;④网站交易服务;⑤旅游社区的售后服务(反馈通道)。

酒店可通过特有系统连接互联网,面向全球,全方位地展示自己的风貌和特色,推销自己的产品和服务,并可在此基础上形成连锁,结成战略联盟,以强劲灵活的营销手段进军市场。通过电子商务,酒店可以向众多顾客提供面对面的营销,开拓普通方式下人力、物力所无法比拟的市场广度和深度。酒店电子商务代表着最新和最有效的营销方式,有助于酒店开发客源市场。

## 二、酒店电子商务的应用模式

随着电子商务的发展,传统行业为了跟上商业发展的趋势争先恐后地向线上进军,酒店业为了使经营管理更加高效也纷纷通过电子商务实现自身管理。电子商务在酒店业中主要有O2O和B2C两种应用模式。

### (一) O2O 模式

O2O(Online to Offline)模式主要通过将酒店信息嫁接到第三方平台,即在线旅行商(Online Travel Agent,OTA)来实现,通过与第三方平台合作,带来线下消费的增长。第三方平台不但用户基数大,旅游商务信息也较为完善,能够为消费者提供机票预订、酒店预订、行程路线、特产小吃等"一条龙"服务。O2O 模式将酒店产品从线下转移到线上,将线下资源和线上订购结合起来,为酒店获取更多的顾客。酒店将自身的客房数量、价格、房型图片和附加服务等信息发布在第三方平台上,依靠第三方平台流量大的特点吸引顾客,获得更多的客源,从而促成线下交易。

对酒店而言,O2O 模式透明化了顾客的消费信息,酒店可以提取和分析顾客的网上支付信息,并将结论应用到酒店的管理中;对顾客而言,O2O 模式为其提供了全面且有针对性的酒店优惠信息,顾客可以根据这些信息以更加优惠的价格、更快捷的方式订购酒店的产品和服务,获得更好的用户体验;对第三方平台而言,O2O 模式可以吸引高黏度的顾客,能够大力地宣传第三方平台,从而使更多的线下商家入驻平台,增加平台的流量。

此外,O2O 模式会在网站上记录每一次的交易,为日后查询提供便利。同时,网站预订量也能及时地体现出推广效果,有助于酒店实现精准营销。

### (二) B2C 模式

酒店采用 B2C(Business to Customer)模式运营的主要方式是建立酒店官方网站。酒店通过建立官方网站,直接向其顾客售卖酒店的一系列产品和服务,顾客可以在酒店官网进行房型选择和网上支付等消费行为。

酒店自建网站有诸多好处。比如,自建网站通常比较适合酒店现状,可以将酒店的宣传信息、客房预订、顾客评价等内容集中展示在一个平台上,使酒店信息能够全方位地展示在顾客面前,能够完整地将酒店的企业文化传递给顾客,使得从酒店信息查询到客房预订及支付的一系列流程能够更加清晰,极大地便利了顾客。此外,酒店的官方网站还能起到营销推广、增加客源的作用。顾客可以在酒店官网上直接进行酒店产品的选择,实现从客房、服务到餐食的一站式订购,还能够快捷简便地进行网上支付,缩短顾客选择和比较的时间。

目前,一些连锁的经济型酒店(如7天等)和高星级的酒店(如希尔顿、香格里拉、万豪等)会通过自建网站的方式采用 B2C 的电子商务模式。

## 三、酒店电子商务的优势

酒店电子商务在酒店营销创新方面具有一定的革命性。酒店电子商务可以使酒店形象和服务得到有效展示,并同顾客建立良好的互动关系,使酒店的管理与销售更加高效;能够降低酒店的销售成本,提高酒店的经济效益和管理水平,扩大酒店在客源市场中的份额;有利于酒店为其顾客提供个性化服务;有利于酒店进行品牌塑造。在互联网时代,酒店离开电子商务几乎无法生存,更不用说发展了。

### (一)为顾客提供方便快捷的服务

互联网将酒店产品和服务的相关信息集中在一个平台,在顾客面前展示,顾客只需按照自身需求进行选择并确认即可。开展酒店电子商务还为酒店提供了新的服务产品,从而满足市场变化。对于游客特别是商务客人而言,他们在旅途期间仍然需要互联网服务,电子商务的开展会促使酒店增加网络建设,从而增加对客服务的相关内容,在一定程度上给顾客提供了方便。

### (二)扩大消费市场预订规模

互联网使酒店业务延伸到以往从未到达的地方,使酒店产品信息在全球范围内进行传递,并连接了酒店与对酒店产品有需求的顾客,在空间上前所未有地拓展了消费市场,因此,酒店电子商务可以为酒店业经营提供新的销售渠道,扩大预订消费群体规模。

### (三)降低酒店销售成本

节省佣金和提高单位利润的最好途径就是网络直销。事实上,率先利用电子商务系统的酒店都极大地降低了经营成本,提高了工作效率,增加了与顾客和合作伙伴之间的有效互动。以旅游酒店为例,旅游酒店通常规模较小,并且经济实力有限,很难大肆在传统媒体上做宣传,然而通过互联网,酒店无论规模大小,都能够实现低成本的广告促销。旅游酒店能够通过互联网用较低的成本进行广告宣传,扩大酒店的知名度,提高自身影响力,把好的服务和服务项目直接展现给潜在顾客,促进酒店的宣传与销售,降低酒店的广告成本。

### (四)享受规模采购优惠

酒店通过互联网的途径采购设备,可以实现规模采购,并享受熟客优惠。对于数额较大的采购项目,酒店可以采用优先决策的方式,做好管理控制。酒店电子商务提供售前、售中和售后的全过程服务,包括根据酒店需求制订配置计划、价格查询、预订、支付、配送等全部环节,为酒店节约了大量的人力、物力和财力成本。

### (五)提高预订群体对酒店产品的信任度

酒店产品的无形性是其重要特点,顾客在预订和购买这一产品之前,无法亲自了解所需产品的详细信息,酒店电子商务能够提供大量的酒店产品信息,使酒店产品有形化。顾客能够通过互联网全面了解酒店的产品,对酒店产品产生预先的体验。酒店电子商务中的酒店网络预订不仅能够扩大酒店的消费群体规模,还能提高预订群体对酒店产品的信任度。

## 第二节 酒店网上订房

本节将重点论述酒店网络预订的构成要素、酒店网上订房模式、酒店网上订房纠纷处理,以及我国酒店网络预订存在的问题。

### 一、酒店网络预订的构成要素

#### (一)酒店网络预订的概念

酒店网络预订是指在未来某一段时间内使用酒店产品的顾客通过互联网提出需求的整个过程,包括预订客房、餐饮、会议、娱乐服务等。需要强调的是,酒店网络预订,不只是订一间酒店的客房,还有相关的产品和服务,比如酒店是否包含早餐、有无接送服务、是否提供会议服务等。

预订工作是酒店客房盈利的一个重要渠道。酒店客房具有不可储存性的特点,预订工作越成功,订房量越大,酒店客房的入住率越高,酒店客房的收益就越能得到保证。预订工作还能够帮助酒店提前为顾客准备好房间,在此基础上,酒店各部门应做好人力、物力、财力的合理安排和调配,从而为顾客提供令人满意的个性化服务。预订工作做得好,能为酒店节约不少的成本,酒店还能够通过预订工作中与顾客的接触,给顾客留下良好的第一印象。

新形势下,越来越多的顾客选择在出门前将房间订好、落实好,同时对预订的产品和价格也提出诸多新的要求。因此,酒店需重新审视预订工作,广拓预订渠道,建立合理的预订产品价格体系,最大限度地挖掘预订业务的效用。

(二)酒店网络预订系统模块设计

酒店网络预订涉及的内容要素较多,在系统模块设计时必须全面考虑,酒店网络预订构成要素如图8-1所示。

(1)产品信息模块。此模块包括酒店客房类型、客房面积、客房内床型等信息。

(2)产品促销模块。酒店客房是价格波动较频繁的产品,酒店应根据淡旺季提供不同时期的房价和折扣信息。

(3)会员管理模块。酒店应根据会员制度提供不同的权限和折扣。

(4)预订管理模块。此模块是酒店网络预订的核心板块,酒店应提供相应的操作信息,倘若出现预订后要更改时间、更换客房类型的情况(比如普通房换成海景房),酒店应提供相应的渠道。

(5)客户评价模块。顾客离开酒店后对酒店服务的评价为酒店服务升级奠定基础。

(6)其他信息模块。

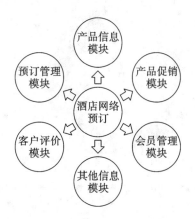

图8-1　酒店网络预订构成要素

## 二、酒店网上订房模式

按照交易主体间的交易关系不同,可以将酒店网上订房分为OTA预订、直销预订、GDS预订三种模式。

(一)OTA预订

并非每个酒店都能够建立自己的直销网络平台,这需要投入不少的资金和技术成本。因此,大批没有品牌、知名度,且暂未成规模的酒店会采用在线旅行商(Online Travel Agency,OTA)提供的预订渠道开展网上订房业务。这种代理预订模式以携程(Ctrip)、艺龙(Elong)等为代表,它们吸收企业会员、代理航空公司及旅行社等作为产品和服务的来源,同时借助发送会员卡开拓客源市场,自身一般不具备实体的旅游产品,而是通过顾客的在线预订购买从传统旅游企业中获得佣金。

图 8-2 为携程的酒店预订页面。

图 8-2 携程的酒店预订页面

根据相关数据显示,2018 年第三季度中国在线酒店预订市场厂商份额中(见图 8-3),携程处于绝对领先地位,市场份额约为 47.4%,垄断优势明显,不少酒店在携程网上的客房预订量占其业务总量的 20%～30%;其次是去哪儿,市场占比约为 13.0%。

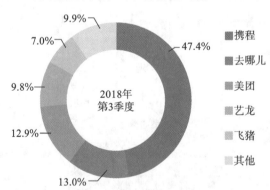

图 8-3 2018 年第三季度中国在线酒店预订市场厂商份额

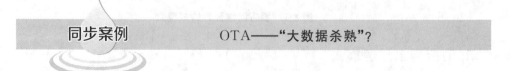

同步案例　　OTA——"大数据杀熟"?

人们为了方便,一般会通过 OTA 进行预订,获得酒店、机票、接送机等一站式服务。但有时此类综合性的中介预订平台的体验并不好——它在掌握了顾客的行程之后会推荐酒店,虽然方便,但性价比并不是最高的,它提供的房价可能会高于市场价,特别是在顾客具有一定忠诚度的情况下,因为顾客不会去别的平台比价,反而会受到不公平待遇,俗称"大数据杀熟"。

2018年10月,某作家发微博称遭遇了某平台的"大数据杀熟"。该作家称自己订机票基本都用国内的App,这几年某平台用得最多,但经人提醒才发现自己买的利马到布宜诺斯艾利斯的机票,同一航班,某平台卖给别人是2500元,卖给自己是3211元。

2019年3月,某网友发文详述了另一平台"大数据杀熟"的经过,引发了广泛的共鸣和声讨。其在该平台上订购了一张机票,因为后来发现没有选报销凭证,想重新订购,等退回重选却发现没有票了;再次搜索,发现机票还有,但是价格却要贵上一千多元钱,不管如何刷新,票价都保持不变。当陈先生登录航空公司官网查询时,发现同一张机票的实际价格要比该平台上便宜六百多元钱。

如此种种,国内众多OTA几乎无一幸免,都被公众扣上过"大数据杀熟"的帽子。

某平台曾解释,航班价格变动通常由两种原因造成:一是航空公司变价导致的,尤其对于国际航班,由于全球旅客均在搜索预订,舱位和价格变化更为频繁;二是由搜索缓存造成的,用户刷新搜索通常便可消除这一情况。

虽然国内各大OTA屡次声明"不杀熟",但广大网友依然"宁可信其有"。

问题:

1. OTA存在"大数据杀熟"吗?
2. "大数据杀熟"为什么深入人心?应如何应对?

## (二)直销预订

直销预订指的是由传统旅游企业直接向顾客提供旅游产品的网络预订服务。酒店的核心是直销,只有拓展直销,这样才有可能完全掌握议价权。目前已有众多酒店集团、旅行社凭借自身的资源优势和渠道优势大力开展网络直销预订,在拓宽销售渠道、增加企业业务量的同时,降低其他预订模式带来的竞争压力和经营成本。酒店的直销预订模式主要表现为连锁酒店的官网预订(见图8-4)。

图8-4　首旅酒店集团官网

目前规模比较大的连锁酒店都致力于发展自主营销的在线预订系统,以摆脱第三方代理预订模式,因为第三方代理预订模式的佣金太高(比如每成功预订一间200元的客房,需要支付10~15元的佣金),极大地降低了酒店自身的利润。

直销预订模式主要存在于连锁酒店,包括经济型酒店和高星级酒店,其中经济型酒店的主要代表有7天、格林豪泰等;高星级酒店以全球连锁的酒店集团为主体,包括洲际、万豪、希尔顿等。此类预订一般会承诺价格不高于第三方预订平台的价格。此外,有规模、有实力的单体酒店也提供此类预订模式,但它的营销不一定跟得上,价格也不一定比中介平台优惠,所以相对而言竞争力比较低。当前,全球酒店行业的在线直销渠道销量占所有在线酒店预订量的60%以上。

### (三) GDS预订

跨国的连锁酒店和酒店集团通常还会通过加入GDS(Global Distribution System,全球分销系统)进行网络预订。但此类网络预订模式在有客源保证的条件下还有一个重大特点,即需支付高昂的系统架设费用,GDS收取的预订代理费通常高于其他渠道,因此,国内众多酒店对GDS预订模式望而却步。

## 三、酒店网上订房纠纷处理

### (一) 酒店网上订房纠纷处理原则

随着互联网的普及和电子商务的蓬勃发展,网上订房已经成为越来越多人出行的首选方式。然而,这种便捷的服务模式也不可避免地带来了一些订房纠纷。在处理酒店网上订房纠纷时,必须遵循如下一些原则。这些原则不仅体现了对消费者权益的尊重,也体现了对市场秩序的维护。它们既是处理纠纷的准则,也是建立酒店与消费者之间和谐关系的基石。

1. 公平原则

酒店在处理网上订房纠纷时,公平原则至关重要。它要求在处理过程中不偏袒任何一方,确保消费者的权益得到公平对待,同时也尊重酒店的合理诉求。这一原则旨在维护市场的公正性,促进消费者与酒店之间的和谐关系。只有在公平的基础上,双方才能理性地解决问题,避免纠纷进一步升级。

2. 诚信原则

诚信原则是酒店网上订房纠纷处理的基石。它要求双方当事人在处理纠纷时应保持诚信,如实陈述事实,不得隐瞒或歪曲事实。只有建立在诚信基础上的沟通,才能促进双方之间的理解和信任,有助于找到解决问题的合理途径。同时,诚信原则也是维护市场秩序,促进社会诚信体系建设的重要保障。

3. 合法原则

合法原则是酒店网上订房纠纷处理必须遵循的基本原则。它要求纠纷处理应遵守国家法律法规和相关政策。在处理纠纷时,应依据法律法规进行裁决,确保双方当事人的权益得到合法保护。同时,合法原则也要求双方当事人在处理纠纷时尊重法律,不得采取非法手段进行维权或报复。

4. 高效原则

高效原则是酒店网上订房纠纷处理中的重要原则。它要求应尽快处理纠纷,避免长时间拖延,以减少双方当事人的损失。在处理纠纷时,应优化流程,简化手续,提高处理效率。同时,高效原则也要求双方当事人在处理纠纷时应积极配合,提供必要的证据和信息,以便尽快解决问题。

(二)酒店网上订房纠纷处理方法

酒店网上订房纠纷处理方法有四种:协商处理、调解处理、诉讼处理、仲裁处理。

1. 协商处理

协商是解决酒店网上订房纠纷最直接、成本最低的方法。当纠纷发生时,双方应首先尝试通过友好协商解决问题。协商过程中,双方可以就订房合同的履行情况、存在的争议点以及各自的权益进行充分沟通和交流,寻求双方都能接受的解决方案。

2. 调解处理

如果协商无果,双方可以考虑申请调解。调解是一种由第三方介入,协助双方达成和解的纠纷解决方式。在订房纠纷中,双方可以向当地的消费者协会、旅游主管部门申请调解,或者选择其他具有调解职能的机构进行调解。调解过程中,调解员会根据双方提供的证据和陈述,提出合理的调解方案,帮助双方达成和解。

3. 诉讼处理

当协商和调解均无法解决问题时,双方可以选择通过诉讼途径解决订房纠纷。根据《中华人民共和国民事诉讼法》的相关规定,当事人可以向人民法院提起诉讼,请求法院对订房合同纠纷进行审理和判决。在提起诉讼前,双方应准备好相关证据材料,如订房合同、付款凭证、沟通记录等,以支持自己的主张。诉讼过程中,法院会根据双方提供的证据和法律规定,进行公正、公平的审理,并作出判决。

4. 仲裁处理

除了诉讼,仲裁也是解决订房纠纷的一种有效方式。根据《中华人民共和国仲裁法》的相关规定,双方可以自愿达成仲裁协议,将订房纠纷提交仲裁机构进行仲裁。仲裁结果具有法律约束力,双方必须遵守。与诉讼相比,仲裁程序更加灵活、高效,且仲裁结果一般不对外公开,有助于保护双方的商业利益。

(三)酒店网上订房纠纷处理的法律依据

《中华人民共和国民法典》(以下简称《民法典》)和《中华人民共和国消费者权益保护法》(以下简称《消费者权益保护法》)都为酒店网上订房纠纷提供了明确的法律依据。无论是酒店还是第三方平台,在履行合同义务时都应遵循《民法典》和《消费者权益保护法》的相关规定,确保消费者的合法权益不受侵害。当发生纠纷时,消费者可以依据《民法典》和《消费者权益保护法》中的相关法条规定来维护自己的权益。

《民法典》第五百七十七条规定:当事人一方不履行合同义务或者履行合同义务不符合约定的,应当承担继续履行、采取补救措施或者赔偿损失等违约责任。在酒店网上订房的场景中,这意味着如果酒店未能按照消费者在网上预订时的约定提供服务(如提供房间),酒店应当承担相应的违约责任。

当消费者通过第三方平台订房并支付费用时,消费者与平台之间形成的是中介合同关系。《民法典》第九百六十二条规定:中介人应当就有关订立合同的事项向委托人如实报告。中介人故意隐瞒与订立合同有关的重要事实或者提供虚假情况,损害委托人利益的,不得请求支付报酬并应当承担赔偿责任。这意味着如果平台提供了虚假房源信息导致消费者不能入住,平台应当承担赔偿责任。

《民法典》和《消费者权益保护法》均强调了对消费者权益的保护。消费者在网上订房时享有公平、合法、安全的消费权利,如果因为酒店或平台的违约行为导致消费者权益受损,消费者有权要求赔偿。

针对酒店或平台可能使用的不公平格式条款(如"不可取消""概不退款"等),《民法典》第四百九十七条以及《消费者权益保护法》第二十六条均规定,这类条款如果损害消费者权益,应属无效。这意味着消费者在面对这类条款时,可以依法主张其无效性。

### 同步案例　　系统出错谁之过?

李先生计划前往上海出差,通过某知名在线旅游预订平台预订了市中心某四星级酒店的一间客房,预订时间为3天,并支付了全额房费。然而,当他抵达酒店时,却被告知由于系统错误,他的预订并未成功,酒店已无法为他提供房间。

面对这一情况,李先生感到十分愤怒和困惑。他立即联系了在线旅游预订平台的客服,要求平台给予解释并解决问题。然而,平台的回应却让他更加失望。平台表示,虽然他们的系统显示预订成功,但酒店方面却未收到预订信息,因此无法为李先生提供房间。平台建议李先生选择其他酒店,并承诺退还房费。

然而,李先生对此并不满意。他认为,作为消费者,他已经按照平台的要求完成了预订并支付了房费,平台应该对他的预订负责。他要求平台必须为他提供与原酒店同等条件或更好的住宿,并承担由此产生的额外费用。

面对李先生的要求,在线旅游预订平台开始重视起来。他们首先与酒店方面进行了沟通,了解了详细情况。经过调查,平台发现确实是由于系统错误导致了预订信息丢失。为了弥补李先生的损失,平台提出了以下解决方案:

一是为李先生提供与原酒店同等条件的另一家四星级酒店的住宿,并承担由此产生的额外费用。

二是给予李先生一定的经济补偿,以表达他们的歉意和诚意。

同时,平台也意识到了自身在系统管理方面的不足,决定加强系统维护和更新,避免类似问题的再次发生。

在平台的积极处理下,纠纷得到了圆满解决。李先生不仅获得了与原酒店同等条件的住宿,还得到了一定的经济补偿。他对平台的处理结果表示满意,称其会继续使用该平台进行预订。

此外,《消费者权益保护法》中对争议的解决有以下规定:

"第三十九条　消费者和经营者发生消费者权益争议的,可以通过下列途径解决:(一)与经营者协商和解;(二)请求消费者协会或者依法成立的其他调解组织调解;(三)向有关行政部门投诉;(四)根据与经营者达成的仲裁协议提请仲裁机构仲裁;(五)向人民法院提起诉讼。

"第四十条　消费者在购买、使用商品时,其合法权益受到损害的,可以向销售者要求赔偿。销售者赔偿后,属于生产者的责任或者属于向销售者提供商品的其他销售者的责任的,销售者有权向生产者或者其他销售者追偿。消费者或者其他受害人因商品缺陷造成人身、财产损害的,可以向销售者要求赔偿,也可以向生产者要求赔偿。属于生产者责任的,销售者赔偿后,有权向生产者追偿。属于销售者责任的,生产者赔偿后,有权向销售者追偿。消费者在接受服务时,其合法权益受到损害的,可以向服务者要求赔偿。

"第四十一条 消费者在购买、使用商品或者接受服务时,其合法权益受到损害,因原企业分立、合并的,可以向变更后承受其权利义务的企业要求赔偿。

"第四十二条 使用他人营业执照的违法经营者提供商品或者服务,损害消费者合法权益的,消费者可以向其要求赔偿,也可以向营业执照的持有人要求赔偿。

"第四十三条 消费者在展销会、租赁柜台购买商品或者接受服务,其合法权益受到损害的,可以向销售者或者服务者要求赔偿。展销会结束或者柜台租赁期满后,也可以向展销会的举办者、柜台的出租者要求赔偿。展销会的举办者、柜台的出租者赔偿后,有权向销售者或者服务者追偿。

"第四十四条 消费者通过网络交易平台购买商品或者接受服务,其合法权益受到损害的,可以向销售者或者服务者要求赔偿。网络交易平台提供者不能提供销售者或者服务者的真实名称、地址和有效联系方式的,消费者也可以向网络交易平台提供者要求赔偿;网络交易平台提供者作出更有利于消费者的承诺的,应当履行承诺。网络交易平台提供者赔偿后,有权向销售者或者服务者追偿。网络交易平台提供者明知或者应知销售者或者服务者利用其平台侵害消费者合法权益,未采取必要措施的,依法与该销售者或者服务者承担连带责任。

"第四十五条 消费者因经营者利用虚假广告或者其他虚假宣传方式提供商品或者服务,其合法权益受到损害的,可以向经营者要求赔偿。广告经营者、发布者发布虚假广告的,消费者可以请求行政主管部门予以惩处。广告经营者、发布者不能提供经营者的真实名称、地址和有效联系方式的,应当承担赔偿责任。广告经营者、发布者设计、制作、发布关系消费者生命健康商品或者服务的虚假广告,造成消费者损害的,应当与提供该商品或者服务的经营者承担连带责任。社会团体或者其他组织、个人在关系消费者生命健康商品或者服务的虚假广告或者其他虚假宣传中向消费者推荐商品或者服务,造成消费者损害的,应当与提供该商品或者服务的经营者承担连带责任。

"第四十六条 消费者向有关行政部门投诉的,该部门应当自收到投诉之日起七个工作日内,予以处理并告知消费者。

"第四十七条 对侵害众多消费者合法权益的行为,中国消费者协会以及在省、自治区、直辖市设立的消费者协会,可以向人民法院提起诉讼。"

《消费者权益保护法》中关于经营者需承担的法律责任有以下规定:

"第四十八条 经营者提供商品或者服务有下列情形之一的,除本法另有规定外,应当依照其他有关法律、法规的规定,承担民事责任:(一)商品或者服务存在缺陷的;(二)不具备商品应当具备的使用性能而出售时未作说明的;(三)不符合在商品或者其包装上注明采用的商品标准的;(四)不符合商品说明、实物样品等方式表明的质量状况的;(五)生产国家明令淘汰的商品或者销售失效、变质的商品的;(六)销售的商品数量不足的;(七)服务的内容和费用违反约定的;(八)对消费者提出的修理、重作、更换、退货、补足商品数量、退还货款和服务费用或者赔偿损失的要求,故意拖延或者无理拒绝的;(九)法律、法规规定的其他损害消费者权益的情形。经营者对消费者未尽到安全保障义务,造成消费者损害的,应当承担侵权责任。

"第四十九条 经营者提供商品或者服务,造成消费者或者其他受害人人身伤害的,应当赔偿医疗费、护理费、交通费等为治疗和康复支出的合理费用,以及因误工减少的收入。造成残疾的,还应当赔偿残疾生活辅助具费和残疾赔偿金。造成死亡的,还应当赔偿丧葬费和死亡赔偿金。

"第五十条 经营者侵害消费者的人格尊严、侵犯消费者人身自由或者侵害消费者个人信息依法得到保护的权利的,应当停止侵害、恢复名誉、消除影响、赔礼道歉,并赔偿损失。

"第五十一条 经营者有侮辱诽谤、搜查身体、侵犯人身自由等侵害消费者或者其他受害人人身权益的行为,造成严重精神损害的,受害人可以要求精神损害赔偿。

"第五十二条 经营者提供商品或者服务,造成消费者财产损害的,应当依照法律规定或者当事人约定承担修理、重作、更换、退货、补足商品数量、退还货款和服务费用或者赔偿损失等民事责任。

"第五十三条 经营者以预收款方式提供商品或者服务的,应当按照约定提供。未按照约定提供的,应当按照消费者的要求履行约定或者退回预付款;并应当承担预付款的利息、消费者必须支付的合理费用。

"第五十四条 依法经有关行政部门认定为不合格的商品,消费者要求退货的,经营者应当负责退货。

"第五十五条 经营者提供商品或者服务有欺诈行为的,应当按照消费者的要求增加赔偿其受到的损失,增加赔偿的金额为消费者购买商品的价款或者接受服务的费用的三倍;增加赔偿的金额不足五百元的,为五百元。法律另有规定的,依照其规定。经营者明知商品或者服务存在缺陷,仍然向消费者提供,造成消费者或者其他受害人死亡或者健康严重损害的,受害人有权要求经营者依照本法第四十九条、第五十一条等法律规定赔偿损失,并有权要求所受损失二倍以下的惩罚性赔偿。

"第五十六条 经营者有下列情形之一,除承担相应的民事责任外,其他有关法律、法规对处罚机关和处罚方式有规定的,依照法律、法规的规定执行;法律、法规未作规定的,由工商行政管理部门或者其他有关行政部门责令改正,可以根据情节单处或者并处警告、没收违法所得、处以违法所得一倍以上十倍以下的罚款,没有违法所得的,处以五十万元以下的罚款;情节严重的,责令停业整顿、吊销营业执照:(一)提供的商品或者服务不符合保障人身、财产安全要求的;(二)在商品中掺杂、掺假,以假充真,以次充好,或者以不合格商品冒充合格商品的;(三)生产国家明令淘汰的商品或者销售失效、变质的商品的;(四)伪造商品的产地,伪造或者冒用他人的厂名、厂址,篡改生产日期,伪造或者冒用认证标志等质量标志的;(五)销售的商品应当检验、检疫而未检验、检疫或者伪造检验、检疫结果的;(六)对商品或者服务作虚假或者引人误解的宣传的;(七)拒绝或者拖延有关行政部门责令对缺陷商品或者服务采取停止销售、警示、召回、无害化处理、销毁、停止生产或者服务等措施的;(八)对消费者提出的修理、重作、更换、退货、补足商品数量、退还货款和服务费用或者赔偿损失的要求,故意拖延或者无理拒绝的;(九)侵害消费者人格尊严、侵犯消费者人身自由或者侵害消费者个人信息依法得到保护的权利的;(十)法律、法规规定的对损害消费者权益应当予以处罚的其他情形。经营者有前款规定情形的,除依照法律、法规规定予以处罚外,处罚机关应当记入信用档案,向社会公布。"

酒店发生法律纠纷会对品牌形象产生负面影响,因此,酒店要学法、懂法、依法经营,在日常运营中加强管理,增强法律意识。

**四、我国酒店网络预订存在的问题**

随着旅游市场的发展,一般的预订工作内容已不能满足日益变化的市场需要,尤其在酒店客源市场竞争日益激烈的形势下,预订已不再是酒店顾客保证住宿的单方面活动,酒店的预订部也不再只是被动地提供预订客房的简单服务,而是逐渐成为酒店推销工作的重要部门。目前国内一些酒店的客房预订工作重心多集中于团队、会议和常住商务客人的预订,而散客的预订率较低。另外,随着电子信息技术的发展,网络已成为人们订房的首选方式,但大部分酒店的网络预订业务在人性化、便捷化、多样化和亲情化方面有所缺乏,亟待进一步完善。

网络预订虽是互联网在酒店经营中最典型的应用,但目前网络预订系统仍存在一定缺陷,以致酒店方对网络预订可能存在一些怀疑和抵触。网络预订系统主要存在以下三方面的问题:①不省钱。网络预订系统造价昂贵,维护费用高昂,有时订房过程仍需电话和传真的辅助,所以预订的成本并未下降反而大幅增加。②不方便。在线预订网站众多,且没有标准化的预订引擎,导致酒店认为网络预订是一种负担。此外,部分专业的在线预订网站知名度不高,订单寥寥,无法取得足够的经济回报来改善网站的服务功能,已在网站登录的酒店无法利用该网站达到预期目标,并且酒店对此无能为力,不能自己管理网络预订业务。③不省力。相当一部分网络预订系统的信息处理功能较弱,无法实现网上数据管理和传输,因而预订仍需手动操作的辅助。而这种方式与传统的电话、传真销售并无本质区别。

此外,不同网络预订模式在顾客便捷度、信息反馈的及时性和顾客满意度方面存在不同程度的问题:①在顾客便捷度方面,目前很多酒店的官网在顾客的便捷度上还存在诸多缺陷。如国内某家知名酒店的官网只支持有限的几种支付方式,无法满足国内公务信用卡或国际信用卡用户的差异化支付需求;还有一些酒店官网无在线客服或客户支持功能,客户在遇到问题或需要帮助时无法及时得到解答或协助。相对地,第三方代理预订平台的免费热线则是全天开通的,以携程为例,为了方便顾客随时查看网页,携程根据不同机型推出了不同手机客户端的下载,极大地方便了顾客。②在信息反馈的及时性和互动性方面,即使是洲际、希尔顿等国际五星级酒店集团的官网直销预订也还存在较大的上升空间。比如,酒店官网没有提供一个顾客与酒店、顾客与顾客之间的互动平台,导致顾客的意见很大程度上无法反馈到酒店方,酒店也因此失去了很多挽回对酒店有批评意见的顾客以及改进酒店不足的机会,此外,酒店也无法通过互动平台来吸引更多的新顾客。而以携程、艺龙等为代表的第三方代理预订网站虽然没有关于自身网站设施的互动平台,但设置了酒店方和顾客的互动平台,能够及时、有效地收到顾客的反馈信息。③在顾客满意度方面,一般的新顾客会觉得酒店官网预订比较麻烦,而对于老顾客,通过酒店官网预订可能会获得更多的优惠和会员积分。因此只从网站方面来看,顾客对第三方代理预订网站的满意度更高一些,毕竟对第三方代理而言,在线预订是其工作的重心,而酒店官网在线预订只是酒店工作的一部分,这也是酒店在未来发展上需要完善的方面。

## 第三节　酒店 CRM 管理与实践

客户关系是企业与客户之间各种联系的总和。客户关系管理(Customer Relationship Management,CRM)是运用现代信息技术识别有价值的客户,了解他们的行为、期望、需要,系统化地分析和跟踪研究之后,对其进行"一对一"的个性化服务,与客户建立良好的关系并对客户关系进行管理的过程。它能够有效提高客户的满意度和忠诚度,从而增加酒店的利润。

酒店业的不断发展导致酒店之间的竞争日益激烈,在这种情况下,建立并维持与客户之间的良好关系成为酒店成功的基本保证。客户关系管理代表着优质的客户关系、高效的组织机构、规范的行业制度以及稳定的经营业绩,它为酒店管理提供了生机和活力,帮助酒店在激烈的市场竞争中清醒地判断和果断地行事,掌握市场的动向。酒店客户关系管理能够通过深入分析客户消费行为及其价值取向,满足客户的个性化需求,提高客户忠诚度,挖掘新的市场销售机会,降低酒店的销售成本,增加酒店收入,拓展目标市场,从而全面提升酒店的营运能力和竞争力。

### 同步案例　东方饭店——做到极致的CRM

王先生出差到泰国,第二次入住泰国曼谷的东方饭店。次日早上王先生走出房门准备去餐厅,楼层服务员恭敬地问道:"王先生早!需要用早餐吗?"王先生:"你怎么知道我姓王?"服务员:"这是我们饭店的规定,晚上要背熟所有客人的名字。"

接下来王先生乘电梯下至餐厅所在楼层,刚出电梯,服务员忙迎上前:"王先生,里边请。"王先生:"你怎么也知道我姓王?"服务员微笑答道:"我刚接到楼层服务生的电话,说您已经下楼了。"

当王先生走进餐厅,服务员殷勤地问:"王先生,还要老位子吗?"王先生的惊诧再度升级,心中暗忖:"上一次来这里吃饭已经是一年前的事了,怎么会记得我的位子?"服务员主动解释:"我刚查过记录,您去年六月九日的时候,在靠近第二个窗口的位置上用过早餐。"王先生听后有点激动了,他说:"老位子!对,老位子!"服务员接着问:"老菜单?一个三明治、一份咖啡、一个鸡蛋?"此时王先生已经极为感动了,说道:"老菜单,就要老菜单。"接下来在给王先生上菜时,服务员每一次回话都后退两步,以免自己说话时唾沫不小心溅到客人的食物上。

此后三年多王先生因业务调整再没有去过泰国,可是在王先生生日的时候,突然收到了一封东方饭店发来的贺卡。贺卡上这样写道:"亲爱的王先生,您已经三年没来过我们这里了,我们全体工作人员都很想念您,希望能再次见到您,今天是您的生日,祝您生日愉快!"王先生当时热泪盈眶,激动不已。

问题:
1. 东方饭店CRM成功的秘诀是什么?
2. 酒店应如何在网络CRM下实现口碑管理和营销推广?

## 一、酒店CRM的功能

酒店引入CRM后,管理者能够依据系统自动生成的经营统计分析、趋势预测、客源结构分析、竞争对手分析、销售费用分析、客户及销售人员业绩分析等各种数据,进行市场定位、制定销售预算及营销策略、掌控核心客户并进行内部管理;同时,销售人员可以通过CRM系统进行销售活动的安排、了解酒店的营销策略及酒店的经营情况,建立并掌握合作客户的各种信息等,从而更加有效地采取相应策略实时跟进、保持并拓展客户群体,最终实现进一步增加酒店的销售额、提高酒店利润率、提升客户满意度、降低酒店销售成本的总体目标。

具体而言,酒店CRM有以下功能:其一,增加酒店销售额。CRM系统能够为酒店提供多渠道的客户信息,使酒店能够确切了解客户的需求,提高销售成功概率,进而增加酒店的销售收入。其二,提高酒店利润率。CRM 系统使酒店对客户有更多了解,因此,酒店能够更有效地抓住客户的兴趣点进行有效销售,避免盲目的、以单纯让利的方式来获取客户,从而提高酒店的利润率。其三,提升客户满意度。酒店可以利用 CRM 系统向酒店提供的多方位的信息和分析数据,对客户做出迅速而正确的反应,实现客户满意,并使客户愿意与酒店保持长期稳定的关系。其四,降低酒店的市场销售成本。CRM 系统能够对酒店的客户进行充分分析,使酒店在市场推广以及销售策略的制定与执行过程中避免盲目性,节省时间,降低成本。

在酒店 CRM 中,顾客档案通常用来收集与酒店发生过业务往来的个人和团体的资料,这些资料包括他们的基本信息(如姓名、地址、电话号码等)、酒店的消费历史记录及其他统计资料。酒店可以通过充分运用这些数据,预测顾客的需求和期望,为酒店业务带来增值。在新一代的酒店信息管理系统中,顾客档案和消费历史记录是贯穿全程的,即从顾客入住前到离店后,与顾客发生接触的预订单、等待列表、入住登记、房间状态图、留言、失物、消费账单、结账离店、应收凭证、销售统计等信息,都可以调出统一的界面,显示相关的信息。在顾客预订或入住酒店时,通过智能的匹配算法,CRM 系统可以从客户关系数据库中搜索到与当前顾客相吻合的相关记录,并给酒店工作人员以提示,提示的内容包括该顾客此前入住的酒店、时间、房间类型、会员级别、房价,以及预订、事前取消和实际入住的比率等信息。

酒店 CRM 还有一个重要功能是信息的统计数据分析,这里的统计数据指的是涵盖整个酒店范围内的客户关系数据。酒店 CRM 信息统计数据分析的侧重点在于从多方面、多角度对酒店的整个消费群体进行观察,通过分析已知事实,区分主次关系,识别要抓的关键点,找出共性和个性、发现关联因素,从而实现提高酒店收入、降低酒店成本的目的,使酒店在激烈的市场竞争中拥有更大的竞争优势。比如,酒店可以利用互联网环境下的口碑反馈平台,更好地进行酒店 CRM 的推广。顾客离开酒店后可能会到携程的酒店评分系统对酒店打分,酒店可时刻关注各大平台(如携程、Booking、Agoda、猫途鹰(见图 8-5)等综合性的旅游平台,以及单纯的酒店预订平台和酒店预订官网)的消费者反馈,利用网络爬虫的手段,在进行数据分析、数据清洗、数据预处理之后,通过 Web 挖掘、文本挖掘,找出顾客对酒店的评价,同时对核心的敏感字段区域进行分析,从而为服务改进提供依据,并可在此基础上做出营销方案,为顾客提供更好的服务,提升顾客满意度和忠诚度,最终提高客房入住率、增加酒店收入、降低酒店成本、提高酒店利润率。

图 8-5 客户反馈平台——猫途鹰

## 二、国内外酒店 CRM 现状

20 世纪 80 年代中期,国外酒店行业为了降低成本、提高效率和利润率,重新设计了酒店的业务流程,愈演愈烈的市场竞争使酒店赢得顾客长久的支持和信赖变得越来越重要,1997 年以来,酒店 CRM 在全球快速发展。国外酒店 CRM 系统的实施带有普遍性,如洲际的 Priority Club,凯悦的 Gold Passport,万豪的 Marriott Rewards,希尔顿的 Preferred Guest,香格里拉的 Golden Circle 等。

高科技硬件的使用,让酒店的软件服务和硬件充分发挥其服务功能,二者同时发挥最佳效能,相得益彰,促使酒店产生良好的经济效益和社会效益。酒店行业普遍认为,CRM 将成为酒店企业提高竞争力、在成熟市场中高效运作并获取利润的法宝。许多大型酒店集团已经率先使用 CRM 并取得了骄人的业绩。比如,全球酒店业中应用高新科技的"领头羊"万豪国际集团旗下酒店的 CRM 系统服务器除了提供酒店设施、服务项目、餐饮特色、旅游景点、购物指南等详细信息,同时还能够使顾客方便地访问网站、收发电子邮件、使用程序等,使酒店真正成为顾客旅行在外时的办公室(A Office Away From Office)。

目前国内一些酒店还没有进行系统的客户关系管理,比较缺乏实施 CRM 的资源和能力。比如,有的酒店的销售人员经常会忽视那些短期内看起来不重要的顾客信息,而这些信息却极有可能是酒店管理层非常关心和迫切需要掌握并据此制定管理和营销策略的信息。另外,部分已经实施 CRM 的酒店其实并不清楚 CRM 对酒店的意义。CRM 厂商不遗余力的宣传使酒店对 CRM 过于乐观,从而产生了许多不切实际的期望。酒店对 CRM 实施过程中可能会产生的困难和风险估计不足,只将其看作一个 IT 系统,认为只要安装 CRM 系统就能有效运行,却忽视了 CRM 系统运行的软硬件环境的改造。此外,很多酒店并没有顾客导向的服务文化,导致酒店员工的服务意识、业务素质以及酒店的组织机构和流程都达不到 CRM 的要求。

## 三、国内酒店 CRM 存在的问题

如前文所述,目前国内酒店的 CRM 尚存在一些问题,具体而言有以下几方面。

### (一)酒店将 CRM 等同于 CRM 系统

许多国内酒店认为客户关系管理就是安装一个系统,只要安装 CRM 系统就可以了。这是错误的。实际上,CRM 作为一种先进的技术系统,更是一种企业可以运用的先进的营销管理思想。酒店实施 CRM 最困难的不是技术,而是管理和控制企业内部的阻力。若酒店不能处理这些内部阻力,技术再好也无法发挥原有作用。

### (二)酒店原有的组织结构和业务流程不能配合 CRM 实行

国内大中型酒店普遍按前厅部、餐饮部、客房部、康乐部进行部门设置,使得酒店的各个部门相对独立,彼此业务上联系较少,缺乏沟通。而酒店实施 CRM 需要酒店设置一种"以客户为导向"、各部门联系紧密的组织结构,使 CRM 能够获得组织的支持。

### (三)酒店缺乏一整套完整的客户关系档案

大中型酒店虽然顾客众多,但其顾客信息分散、涉及面广、数据收集困难。酒店中的各个部门和各个员工都很难意识到收集客户信息的重要性以及确保收集信息的准确性的意义,一旦收集顾客信息的某一个环节出现问题,就会影响 CRM 系统中整个数据库的有效性。

### （四）酒店从业人员仅把 CRM 系统数据当作记录

许多国内酒店的管理者对 CRM 系统所收集的珍贵的顾客信息数据视而不见，仅将之视作顾客记录，仅把 CRM 当成单纯的 IT 技术，而没有把 CRM 作为一种经营理念，没有真正地将 CRM 应用到酒店管理中。

### （五）酒店各部门人员之间缺少协同配合

CRM 需要企业所有部门和全部员工持续不断地共同努力和协同作战，是需要酒店全体工作人员参与的系统工程。在与顾客进行接触、联系，并收集其信息，以及运用整理、分析、处理过的信息为顾客提供产品和服务的整个动态过程中，每一个环节都需要酒店的各个部门和全体员工的协作与配合。

## 四、酒店 CRM 的实施策略

针对前文所述的问题，酒店实施 CRM 的具体策略如下。

### （一）转变传统的 CRM 观念

行为会受思想的支配，因此必须纠正酒店从业人员对 CRM 的错误认知。其一，必须让酒店管理者充分了解 CRM，使 CRM 真正成为酒店的经营理念而非单纯的 IT 技术。其二，让酒店服务人员充分认识 CRM。服务人员是与顾客直接接触的人，如果他们不了解客户和 CRM 对酒店以及自身发展的意义，酒店 CRM 便无法得到贯彻，成功实施 CRM 更无从谈起。

### （二）重组业务流程及改造企业的组织结构

从酒店经营的角度来看，再造酒店整体的组织结构不但会引起过大的动荡，也会在一定程度上影响 CRM 的顺利实施，而且并不存在一种适合酒店实施 CRM 的、成熟的组织结构可供酒店选择。因此，酒店实施 CRM 应在部门之间的联系方面做工作。比如，设立专门的 CRM 部门，以加强酒店各个部门之间的联系，协调酒店各个部门的 CRM 工作，并在此过程中逐渐探索出一种更适合酒店 CRM 的组织结构。

### （三）选择适合酒店具体情况的 CRM 系统

在 CRM 系统的选择上，必须考虑我国的政治、经济、文化特点，考虑国内顾客的心理特征和生活习惯，最重要的是考虑酒店自身的情况（如酒店原有的系统、组织结构、操作人员的水平等）。

### （四）加强对从业人员的培训

首先，对酒店高层管理者的培训要先于酒店服务人员，从上到下贯彻 CRM 理念。其次，对酒店服务人员进行客户关系管理的基础知识培训，并将培训重点放在 CRM 系统上，同时普及实施客户关系管理的意义。最后，进行客户关系管理的实际操作培训，培训的重点是 CRM 系统的基础性操作，如客户信息的录入和查询等，使酒店服务人员能够正确使用 CRM 系统，使酒店的日常工作能够顺利进行。

### （五）重塑企业文化

酒店应重塑"以顾客为中心"的企业文化，可以从以下四个方面入手：第一，从顾客利益出发定义酒店的经营理念；第二，通过培训让酒店员工接受"以顾客为中心"的企业文化；第三，酒店的管理层应身体力行地信守"以顾客为中心"的企业经营理念；第四，在酒店内部建立激励机制，巩固"以顾客为中心"的企业文化。

### (六) 提高 CRM 中的知识管理

CRM 本质上是知识管理,只有充分了解相关信息,并将相关信息转化为自身的知识,使其成为酒店采取行动和进行决策的依据,信息技术才能实现应有的商业价值。

## 本章小结

酒店信息化管理是技术进步和时代发展的必然,酒店电子商务是其目标,它不仅包括为顾客提供网上订房的入口,或者利用电子化手段提供消费服务,还包括运用电子化的手段管理酒店的内部事务。顾客的需求是酒店进行服务营销的核心,本章重点论述了与顾客直接相关的酒店电子商务部分,包括概念、模式、网上订房等,以及互联网环境下的客户关系管理。

酒店电子商务是酒店利用电子化的方式向顾客提供商务服务,通过电子化的手段管理酒店内部的商务系统。它主要有两种模式:O2O 模式和 B2C 模式。它能够为顾客提供方便快捷的服务,能够拓展酒店的市场,降低酒店的经营成本,使酒店产品有形化,提高顾客的信任度。

预订工作是酒店客房盈利的重要渠道之一,酒店网络预订应包括产品信息模块、产品促销模块、会员管理模块、预订管理模块、客户评价模块和其他信息模块。酒店网络预订主要有 OTA 预订、直销预订和 GDS 预订三种模式;它们在顾客便捷度、信息反馈的及时性和互动性、顾客满意度方面各有不同。

客户关系管理是酒店业取得竞争优势的一个重要渠道。但目前国内部分酒店尚未进行系统的客户关系管理,在客户关系管理方面还存在诸多问题。

## 思考与练习

1. 试述酒店电子商务的概念和定义。
2. 酒店网上订房有哪些模式?
3. 试述中国酒店网络预订存在的问题。
4. 试述酒店应用 CRM 的意义。

## 案例分析

### 案例 1:凯莱酒店的 CRM 应用案例

凯莱酒店集团是一家中等规模的国际酒店管理集团,总部设在香港和北京。旗下酒店设有客房部、餐饮部、娱乐部和营销部等一线营业部门,以及采购部、财务部、人力资源部等后台支持部门。

为了充分发挥集团管理的优势,达到资源共享、管理高效、提高品牌竞争力的目的,凯莱酒店集团从 2002 年 9 月到 2003 年 5 月,历时 8 个月的时间,在旗下管理的全部酒店应用了 Hotel CRM 集团版系统。

一、凯莱酒店实施CRM的必要性

凯莱酒店自开业以来,在酒店各级人员的共同努力下,取得了良好的社会效益和经济效益。随着国内旅游的不断升温,凯莱酒店在目前的客源构成上形成了以商务客源为主、旅游客源为辅的体系。多年的统计数据表明:该酒店的客房收入占酒店年度利润的60%以上;餐饮方面的利润占酒店整体利润的30%;娱乐和会议作为来店消费客人需求的补充,为酒店产品的完善提供了有益的补充。

凯莱酒店较高的市场定位、相对较大的利润空间、顾客所期望的高品质服务和酒店的经营发展方向等,以及其所处的经营环境决定了实施CRM是其必然选择。

在内部管理方面,长期以来,凯莱酒店一直在进行探索和改进。但是,由于受人员素质和管理经验等诸多方面的影响,凯莱酒店并未形成一套行之有效的管理模式。酒店内部的各个部门之间协作沟通意识淡漠,"官本位"意识强烈,推诿、扯皮现象时有发生。这些都严重阻碍了内部信息的及时沟通,影响了凯莱酒店的正常经营和发展。

酒店外部,随市场经济的飞速发展,星级酒店也越来越多,档次也越来越高,越来越豪华,并且新开业的酒店大多聘请了专业的酒店管理公司进行管理。相对于那些专业的管理公司而言,凯莱酒店的管理水平则稍显逊色。而且随着住店客人需求水平的不断提高,其求新求变的观念更加强烈,因此,凯莱酒店在总体的竞争中处于不利的位置。

综上可以看出,凯莱酒店实施CRM以保持老客户,发展新客户成为必然的选择。

二、凯莱酒店实施CRM过程

凯莱酒店自开业伊始,便着手建立客户信息数据库和预订管理系统,并在客户信息数据库的基础上向客户提供个性化服务。2002年3月,引进先进酒店管理信息系统,使得系统全面升级,并开始引入客户信息的多维分析系统。

整个系统采用先进的技术模式,所有的应用服务器软件、数据库服务器软件均安装在集团总部的中心服务器上,各酒店本地不再需要建立庞大的系统,仅需要通过网络登录到中心服务器使用同一套系统,数据通过权限的设定相互隔离,使每家酒店感觉是在各自使用一套独立的系统。具体结构如下。

总部:北京总部设立2台HP-Compaq高能服务器,安装Win2000 Advance Server和SQL 2000企业版用于构建服务器集群,Hotel CRM安装在服务器集群上。服务器集群通过防火墙与互联网连接。总部连接的带宽为独享。

网络连接:采用VPN技术,通过公网进行连接。

酒店:各酒店设立一台PC接口机,用于完成各酒店的PMS(Fidelio系统)与总部Hotel CRM的数据交换。酒店的业务人员使用IE浏览器登录到总部中心服务器上进行业务操作。

三、凯莱酒店实施CRM的成效

凯莱集团共应用的七大模块:Account,Sales,OLAP,Guest,Online Booking,Email Server,Fax Server。具体应用情况如下。

(1) 各酒店销售部使用Account模块集中管理自己的签约客户,集团完成客户的汇总和客户资源共享。

（2）各酒店使用 Sales 模块对销售员进行跟踪量化管理。

（3）各酒店使用 OLAP 模块进行本酒店的市场分析和销售业绩分析，集团通过该模块进行数据汇总和全局的市场分析。

（4）Guest 模块帮助集团完成客史资料的共享，通过积分奖励计划提高各酒店和整个集团的顾客忠诚度。

（5）集团网站与 Online Booking 模块连接，顾客在网站上进行的预订通过 Online Booking 模块直接取得预订号，集团内各酒店通过 Online Booking 模块可直接查询到其他酒店的房态，并可进行实时预订。

（6）在进行各种促销活动时，集团和各酒店的业务员通过 Email Server 和 Fax Server 模块对顾客进行邮件群发等。

将顾客信息系统初步建立时的数据和实施 CRM 整合策略后的数据进行比较，凯莱酒店被跟踪顾客的反馈情况表明，顾客满意度有一定改善，对酒店预订的效率和准确性的满意度明显提高，尤其在客房服务方面。推广个性化服务后，CRM 的实施使 85％以上的顾客给予"很好"和"好"的评价。

被跟踪顾客的销售记录表明，虽然入住酒店的频率没有明显增加，但在平均每次的消费金额方面有了 10％～22％的提高，以往一向不被重视的客房迷你吧服务，由于提供了个性化的食品组合，平均消费金额也上升了 12％，在餐饮方面，有些顾客的消费增长了 28％。

在过去的一段时间内，凯莱酒店在保持较高房价水平的同时，达到平均 75％以上的客房出租率；在没有扩大销售队伍和营销队伍的条件下，保持了营业额的稳步增长。从以上几个方面来看，凯莱酒店在 CRM 的实施上确实取得了一定的成功。酒店管理层相信，CRM 实施的成效还有望在未来的经营中进一步显现出来。

问题：

1. 凯莱酒店 CRM 的实施对传统旅游服务业有哪些借鉴意义？
2. 凯莱酒店 CRM 实施还存在哪些可以改进的地方？

### 案例 2：携程创始人直播带货，1 小时卖掉千万元酒店套餐

"直播带货"已经成为风尚。继某地县长卖 50000 只烧鸡、10000 单猕猴桃后，2020 年 3 月 24 日，携程创始人也投身"直播带货"，在海南三亚·亚特兰蒂斯酒店开启了人生第一场直播，并在 1 小时内销售出价值 1000 万元的酒店套餐。

据了解，三亚·亚特兰蒂斯酒店是国内的一家七星级酒店，占地面积达 54 万平方米，是集度假酒店、娱乐、餐饮、购物、演艺、物业、国际会展及特色海洋文化体验八大业态于一体的旅游综合体。

携程创始人的直播间选在号称"三亚最贵酒店房间"的波塞冬水底套房。该房型日常售价为每晚 11 万元，房间面积达 340 平方米。透过落地窗，可看到 86000 尾海洋生物漫游水中。网友在实景直播与预售折扣价的双重冲击下，纷纷按下预约键。

携程创始人在直播中抛出了直击人心的优惠：原价 2000 多元的海景房，1288 元预售，赠 2 大 2 小自助早餐及 1432 元的水世界门票、792 元水族馆门票。原价 5.8 万元的尼普顿水底套房，买 1 赠 1！粉丝说："梦想酒店预售价格真香！"

日常热爱旅行、足迹遍布六大洲的携程创始人，还在直播中展现了非常娴熟的"内容能力"。在一位 KOL（关键意见领袖）提出了关于亲子游的问题后，携程创始人

脱口而出："低龄儿童适合找全包度假村,例如,三亚·亚特兰蒂斯酒店就很适合亲子游,父母几乎不用做攻略,这叫'酒店即目的地'。"

许多酒店正在积极抓住直播带货市场的新机遇,推出前所未有的优惠措施。这些优惠活动允许消费者以折扣价提前购买酒店服务,而后可以在促销期限内自由选择入住时间,无须立即安排行程。另外,这些酒店产品最大的亮点是如果不消费,可以全额退款。

折扣价买入、自行确定消费时间、可全额退款——这种对于顾客几乎无后顾之忧的销售方式,开启了旅游产品的"囤货时代"。既然酒店作为旅游产品,也可以囤着,等到想去的时候再去,那么放在直播平台中销售,就变得更加理所当然了起来。而对酒店来说,在购物直播上表达想要的诉求,这与那些快消品也并无多大区别。

(1) 提升品牌知名度。合理的品牌曝光策略对于酒店提升知名度、促进订单增长的重要性已经不言而喻。通过购物直播,尤其是那些顶级主播的直播,不但订单量可观,哪怕仅仅5分钟的直播,也能够带来惊人的曝光率。

(2) 提升订单与营收。这是考量酒店营销成果的核心KPI,也是酒店所有营销诉求中最为直观、最能够被量化的维度。购物直播中紧迫的时间与货品数量,无一不给观看者刺激,足够诱人的折扣力度,可囤货、可退款的慰藉,足以让观看者下单。

(3) 实现流量收割与会员沉淀。通过购物直播的流量带来的用户和订单席卷而至,但这一波客户不能如狂风过境般来了就走,更重要的是如何用顾客忠诚度体系留住他们。

那么,酒店行业该如何更快适应直播时代呢?

酒店行业可以采取以下策略:

其一,虽然与顶级主播合作能显著提升产品曝光度,但其高昂的成本可能不适合所有企业。因此,酒店可以考虑培养内部的"网红"人才,如培养员工直播带货或者与旅游达人合作进行直播带货。

其二,直播卖货的策略应该与抖音等平台的短视频内容有所区别。直播的核心不仅在于展示酒店的环境和设施,更关键的是要突出折扣优惠和特色体验,通过直播的互动性来加深消费者的购买意愿。通过这种方式,酒店不仅能够展现自身的独特魅力,还能通过直播的即时互动来更有效地转化潜在顾客。

(资料来源:TechWeb、都市商学院,2020-03-24。)

问题:

1. 除直播外,酒店还有哪些可以利用的信息化手段?
2. 酒店应如何更好地运用信息化进行管理?

**案例3:男子花1.5万元订房被取消一晚,平台客服竟这样回应此事**

光明正大地花钱在网上订了酒店却不能说?说了竟被取消订单!重庆的张先生就遇到了这样的事。他付全款1.5万元在一家线上平台预订了三晚房间,最后莫名其妙被取消了一晚。

[事件回放]

这趟旅游很糟心,网上订三晚房折腾两晚取消一晚。

家住重庆市南岸区的张先生2018年1月中旬通过某平台预订了春节期间澳门

喜来登金沙城中心酒店的客房，共计两房三晚，总金额人民币15024元，全额付款并提交订单成功后，客服来电与他确认了订单。

2月16日6:00许，张先生一行6人（4个大人2个小孩）到达酒店，但这时酒店前台称，没有张先生的订房信息。张先生致电平台，客服表示让他稍等。直到19:30，张先生才接到代理商的电话，让他去前台办理入住。可到了前台，还是无法查到相关信息，代理商叫张先生把手机交给前台，他们通话结束后，张先生才得以入住，此时已20:00，前后折腾了4小时。

酒店方还告知张先生，仍旧没有后面两天的订房信息，后面需要重新办理入住。

到了第二天，果然重复了第一天的情况，折腾到23:30，张先生一行才得以入住。而到了第三天，张先生直接被通知，房间取消了。

张先生很不解："我全款订的房，为什么说取消就取消了？"

从16:00，一直折腾到20:00，张先生一行的住宿问题还是没能解决。

张先生当时致电平台，得到的答复是："你们泄露了订房渠道。"张先生百思不得其解，都是透明公开交易，怎么就泄露了订房渠道？无奈之下，张先生只得改变行程。

数月来，张先生一直在找平台要说法。对方愿意退还最后一晚的房费，但张先生觉得，不应该只是这样。

[记者调查]

平台：取消是因为客户"泄露订房渠道"。

5月8日，记者拨打了平台客服电话，客服接听了电话。对方确认有一笔张先生2月16日入住澳门喜来登金沙城中心酒店两房三晚的订单，当时客户是交的15024元的全款。当被问到为何取消了第三晚的房间时，该客服表示，因为泄露了订房渠道，所以给取消了。

何谓"泄露了订房渠道"？该客服说，平台与酒店合作一般有两种形式：一种是直销，一种是代理。其中，代理的一般都是特殊房源，其价格比前台和直销的价格都要低很多。张先生订的这种客房就是代理模式，因此，张先生到酒店后不能直接去前台办理入住，而是要联系平台，由代理商直接送来房卡，或是由代理商跟酒店前台对接好后，客户直接去前台报姓名取房卡即可。而张先生到前台告知了酒店方房间是通过平台订的，就是"泄露了订房渠道"。

当记者问道："不能'泄露订房渠道'，对此，平台有相关规定吗？"客服表示，在网上订单的"顾客须知"里有提示。

记者在平台找到张先生预订的酒店，点开"更多提示"，确实跳出一个"顾客须知"，上面显示："此为向代理商申请的特殊价格，请保密预订渠道，不要提及是从平台预订的产品；您预订的房间无须在前台办理入住……"至于如果"泄露订房渠道"会怎样，提示里却未提及。

消费者：并未明确告知，光明正大花钱订房还不能说了？

对于商家的此项规定，张先生说，他并不知道，当时未详细看提示，也没人明确告诉他如果泄露订房渠道，会被取消房间，他想的是，全款都付了，肯定没问题。

被取消之后，张先生一直不能释怀："我光明正大地花钱在网上订的房，难道还不能说了？"

记者从平台客服那里了解到，张先生订的两房三晚的总价是15024元。但平分到每晚的价格是不同的,分别为第一晚,一间 1757 元;第二晚,一间 2518 元;第三晚,一间 3237 元。从中可以看出,第三晚的价格最高。

而张先生认为,这恰恰也是他们取消第三晚住宿的关键,"当时已是大年初三,正是旅游高峰,被取消后,我们到澳门其他酒店看了下,同类别的房间报价都在每间六七千元,是我当初订房价格的 2 倍多。最主要的是,当时都客满了,想订也订不到了,只好前往珠海。"

张先生一直觉得,对方所谓的"泄露订房渠道"只是一个托词,而追求利益最大化才是他们的目的。

业内人士:侵犯消费者知情权如存在欺诈可按 3 倍赔偿。

平台"不能泄露订房渠道"的提示是否能成为取消订房的理由?此事件消费者该如何保护自己的权益?

(资料来源:重庆日报,2018-05-11。)

问题:

1. 在不同的网络订房服务中,酒店应如何避免与消费者之间的纠纷?
2. 酒店应如何与其他企业合作,从而提供不同的网络订房服务?

# 第九章

## 现代酒店业全价值链管理

本章知识图谱

### 学习导引

随着时代的发展,酒店业在蓬勃发展的同时,出现了许多新的业态,并呈现出新的形势与特点,其盈利模式也发生了变化。如何理解酒店业在日新月异的发展中所呈现出的各种变化?尤其是如何理解现代酒店业全价值链及其投资的策略和盈利模式?通过本章的学习,我们可以一起去寻找答案。

### 学习重点

通过本章学习,重点掌握以下知识要点:
1. 现代酒店业面临的新形势和新特点。
2. 现代酒店业全价值链包含的内容。
3. 现代酒店业全价值链投资的五大策略。
4. 现代酒店业全价值链投资的八种盈利模式。

### 素养目标

学生通过学习上述知识要点,可以增强系统思维意识,提升调研分析能力、供应链管理能力和资源整合能力,并在品牌价值塑造学习的过程中增强文化自信。

## 第一节 现代酒店业全价值链解读

20世纪80年代,波特提出了价值链概念,将企业经营过程划分为基本活动和辅助活动等互相联系、互不相同的活动,认为企业创造价值的全过程可分解为一系列互不相同但又互相关联的价值增值活动,其总和构成企业的"价值链"。价值链是"判定竞争优势并发现一些方法以创造和维持竞争优势的一项基本工具",企业赢得竞争优势的重要手段就是比竞争对手更廉价或更出色地开展这些重要的战略活动。波特提出的基本价值链更多地适用于生产有形的标准化工业品的企业,现代酒店业有其自身的特征。本节在分析现代酒店业面临的新形势和新特点的基础上,从资产价值链、功能价值链、品牌价值链、文化价值链和情感价值链五个方面对酒店业全价值链进行解读。

## 一、现代酒店业面临的新形势与新特点

中国旅游业发展日新月异,其产业规模、市场规模不断扩大。作为旅游业重要支柱的酒店业在此背景下,虽然面临着许多机遇,但挑战加剧,竞争也越来越激烈。酒店也为了适应新形势、新市场,出现了许多新变化、新趋势,并呈现出一些新的特点。

### (一)现代酒店业面临的新形势

1. 旅游休闲酒店引领新趋势

中国旅游业正逐步从观光旅游向休闲度假转变,中国休闲度假大会提出,中国已经进入新度假时代。旅游休闲酒店在酒店的发展中呈引领姿态的特点也变得十分明显。比如,由复星国际投资110亿元建造的三亚·亚特兰蒂斯酒店拥有1314间全海景房及水底套房和21个餐饮点位的同时,还拥有20万平方米的亚特兰蒂斯水世界、海水总量达1.75万吨的水族馆、可同时容纳1800名观众的海豚湾剧场,构成一座集度假酒店、娱乐、餐饮、购物、演艺、特色海洋文化体验等丰富业态于一体的旅游度假综合体,构建了一个度假世界,为客人提供丰富的休闲体验。

2. 旅游文化酒店前景广阔

文化是旅游的灵魂,随着文化的注入,酒店业的发展将因文化的诸多表现形式而产生广泛的应用前景。例如,2020年东呈集团、海南漫屿筱筑酒店等签约滨海恒大文化旅游城"公寓酒店托管式运营"。随着乐园经济全面爆发,滨海恒大文化旅游城的价值也将随之提升。

3. 商务型酒店仍是主流

商务型酒店是以商务客人而非旅游度假客人为主的酒店。商务型酒店在地理位置、酒店设施、服务项目、价格等方面都以商务为出发点,尽可能地为商务客人提供便利。中国经济发展态势为商务型酒店提供了广阔的客源市场。数据显示,亚太商旅市场主要集中于中国、日本、印度、韩国四个国家,2018年上述四国合计占整个亚太商旅市场的85%,中国市场占地区支出的61%左右。在未来酒店业的发展中,商务型酒店仍是主流。

4. 共享度假酒店形成新机遇

随着休闲度假的兴起,从海滨度假、到山地度假、湖区度假,共享酒店将成为未来酒店业发展的新形态。共享住宿的商业模式,能够为旅行者提供廉价的住宿以及融入当地社区的独特体验,也为屋主提供将闲置房屋出租变现的机会。2015年7月和8月,小猪短租(现小猪民宿)和途家网(现途家民宿)分别完成了6000万美元C轮融资和3亿美元D轮及D+轮融资,房源分别达到3万套和55万套,主要来自个人业主的托管以及地产开发商的托管。

### (二)现代酒店业发展呈现的新特点

1. 主题化

国内酒店目前的功能比较单一,差异化发展还不够突出,但主题化的发展趋势日益明显。

比如,温泉主题酒店、山谷主题酒店、文化主题酒店、高尔夫主题酒店等。典型的主题酒店有原生型主题酒店①,如都江堰鹤翔山庄(道家文化主题)、浙江西子宾馆(文化名人主题),以及再生型主题酒店②,如上海迪士尼乐园酒店、深圳威尼斯酒店;甚至还有针对武侠小说迷的金庸武侠小说主题酒店,如九寨记忆温泉大酒店、雁荡山静凡居民宿、武当山建国饭店、峨眉山勐巴拉酒店、泰安云巢宾馆、黄山元一柏瑞酒店等。酒店的主题化是现代酒店业出现的一个新特点,应好好把握。

2. 市场化

酒店由于投资大、周期长的特点,必须以市场需求为导向。市场化的原则是酒店投资发展的新特点,酒店要有明确的市场定位、合理的市场细分,并利用市场细分和市场分化的特点进行推广营销,特别是关注消费分级(既存在消费升级也存在消费降级)。

3. 品牌化

品牌是一个价值流动的链条,也是酒店获取其价值溢出的重要特征。酒店的品牌化不仅指它的名称,还包括它的丰富内容。每年国际上会评选全球一百强的酒店品牌,中国旅游饭店业协会也会评选百强的酒店品牌,这是酒店业发展的风向标。酒店的品牌化对酒店业发展至关重要,是现代酒店业发展需要追求的一个目标,也是其发展呈现的特点。

4. 综合体化

国内酒店在过去呈现出单体化发展的特点,目前国内的单体化酒店占市场规模的60%以上,但在国际上约80%的酒店都属于连锁化和综合体化的酒店。国内酒店因房地产的发展而兴盛,旅游地产的发展为酒店带来了新生,旅游地产特别是商业地产的发展都呈现出综合体化的特点,比如不同类别、不同主题的酒店都存在于一个综合体内。典型的如澳门的威尼斯人酒店,它作为一个度假综合体,内含诸多酒店业态。

5. 创新化

随着时代的发展和市场的分化,酒店业作为一个传统产业也在不断变化,过去比较看重星级酒店,而现在出现了很多新概念的酒店,比如各种民宿,在创新化特点的驱动下,酒店业出现了不同概念的新业态;此外,酒店除提供住宿和饮食外,还在诸如共享办公、新零售等方面融入了新的价值和功能的创新。

6. 资本运作

酒店业非常关注资本运作,比如,旅游酒店作为旅游地产的一个重要表现形式,最初主要关注服务管理,之后关注经营管理,现在则更加关注资产管理、资本运作。

## 二、现代酒店业的全价值链

旅游酒店业作为服务性行业,在很大程度上是一个标的物资产价值非常庞大的业态。我们将从资产价值链、功能价值链、品牌价值链、文化价值链和情感价值链五个方面对酒店业的全价值链进行解读。

---

① 原生型主题酒店,是指依附特种资源的文化主题酒店,分为依附自然资源的文化主题酒店(如茶文化主题酒店、石文化主题酒店、温泉文化主题酒店)和依附人文资源的文化主题酒店(如历史文化主题酒店、城市文化主题酒店、名人文化主题酒店)。

② 再生型主题酒店,分为自创型主题酒店(如上海迪士尼乐园酒店)和再创型主题酒店(如深圳威尼斯酒店)。

(一)酒店业的资产价值链

酒店的资产按照可以核算的标准主要包括货币资金、对外投资、固定资产和无形资产。

1. 货币资金

货币资金是停留在货币形态,可以随时用于购买和支付的资金。酒店的货币资金主要是指库存现金和银行存款。

(1)库存现金。

库存现金是指存放在财务部门,由出纳员保管的纸币和硬币。

酒店的库存现金遵照《现金管理暂行条例》主要用于:①职工工资、津贴;②个人劳务报酬;③根据国家规定颁发给个人的科学技术、文化艺术、体育等各种奖金;④各种劳保、福利费用以及国家规定的对个人的其他支出;⑤向个人收购农副产品和其他物资的价款;⑥出差人员必须随身携带的差旅费;⑦结算起点以下的零星支出;⑧中国人民银行确定需要支付现金的其他支出。

(2)银行存款。

银行存款是指酒店存放在银行和其他金融机构的货币资金,酒店用它来办理存款、取款和转账结算。酒店日常经营过程中,大量的与其他企业或个人的经济业务往来,都是通过银行结算的。

2. 对外投资

对外投资是指酒店对外投出资金以获取经济利益的经济活动,目的是增加酒店的财富或谋求其他利益。

(1)交易性金融资产。

交易性金融资产主要是指酒店为了近期出售而持有的金融资产,包括为交易目的所持有的债券投资、股票投资、基金投资、权证投资等和直接指定为以公允价值计量且其变动计入当期损益的金融资产。

交易性金融资产具有两大特点:①企业持有交易性金融资产的目的是获取短期利益;②该资产具有活跃市场,公允价值能够通过活跃市场获取。

(2)长期股权投资。

长期股权投资是指酒店以投资的方式获取被投资单位的股份。

长期股权投资具有以下特点:

①投资的目的是长期持有。长期股权投资的目的是长期持有被投资单位的股份,成为被投资单位的股东。

②对被投资单位产生的影响不同。控制型长期股权投资——有权决定企业的财务和经营策略;共同控制型长期股权投资——双方按照合同约定共同对某项经济活动实施控制;重大影响型长期股权投资——有权参与企业的财务和经营策略的制定,但并不能决定这些策略;此外,还有无控制、无共同控制且无重大影响的长期股权投资。

③利益与风险共存。进行股权投资能获取经济利益,但同时要承担相应的风险,相对于长期债权投资而言,股权投资风险较大。

④不能随时出售。依所持股份份额享有股东的权利并承担相应的义务,通常情况下不能随意抽回投资(股票投资除外)。

3. 固定资产

对酒店业来说,固定资产投资比其他制造企业要大得多。酒店业固定资产的投资额往往要占到其总投资额的80%左右,固定资产投资金额大、收回期较长,属于酒店的资本支出。因此,与其他行业相比,酒店业对于固定资产的核算显得更为重要。

酒店固定资产具有以下几个特点:

(1) 投资金额较大。酒店业是固定资产密集型企业,资金投入量较大,对企业财务状况和现金流量都会产生较大的影响。

(2) 使用时间较长。能较长时间参加生产经营过程且不明显改变其实物形态。

(3) 投资回收的时间长。固定资产投资金额较大,回收期也较长,一般都在两年以上才能收回,有的甚至需要更长的时间才能收回。

(4) 使用过程中不断磨损。其价值随磨损程度通过提取折旧的方法逐渐转移到产品的价值中,通过产品销售来实现投资的收回。

(5) 价值的补偿和实物的更新不同步。固定资产的价值补偿和实物更新在时间上不一致。

(6) 资金循环缓慢。用于固定资产的资金需要较长时间才能循环一次,其时间长短取决于固定资产的使用期限。

(7) 变现能力差。酒店进行固定资产投资,是为了满足酒店内部经营的需要,其投资一旦完成往往难以变现。

4. 无形资产

无形资产是指酒店拥有或者控制的没有实物形态的可辨认的非货币性资产。它主要包括专利权、非专利技术、商标权、著作权、土地使用权、特许权等。

无形资产含义中的"可辨认性",是指该项资产能够从酒店中分离或者划分出来,并能单独或者与相关合同、资产或负债一起,用于出售、转移、授予许可、租赁或者交换;或者是源自合同性权利或其他法定权利,无论这些权利是否可以从企业或其他权利和义务中转移或者分离。

一项资产除了具备"可辨认性"条件外,还需要同时满足下列条件,才能确认为无形资产。

(1) 与该无形资产有关的经济利益很可能流入企业;在判断无形资产产生的经济利益是否有可能流入时,应当对无形资产在预计使用寿命内可能存在的各种经济因素做出合理估计,并且应当有明确的证据支持。

(2) 该无形资产的成本能够准确地计量。

从投资来看,酒店的资产规模比较大,因此在酒店的经营管理中,不仅要关注它的服务体验性,还要站在投资者的角度,关注它的资产价值及其保值、增值和溢价性。

(二) 酒店的功能价值链

当今社会,酒店的功能日趋多样化和专业化。酒店的分类与等级也表明了这一行业的市场热点。现今的酒店除提供一定的住宿、餐饮等服务外,根据不同的经营特点还衍生出了更多的功能。

1. 酒店的私人空间功能

不同类型酒店的私人空间设计都应该满足住客基本要求,如生理、安全、感情和尊重等方面的要求,酒店的私人空间功能具体见表9-1。

表 9-1　酒店私人空间功能

| 功能 | 内容 |
|---|---|
| 休息功能 | 床位、洗澡间、厕所、相关用品 |
| 外联与工作功能 | 电视、电话、写字台、宽带、电脑 |
| 接待功能 | 接待桌椅及空间、独立接待客厅 |
| 娱乐休闲功能 | 泡浴冲浪间、棋牌间、综合娱乐间 |
| 安保助理功能 | 保安间、秘书间、工作间、会议室、暗道 |

2. 酒店的公共空间功能

酒店应该充分利用宽敞的公共空间，开展各种经营活动，一般来说，酒店的公共空间功能主要包括的内容如表 9-2 所示。

表 9-2　酒店公共空间功能

| 功能 | 内容 |
|---|---|
| 餐饮功能 | 早餐厅、宴会厅、茶餐厅、小吃餐饮厅、中西特色餐厅、露天餐厅、烧烤营地 |
| 接待功能 | 专设休息等待厅（免费）、大堂吧、咖啡厅、茶馆 |
| 商务与旅行服务功能 | 订票、旅行社、传真、长途电话、上网、复印、租车、秘书 |
| 会议会展交易功能 | 会议室、报告厅、展览厅、展览廊道、表演厅、多功能厅 |
| 康体休闲功能 | 游泳池、温泉中心、洗浴中心、按摩室、美容美发室、健身室、保龄球场、网球场、乒乓球室、羽毛球室、棋牌康乐室、拓展运动基地、小型游乐场 |
| 娱乐功能 | 酒吧、水吧、KTV、电子游戏室、激光射击、室内高尔夫、综合包间、小剧场、音乐厅、放映厅 |
| 购物功能 | 百货小超市、艺术走廊、工艺商店、名品专卖店 |

## 经典案例　酒店合理布局的必要条件——前期规划及各部门协作

要保证酒店餐厅的良好运营，除了要配备合适的人才及优质的原料供应外，酒店厨房及餐厅之间的联系在设计时就必须考虑周到。

万豪国际集团的 DDO（发展运营部）常会对尚处于设计阶段的酒店图纸进行讨论。DDO 首先会完成基本的管线及品牌标准要求的设计及审查，如根据品牌标准，制冰机边上必须有一个小型空间用以安放两个盛水盒，一个盒子中含消毒水，平时会存放盛冰块的铲子；另一个盒子中装有清水，每次使用前需要将铲子在清水里涮一下方可盛冰块。如果设计师没有为此设计专用的空间，酒店在实际运营过程中就很难保证相应标准的落实，从而埋下食品安全隐患。完成了上述检查之后，DDO 的设计师就会与餐饮总监或厨艺总监讨论动线设计。主要考虑的三大动线有 Work Flow、Service Flow 和 Guest Flow，分别针对厨房人员、餐厅服务人员及客人。该环节涉及的内容较为琐碎，需要丰富的实战经验。例如，服务员进后厨的途径可以有两个选择,如果从其中一个位置进入,后厨提供的空间较小,可能就要用挡帘代替推门;如果从另一个位置进入,尽管可以设置推门,但可能会与传菜的动线相撞。除了动线,设计师还需要考虑设施的使用便利性。如DDO的设计师发现自助餐图纸上某处的吧台较宽,无法根据需要从客人手里接过食材进行烹饪,但是煤气管线已经铺设好了。此时餐饮总监就会提议将该区域改造为明厨,或在别处添加电子炉等。尽管DDO团队均有较为丰富的酒店运营经验,但各部门的总监们所具备的经验更为丰富,两者从项目初期就保持紧密合作方可保证酒店后期的实际运营尽可能顺利。

酒店在过去主要解决的是食宿功能的问题,比如观光型酒店更多面向普通旅游者,它的主要功能即面向观光游客的住宿功能。而随着旅游业的分化和丰富化,酒店业在功能方面发生了巨大变化,比如观光旅游向休闲度假的发展趋势促使酒店衍生出休闲度假和商务、娱乐的功能,甚至在某种程度上还有投资的功能。因此,在关注酒店的服务管理和经营管理的同时,还要关注它的功能价值。

此外,酒店的社会属性使其与周边的环境有着互相渗透、互相补充的关系,这使得空间形成了不同程度的开放性。就目前国内酒店的发展情况来看,我国大部分的酒店效率低下,社会功能不足,酒店功能结构呈封闭性,在国际竞争中附加值极低。

酒店功能应与交通流线连为一体(见图9-1),合理的布局可以提高工作效率,并使得环境

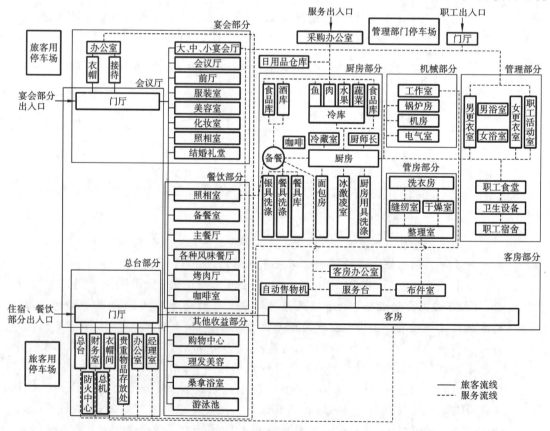

**图9-1 服务、旅客流线示意**

整洁、有序,如应该注重餐饮空间和厨房空间的衔接功能、餐饮垃圾通道和服务流程等,以及考虑各种关系,包括已住客人与宴会客人的通道关系、入口人流和车辆停留的关系等。

(三)酒店的品牌价值链

1. 品牌资产的概念

20世纪80年代在西方发达国家发生了一些有影响的酒店并购案,其最后的收购价格都大大超过被并购方的有形资产价值。1967年至1987年,希尔顿酒店集团三次易主,最终被莱德布鲁克(Ladbrok)集团收购。1989年英国巴斯有限公司对假日集团和洲际集团收购兼并。这引发了众多学者对品牌等无形资产的重视与研究,品牌资产(Brand Equity)理论在西方国家开始盛行。

国内外学者从不同的角度对品牌资产下了很多定义,可以总结为以下三种类型。

(1)基于财务会计视角的品牌资产定义。

此观点认为品牌资产本质上是一种具有巨大价值的可交易资产。修克尔和韦兹认为,品牌资产是有品牌名字产品与无品牌名字产品产生的现金流量差额。艾克尔认为,品牌资产是连接品牌、品名、符号的一个资产与负债的集合。英国著名品牌研究机构国际品牌集团认为,品牌资产在于品牌能够使其所有者在未来获得更稳定的收益。

(2)基于市场品牌力视角的品牌资产定义。

此观点认为只有在考虑品牌收购或兼并时品牌资产的财务价值才重要,相对而言,品牌资产的大小应体现在品牌自身的成长与扩张能力(如品牌延伸能力)上更为重要。艾尔丹和斯威特认为,品牌资产是品牌作为产品定位可靠信号的价值。邦纳和纳尔森认为,品牌资产是指依附于品牌名称的商誉。卢维埃和约翰逊则将品牌资产定义为无法由属性衡量和解释的效用。

(3)基于消费者视角的品牌资产定义。

此观点认为品牌资产的大小源于它给消费者带来利益的大小。基姆认为,品牌资产是指品牌唤起消费者思考、感受、知觉、联想的特殊组合。科勒认为,以顾客为基础的品牌资产是消费者受某一品牌推广效果的刺激而反应于品牌认知的差异,品牌资产来自顾客对品牌的反应差异,顾客的反应差异体现在对品牌营销的感知、偏好、行为上,反应差异取决于顾客对品牌的认知。法奎汉将品牌资产定义为品牌给使用者带来的超越其功能的附加值或附加利益。大卫·爱克认为,品牌资产能够为企业和顾客提供超越产品和服务本身的利益之外的价值。美国营销科学研究所认为,品牌资产是品牌的顾客、渠道成员、母公司等对于品牌的联想和行为,这些联想和行为使产品可以比在没有品牌名称的条件下获得更高的销售额或利润,可以赋予品牌超过竞争者的强大、持久和差别化的竞争优势。国内学者符国群将品牌资产定义为附着于品牌之上,并且能为企业带来额外收益的顾客关系。总之,看待品牌资产的视角不同,归纳得出的定义也就迥异,目前学术界尚未形成统一的品牌资产定义。

2. 品牌文化的附加值

品牌的名称与商标即品牌形象的重要内容。酒店名称和商标一经注册就具有一定的稳定性,不能轻易更改。品牌的识别功能和传播功能是它的首要功能。想让消费者通过品牌迅速识别产品,并使品牌在消费者中广泛地传播,酒店就必须注重自身品牌的个性化特征。只有酒店品牌具有个性化,才能引起消费者的好奇心和注意。这主要是因为人们的生活呈现多元化的发展,消费者期望通过品牌的个性特征来表现自我。因此,庸俗、不具文化魅力的品牌不受消费者欢迎,而具有个性化的品牌则在市场上有较强的竞争力,特别是中青年消费者对个性化品牌情有独钟,也就使有个性文化魅力的酒店品牌脱颖而出,成为知名酒店品牌。

3. 酒店品牌价值链的重要意义

品牌是市场经济中酒店最重要的一项无形资产,它关系着酒店市场竞争力的大小及可持续发展,能够扩大酒店的经营规模、拓展酒店的新市场、增强酒店的盈利能力和竞争力。

酒店品牌价值链的重要意义如下。

(1) 提高消费者重复购买率。

品牌资产能够帮助消费者认识酒店的品牌内涵与产品价值,使消费者从认识品牌到认同品牌直至品牌忠诚。而当消费者对酒店品牌产生较高的忠诚度时,消费者在相当长的时间内就会不断地重复购买该酒店品牌的产品和服务,并向与之关联的社会大众传播该酒店品牌。因此,品牌资产有助于酒店营销计划的实现,提高消费者对酒店产品的重复购买率,增加酒店的市场份额,提高酒店的盈利水平。

(2) 促进产品溢价销售。

品牌资产能够使酒店采用溢价方式定价所销售的产品,从而提高酒店的盈利水平。消费者对酒店产品与服务质量的认知源于酒店品牌相关的产品的特征、性能等信息对消费者的长期影响,是一种感性认识。消费者愿意为良好的品牌形象支付更高的价格,其中高于产品内在价值的价格即溢价。消费者在购买酒店产品与服务的同时也在感受品牌所代表的精神和文化内涵,因此消费者愿意购买在其心理承受范围之内的溢价产品,换言之,只要酒店产品的溢价在消费者心理承受范围之内,消费者都愿意购买该产品。

(3) 提供品牌延伸条件。

品牌知名度、认知度、联想度、忠诚度蕴含在品牌资产中,并具有递延的属性。酒店可以借用已有的成功品牌在消费者心目中的良好形象和声誉,将原有品牌名称用于开发新产品,消费者会基于对成功品牌的信任与偏好将原有的品牌忠诚延伸到新产品,酒店可以因此将品牌对市场的影响力和支配力持续延伸,从而提高新产品成功推向市场的概率。

(4) 设置品牌竞争壁垒。

酒店能够通过品牌资产为竞争对手设置的进入壁垒获得竞争优势。在日益激烈的市场竞争中,酒店主要面临两种竞争压力:现有酒店之间的争夺和新进入市场的酒店的威胁。对于市场中的在位酒店,品牌资产代表了酒店差别化的产品价值与企业文化,一般而言,酒店的竞争对手难以效仿,从而为酒店设置了抵御竞争的壁垒。对于新进入市场的酒店,品牌资产代表了酒店的产品品质、消费者偏好、市场份额、综合实力等优势,从而为新进入市场的酒店设置了较高的进入壁垒。

酒店的品牌价值链是影响整个酒店业的全价值链提升的重要方面,国际酒店集团(如万豪、洲际等)及国内酒店集团(如开元、东呈、华住等)的发展在很大程度上依托于品牌的轻资产的发展。在理解酒店的品牌价值链时,不仅要提升对其知晓度、认知度等表象的把握,还要理解品牌价值链的丰富内涵,包括它的服务体系、产品体系,以及品牌的受让和转移等。

(四) 酒店的文化价值链

1. 酒店文化价值

文化是旅游发展的灵魂,酒店业也要关注文化价值的内涵和外延。文化价值不仅赋予酒店灵魂,它的表现形式还丰富了酒店的内涵,有利于酒店的溢价增值;此外,文化价值也为酒店的营销提供了良好的认知。

酒店可以为顾客创造多种文化:建筑文化、服务文化、管理文化和产品文化。建筑文化可以体现建筑设计的个性美,"外圆内方""几何斜面""旋转球体""自然曲线",独特的设计可使酒店在顾客的脑海留下深刻印象。服务文化既有东方的"人到、茶到、毛巾到",又有西方的"Butler Service",这些服务文化满足了部分顾客的特定需求,使酒店成为顾客选择的理由。管理文化有东方的,也有西方的,每一种特色都能赢得顾客的赞赏和信服。产品文化可以体现在客房、餐厅、娱乐设施等方面,更可以具体到某一种类型的客房,某一个餐厅的某一盘菜肴、某一种饮料。

一个酒店企业,不管是国有的、民营的,还是国际集团管理的,都会有意或无意地形成一种自己企业的文化,这种企业文化的影响力和渗透作用非常大。

2. 酒店接管中的文化冲突

21世纪以来,酒店业聘请国际管理集团的浪潮一浪高过一浪,而且业主也比以往更加重视酒店品牌。对国际酒店管理集团而言,接管一家新酒店,从前期的设计、施工、营业准备、员工招募和培训、广告宣传,到开业后的组织架构、人员配置、酒店管理的规章制度、酒店经营的策略等,只有一种文化的渗透,即国际管理集团的企业文化的渗透。只要进入酒店工作的员工学习和消化这种文化,甚至于简单、机械地模仿这种文化,整个过程的矛盾就不大,国际管理集团的模式也会比较充分地得以体现。接管酒店前的事先策划和准备是最重要的,如果不做好这些工作,日后酒店的收入、费用和利润将受到长期影响。

和企业兼并一样,酒店中途接管的最大风险是后期的整合。接管和兼并不成功的最主要原因就是没有充分估计企业文化和管理方式不同所带来的影响。酒店的正常有效运转是资金纽带和精神纽带共同发挥作用的结果,其中,精神纽带包括酒店的价值观、行为规范、经营理念、管理制度、风俗习惯等,这些因素综合起来就是所谓的"企业文化"。每一个好的酒店或酒店管理集团都有自己独特的"企业文化",忽视这种文化的存在,是导致酒店接管效果不理想的最主要原因。

(五)酒店的情感价值链

1. 消费者的情感需求

消费者在消费过程中具有强烈的情感需求,消费者的满意度不仅与产品功能有关,还与消费过程中的心理体验有关。

关注消费者的情感需求(如兴奋、和谐、拥有高档物品等)能帮助商家更好地理解人们购买产品的动因。大致看来,情感需求主要表现在信任感、归属的需要、尊重的需要和为"我"服务四个方面。

(1)信任感。信任感是消费者对酒店及其产品安全性需求的反映。大部分消费者在消费过程中表现为风险厌恶者,消费者在做出购买决策时会因认知能力和所掌握的信息有限而面临可能遭受损失的风险。

(2)归属的需要。归属的需要指的是人们希望给予或接受别人的爱与感情,并得到某些社会团体的重视和容纳的需要,主要包括:愿意结交朋友、交流情感;渴望参加社会团体活动,希望成为团体中的一员,并相互关心、互相照顾。

（3）尊重的需要。人们希望自己拥有稳定的地位，并且自己的能力和成就得到社会的认可。这一需要表现在消费行为上，即消费者渴望受到重视，也就是受到服务人员的尊重。消费者愿意与酒店建立一种相对稳定的持久关系，使酒店与消费者双方相互了解、增强信任，而忠实的消费者还能从中获得更大的效用。

（4）为"我"服务。每个人都希望最大限度地发挥个人能力，实现自己的理想和抱负。收入水平的不断提高带来的是消费者个性化需求的日益增强，消费行为不再只是为了获得所需的产品或服务，而是消费过程本身就是享受生活。消费者并不喜欢被一视同仁，他们希望酒店能单独地为他们提供服务，希望能够通过酒店产品展现自我，希望酒店能根据其个性化需求提供量身定制的服务。

2. 情感价值链

情感价值指的是通过产品和服务的提供使消费者产生愉悦等积极情感，从而使消费者认为从产品和服务中获得了该部分价值。情感价值链是指营销各环节运用情感因素创造价值的过程。

"情感"积累到一定程度必将提升为"价值"，并且这种价值更能经受长久的市场竞争考验，进而扩展为"情感价值链"。也只有形成"情感价值链"，企业才能产生出难以被模仿与复制的核心竞争力。

酒店除了具有食宿功能，还有休闲度假的功能。从服务的角度来看，这就是一种体验。从体验的角度来看，酒店与其消费者之间的维系点即情感，情感能够提高酒店产品的认知度，甚至提高其重游率、重购率。因此，在酒店发展的过程中，要理解和把握情感价值链。

## 经典案例　　自助餐的顾客参与

相比于零点餐厅，自助餐厅的主要特征之一就是较少的顾客参与，服务人员或在档口后低头准备食材，或在客人离席间更换装满的骨碟。但事实上，自助餐厅的早餐往往是大多数住店客人体验酒店餐饮服务的唯一机会，因此，国际酒店管理集团对自助餐厅的早餐服务尤为看重。

万豪国际集团就强调在自助早餐中提升顾客参与度，用专用词汇表示，即"提升客人接触点"，主要的方向有两点。

其一，在自助餐期间，服务人员应带着小份的每日特色小食定期走动，沿桌为客人提供特色小食，借此机会向客人介绍其背后的相关故事。这些故事最好与传统文化相关联，同时也可以体现酒店的特色，如酒店提倡绿色发展，所以使用的海鲜都是取得MSC(Marine Stewardship Council)可持续海产认证的产品，来自北冰洋等海域。行政主厨或餐饮总监应当定期参与其中，同时需要注意收集反馈意见，不能一味"输出"，要注意询问客人对每日小食或整体用餐的感受，以及入住的感受。

其二，酒店应将相应的档口，如面档等处，设计成更有利于客人与服务人员互动的场所。就客人层面而言，食材的摆放应符合逻辑，如生熟分离、酱料放一处、食材放另一处等,便于顾客挑选;就服务人员层面而言,档口宽度要合理,要便于客人拿取食物,如果有需要,可以配备专人在高峰期提供叫号等服务。总体而言,酒店的餐饮运营需要尽量增加与客人的交流,让客人在了解、体验酒店的同时表达自己,提升参与度及体验感。尽管这会增加对酒店的服务要求,但相较于良好的客人反馈,其不失为值得推广的工作要点。

从酒店的资产价值链、功能价值链、品牌价值链、文化价值链和情感价值链五个方面理解酒店的全价值链,对酒店业的发展和服务的提升是至关重要的。

## 第二节 现代酒店业全价值链投资策略

基于前文关于酒店业面临的新形势和新特点,以及酒店业全价值链的分析,本节主要围绕资产价值的提升、功能价值的创新、品牌价值的塑造、文化价值的彰显和情感价值的融入五个方面阐述酒店业全价值链的投资策略。

### 一、资产价值的提升策略

提升酒店的资产价值是酒店投资成功的基石,是酒店经营的重要目标,资产价值的提升策略是酒店业全价值链实现的一个关键点。

资产在资本市场的估值提升主要来源于三个方面:一是酒店经营形成的大现金流,只要现金流大,不论酒店盈利与否,酒店在资本市场上都会有比较高的估值;二是酒店经营形成的高额利润,在现金流一定的情况下,利润高,酒店估值也高;三是酒店急速扩张过程中的巨额融资,依靠酒店不断扩张融资也可以提高酒店的市场估值。

**经典案例** 　　锦江国际集团全球扩张

锦江国际集团是由上海市国资委控股的中国规模最大的综合性酒店旅游企业集团,注册资本为20亿元,作为目前中国连锁酒店行业的龙头,其所涉及的领域除酒店、旅游、客运这三个核心业务外,在房地产、实业、金融等相关的产业也逐渐扩张壮大。"锦江"作为拥有80多年历史的民族品牌,其亦是中国驰名商标,曾经获得过领域内的最高表彰——中国商标金奖,现今的市场价值预计已超过415亿元人民币。

上海锦江国际酒店股份有限公司是锦江国际(集团)旗下公司,于1993年6月9日在上海市注册成立;于1994年在上交所发行B股上市,两年后在上交所发行A股上市;2010年通过资产置换,将主营业务转变为经济型连锁酒店;2014年12月,完成私募发行,引入战略投资者弘毅投资,进一步发展有限服务酒店业务;在2015年至2016年的并购热潮中,根据"深耕国内、全球布局、跨国经营"的发展战略,先后成功收购了法国卢浮集团,战略投资铂涛集团、维也纳酒店,不仅扩大了规模,还实现了有限服务酒店业务的全球战略布局。

2013年起,锦江酒店不断外延并购扩大规模。2013年锦江酒店收购区域连锁酒店时尚之旅;2015年收购卢浮集团100%股权,开启国际扩张之路;2016年相继收购铂涛集团81%股权,通过增持,共持股96.5%,收购维也纳集团80%股份,进一步扩张中高端酒店优势。

根据企业官网的最新数据,仅2021年度,集团新增酒店1763家,净增酒店1207家。截至2021年12月31日,集团境内酒店共9355家,其中直营酒店629家、加盟管理酒店8726家;境外酒店共1258家,其中直营酒店292家、加盟管理酒店966家。集团拥有40多个高、中端及经济型的公司子品牌,这些酒店及品牌分布于中国30多个省(区、市)和世界120多个国家,注册的会员总数超过1.5亿,目前已经跻身全球酒店集团前三名,在亚洲名列第一。

## 二、功能价值的创新策略

酒店的功能价值创新主要集中在纵向和横向两个方面。

纵向的功能价值创新指的是酒店需要不断地改进和完善旅游酒店产品的原有功能;横向的功能价值创新指的是酒店应在原有功能的基础上增加一些新的功能。比如,前文提到的共享办公和新零售;又比如,开在博物馆附近的酒店可以将文创产品引入酒店中,这样不仅具备住宿和餐饮的基本功能,还增加了文创、文化传播的概念功能。

**经典案例**　　名利双收,有内容的产品运营赋能地产资产

在深刻洞察年轻消费群体需求后,尚美生活集团(现尚美数智酒店集团)发现艺术美学相比其他个性张扬的酒店设计形态更能为酒店用户所接受,因此,将兰欧酒店定位为"艺术商旅酒店",并提出"在艺术中醒来"的品牌理念,与大英博物馆进行深度合作,为宾客提供最好的艺术享受(见图9-2)。

兰欧酒店特设专门的艺术中心,展览包括记录着古埃及文字的罗塞塔石碑等在内的30多件大英博物馆1∶1复刻品,100%还原大英博物馆艺术珍藏;走廊上摆放着高雅的艺术画作;客房内则可以看到融入埃及神秘雕像符号的玻璃杯、浴帽上的"洗澡的凡·高"、剃须刀上"刘易斯的棋子"……此外,结合大英博物馆最具代表性的历史文化元素,酒店还在进行文创产品、艺术IP主题房等开发,并将其沉淀到酒店生活的每一处细节中,让宾客每时每刻都能感受到艺术的浸润。

据该集团CEO介绍,这仅仅只是一个开始,兰欧酒店还按照不同文明(古埃及、古巴比伦等)或历史时期(远古、近代等)研发大英博物馆六大IP主题房:"尼罗河的馈赠""希腊盛典""海洋之心""奇幻博物志""天使的轨迹""达·芬奇密码",真正做到让宾客"在艺术中醒来,获得极致的艺术享受"。

兰欧酒店是该集团向中端市场延伸的酒店品牌,截至2018年底,在全国已签订

图 9-2　大英博物馆×兰欧酒店

酒店合同近 200 个,已建成运营的酒店有 40 家,还有几十家在建中。而和大英博物馆的合作无疑为其提供了优秀的内容。据该集团 CEO 介绍,两者会通过深度融合,让酒店拥有更多可变现的场景和空间,不仅更能保证消费者的体验感,也更能保障加盟商的财富增值。

### 三、品牌价值的塑造策略

实现顾客忠诚的先决条件和核心即创建品牌、提升品牌价值。明确品牌的核心价值是品牌建设过程中最基本、最重要的工作。品牌的核心价值通常代表了一个品牌独一无二且最有价值的部分。酒店会因星级不同而对硬件设施有不同的要求,但在对客服务方面应是一样的,以顾客为中心的经营观念,以及努力为顾客营造"家"的感受。因此,酒店服务品牌核心价值的基本层面应是温馨、舒适、便捷、创新,而品牌核心价值的特色则应是鲜明的个性。在塑造酒店品牌的过程中,酒店应将二者有机结合,塑造出既能给顾客带来高附加值又有酒店自身特色的品牌,并不断提升品牌价值,打造一个强势的酒店品牌。

在塑造品牌的过程中,酒店要从顾客角度出发看待问题、解决问题,让顾客充分感受到酒店产品的安全、优质、高效和物有所值,实现真正的顾客满意。在完善日常规范服务的基础上,酒店还要做到特色、高附加值和顾客满意三者的和谐统一,突出酒店的个性化服务和细微服务,让顾客感受到酒店与众不同的服务特色,全面提升酒店的服务档次和水平。

酒店品牌形象塑造和形象管理涉及:酒店经营宗旨、酒店管理理念、企业精神、企业文化、企业规章制度和行为准则,广告招牌、图文标志、产品名称,酒店外观建筑设计、内部装修布局、装饰点缀,店旗、店徽、店名、店歌、店服设计、色彩、灯光、声控艺术等。酒店可以通过实施 CIS 战略塑造品牌价值。CIS(Corporate Identity System,企业形象识别系统)由 MIS(Mind Identity System,理念识别系统)、VIS(Visual Identity System,视觉识别系统)和 BIS(Behavior Identity System,行为识别系统)三大系统组成。此外,酒店还应提升自身形象,明确自身定位，充分利用酒店内外一切可以利用的形象资源，以最鲜明、最直接、最便捷的方式将酒店品牌形象传递给消费者，并给消费者留下深刻印象。

酒店品牌价值的塑造是酒店传播功能和受揽功能的基础，只有塑造好酒店的品牌，才能有更好的传播和受揽功能。塑造酒店的品牌主要从三方面进行：其一是要有好的主题；其二是要有比较独特且丰富的内容；其三是要有好的传播渠道。酒店应从以上三个方面发力，增加顾客对酒店独特价值的认知，从而使顾客对酒店产品产生购买意图。只有消费者更多地消费酒店品牌的产品，酒店的收益才能够提升。

### 四、文化价值的彰显策略

文化价值链的实现不仅要将文化的构思、文化概念的演绎等表象和内涵通过酒店的空间等演绎出来，还需要在酒店的产品中将文化价值显像化，要能够体验到文化的价值内涵。因此，文化价值的彰显策略主要是将字面的、口头的文化内容通过适当的方式（包括声、光、电的方式）和营造的环境表现出来，体现其文化价值，让酒店的顾客能够体验到并为其买单。

#### （一）凸显本土文化

一个酒店要能够让顾客喜欢，有无数的理由，其中文化的体现是重要的内容。顾客入住酒店，主要是寻找一个临时的家，能睡、能吃、能满足其他的一些需求。这些需求中，少不了文化的因素。人在旅途中，除了完成公务、商务和其他任务，对于各地文化的学习也是必不可少的内容。

酒店如何来体现当地的文化，是需要投资方、设计方、经营管理方互相沟通、共同认识的。没有认识，无法表现；没有设计，无法表现。在一些国际集团管理的国内现代酒店中，有不少酒店的设计、装修成功地体现了中国的文化。有的酒店在所有客房的墙面上采用木刻的手法，将中国的书法作为整个墙面的装饰，效果得到顾客的一致好评；有的酒店在公共部位的壁饰上，采用了中国明式家具的线条和图案，表现出一种立体的、夸张的中国明式家具，效果也很好；有的酒店将竹子作为材料，完整装饰酒店内的一间茶室，从桌到椅、到灯、到楼梯、到门，在这样的一间茶室品茗，别有一番滋味。以上提到的，虽只是整个酒店设计装饰中的部分细节，但正是这样的细节，才能够深深地打动顾客的心、触动顾客的情。这样的细节经得起品味，能够引起人们的联想，又能很好地表达某种文化。

上海新天地内，有一家充分表现上海文化的精品小酒店，酒店建筑看上去和普通的公房没有区别，但酒店招牌的设计、大堂家庭化的布置以及客房内家具的摆放给人一种真正的家的感觉。在这个小精品酒店中，顾客能够细细品味上海的文化风味，能够感受上海的海派风情。这个路过时并不吸引人眼球的小酒店，其平均房价和每间客房平均收益，可能在上海酒店行业中居于前列。理由很简单，这样的酒店深受有文化、有品位的顾客喜欢。

#### （二）切勿简单模仿

酒店对于有创意的墙饰、壁饰等的借鉴要考虑是否和当地的文化以及酒店的客源市场的文化有联系。上海第一高楼的国际酒店品牌管理的五星级酒店，在客房的整个墙面布置着刻有唐诗的木浮雕，完美地表现了中国文化，这样的表现，现在可以在全国不同城市的不同酒店中看到。这是一种好现象，好在想到了表现中国文化，但是在有些城市，如果能够用当地特色文化来表现，效果可能更好。比如，对于中国书法文化的表现，绍兴的酒店表现得非常得体，让顾客有一种立即就想到兰亭去观赏中国大书法家墨宝的冲动；但这样的表现如果在厦门的酒店出现,就很难让顾客有这样的冲动。厦门的酒店,如果能够把和音乐有关的、和海有关的题材表现出来,那么顾客一定会有想去"音乐之乡"鼓浪屿和集美的冲动;但是如果把大海的题材表现在内蒙古的酒店大堂内,顾客能有什么联想呢?或者在珠海酒店的大堂内看到洛阳牡丹的前台背景画,同样会让人十分费解,无法产生好的联想。

此外,有了当地原始的文化、艺术产品,酒店还需要做进一步的加工,使之能融入酒店的整体风格和氛围。

### 五、情感价值的融入策略

(一)情感战略

酒店在经营管理中应采用情感战略。情感战略是指关注于顾客的心理需求,通过各种沟通、互动手段,让顾客在消费过程中获得心灵上的满足,从而认同该酒店产品的战略。

情感战略随着社会经济的发展和消费时代的变迁而兴起,消费时代主要经历了以下三个阶段。

1. 理性消费时代

在理性消费时代,商品尚不充足,购买力尚不强,顾客主要关注产品的质量和价格,消费的重点在于物美价廉。顾客的购买标准是"好"与"坏"。酒店的经营主要侧重于质量管理战略。

2. 感觉消费时代

在感觉消费时代,物质财富日益丰富,顾客的购买力和选择性大大提高,导致顾客开始注重品牌和形象。顾客的主要购买标准变为"喜欢"和"不喜欢"。比如,同样星级的两家酒店,即便硬件设施、服务质量不相上下,如果其中一家善于抓住机会凸显酒店形象,知名度比另一家酒店高,就会吸引更多客源。因此,在这一时代,酒店的经营开始应用形象战略。

3. 情感消费时代

社会进步和人本精神回归使得顾客越来越注重心灵的充实和感受心灵之美。同时在消费过程中,体验心灵的满足成为顾客对产品和服务的要求。顾客的主要购买标准转变为"满意"和"不满意"。在这一时代,酒店经营将重点发挥情感战略的作用。

(二)全面体验和顾客参与

从体验的角度出发,情感是酒店和顾客之间的维系点,如何将情感价值融入酒店业中,即情感价值的融入策略还需要更加深入地探索。其一,要重视顾客的全面体验;其二,要提高顾客的参与性,特别要增强其情感体验方面的互动。

1. 建立全面体验模式

企业体验营销战略的目标就是强化并丰富目前企业所采用的体验方式,为顾客提供新的战略体验模块并将各个模块相互联系起来,创造包括感官体验、情感体验、思考体验、行动体验和关系体验在内的混合式全面体验模式。

建立全面体验模式需要酒店企业选择合适的战略体验模块和体验营销工具,并将它们有机地结合起来,促使顾客在参与体验营销活动时实现全面体验。全面体验模式如表9-3所示。

表9-3 全面体验模式

| 全面体验 | | | | |
|---|---|---|---|---|
| 体验混合(个体体验) | | | 体验混合(共同体验) | |
| 感官体验 | 情感体验 | 思考体验 | 行动体验 | 关系体验 |

### 2. 促进顾客参与

"全面顾客参与"(Total Customer Participation, TCP)是体验经济下的一种新的经营管理模式。在体验经济时代,企业价值的形成过程要有顾客的参与,为顾客提供体验的舞台、促进顾客的全面参与成为企业的主要工作。

(1) 促进顾客参与的途径。在体验营销活动中,酒店企业可以通过多种方式促进顾客的全面参与,比如营造体验营销环境、招募和培训员工、培育体验文化、设计体验产品等。

(2) 顾客参与的主要形式。顾客参与的形式主要有:参与企业承诺的确立过程、参与产品创意过程、参与产品制造过程、参与产品的价格制定和销售促进等。顾客参与能够使企业留住老顾客、获得新顾客、培养忠诚顾客并为企业创造利润,从而赢得市场竞争。

(3) 顾客参与的类别。顾客参与分为全过程参与和终生参与。其中,全过程参与指的是顾客参与从产品和服务的构思、设计、工艺、采购、加工、装配到使用和处理的整个过程,这种参与模式能够保证供需双方在价值链上自始至终都是共同创造和互惠互利的关系,从而满足顾客的个性化需求,并最大化顾客价值;终生参与指的是企业最有价值的忠诚顾客整个生命周期的参与。企业首先要对顾客忠诚,才能获得顾客忠诚,才能使供需双方风雨同舟、荣辱与共,形成强大的竞争力。

(4) 顾客参与模式。根据消费者的参与程度,是主动参与还是被动参与,是以观测和学习的方式参与还是以行动的方式参与,体验营销的顾客参与模式可分为四种:娱乐体验营销、教育体验营销、循世体验营销和审美体验营销(见图 9-3)。

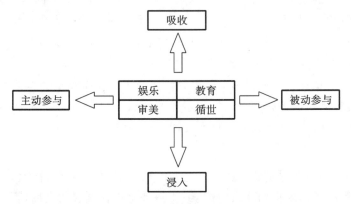

图 9-3　体验营销顾客参与模式

## 第三节　现代酒店业全价值链投资盈利模式

酒店业全价值链的盈利模式是未来的酒店从业者和现实的酒店经营管理人员非常关注的内容,本节将从概念创新、经营增长、品牌创造、产业集群、资本运作、物业增值、集团发展和税收筹划八个方面对现代酒店业全价值链投资盈利模式进行论述。

### 一、概念创新盈利模式

"思想有多远,我们就能走多远。"旅游酒店业在其发展过程和经营、服务管理中,需要概念性的创新。阿里集团推出的无人酒店就是酒店进行概念创新的典型,它抛却了传统酒店冗杂的服务模式:客人根据支付宝里的信用等级,不需预付订金也不需办理手续即可刷脸入住,点餐有机器人送餐,等等。目前,无人酒店的后台当然还是有人,所以它实际上是未来酒店的一种概念。

很多风投公司都比较热衷于有新概念的酒店业态。比如纽宾凯酒店集团,它有共享办公和新零售,还有以中医养生的健康生活方式为主题的N+国际酒店等,在酒店业态的基础上加入了文创、共享办公、康养等概念。

此外,概念创新的主题酒店也在逐渐兴起。比如,在电影主题酒店中,从大堂到走道再到电梯和房间都营造出一些电影的氛围,并且不同的房间有不同的电影主题,使顾客能够置身于各种电影场景之中,这一类的概念创新已经有很多酒店品牌在引入。

甚至还有"不要钱"酒店的概念。比如住店不要钱,但在其他方面的消费金额超过了住店费用,从而产生的"不要钱"的概念。概念在不断创新,这些新的概念极大地丰富了酒店的业态,也为酒店提供了新的盈利模式,需要酒店从业者去了解和实践。

## 二、经营增长盈利模式

经营增长的盈利模式是酒店比较传统的盈利模式,客房出租、餐厅餐位和提供娱乐服务(如KTV)的收益构成了旅游酒店业的收益基础。但这种盈利模式也可以优化和创新,比如,酒店的客房是一种消耗性产品,一般而言,顾客预订客房以后房务部是没有其他收益的,但酒店可以利用房务部的工具和设施,为写字楼提供诸如清扫地毯等午夜打扫的服务,形成外派性的收益。餐饮部同样可以形成外派性收益,比如,酒店的餐饮部为博物馆的冷餐会提供西餐服务,在酒店的有限空间内提供无限的延伸服务,形成收益。此外,诸如电影主题酒店还可以从客房点播和录播电影中获利,并且这一部分的盈利远超房费和餐费。

由此可见,经营增长盈利模式也并不完全局限于传统的盈利模式,它也可以向2.0和3.0阶段发展,这是需要酒店从业者关注和探索的。

## 三、品牌创造盈利模式

(一)品牌创造的盈利

品牌创造的盈利主要体现在以下三方面。

1. 商标价值

商标是文字、图形的组合,因其具有显著特征而使顾客得以识别。商标可以将酒店的产品、服务与其他酒店区别开来,以便顾客在市场上进行选择和购买;酒店能够随着商标知名度和美誉度的提升而增强自身的市场竞争力。因此,商标是酒店的一项重要财富。商标价值评价可以从商标的欣赏价值、专利权价值和知名度等方面展开。其中,商标的专利权价值取决于商标权的投资能力、收益能力和获得赔偿的能力。

2. 市场价值

品牌的市场价值表现为品牌在市场上的品牌知名度、品牌认知度、品牌联想度、品牌忠诚度和品牌市场份额。品牌的知名度越高,顾客购买的可能性越大。如果品牌知名度不够,酒店只有提高品牌认知度,才会被顾客列入购买名单。品牌联想能够为顾客提供独特、深刻的酒店品牌文化印象,从而促使顾客对该酒店品牌形成顾客忠诚。忠诚顾客会在一定时期内重复购买酒店产品,为酒店带来稳定、持久的收益。而品牌市场份额代表该酒店品牌产品的市场网络、市场销售量和市场地位。因此,品牌知名度、品牌认知度、品牌联想度、品牌忠诚度和品牌市场份额都与品牌的市场价值正相关,从不同侧面反映酒店品牌的市场价值。

3. 商誉价值

品牌的商誉价值可以从酒店品牌寿命、酒店产品质量和酒店品牌形象三个方面考察。酒店品牌资产会随时间的增加而逐渐积累,品牌寿命的延长代表着酒店拥有悠久的经营历史和长久的市场生命力,能够因此获得顾客信赖。品牌形象是品牌商誉的基础,能够获得顾客认同的是有良好品牌形象的酒店品牌。品牌形象的塑造是一个长期的系统工程,它取决于企业文化、产品质量、市场营销等诸多因素。

(二)品牌创造过程的盈利

品牌创造的盈利模式并不局限于品牌的塑造,而是更加关注品牌的扩张。换言之,酒店品牌一定要塑造,不仅要让顾客知道这个品牌,更重要的是品牌在塑造过程中能够产生很高的收益。比如万豪国际集团,它基本没有投资的物业,几乎都是依靠轻资产的品牌受让获取巨额收益。此外,如开元、华住、尚美数智等酒店集团,因为注重品牌的塑造,并且在品牌内容方面有很好的创新,所以它们的扩张速度非常快,一年拓展几百家酒店,可以体现出品牌创造带来的全价值链的收益。

(三)品牌延伸的盈利

品牌知名度、认知度、联想度、忠诚度蕴含在品牌资产中,并且具有递延的属性。酒店可借用已有的成功品牌在顾客心目中的良好形象、声誉,将原有品牌名称用于开发新产品,顾客会基于对成功品牌的信任与偏好将原有的品牌忠诚延伸到新产品,从而酒店可以将品牌对市场的影响力和支配力不断延伸,以此提高新产品取得市场成功的概率。

酒店品牌可以同文创相结合,将其品牌价值延伸到低滞销易耗品(如床单、床罩、沙发、服饰等各种用品)上,从而大大拓展酒店的收益空间。

由此可见,品牌创造的盈利模式不仅是一种内涵式的发展,还更注重外延的扩张,它带来的酒店业全价值链的收益在某种程度上超过了酒店其他方面的收益。

四、产业集群盈利模式

酒店并不仅仅是一个独立的空间,它的发展很大程度上应建立在产业集群的基础上。一方面,城市中的产业园、产业新城、开发区、综合体等都需要配置酒店,这些产业板块的引领整合了空间的集聚和优势的互补。

另一方面,在物理空间和信息空间的基础上,互联网技术和物联网技术成为促进酒店发展的重要技术。比如前文中的无人酒店,大量运用了物联网的识别技术、互联网的支付端口和平台、人工智能技术等。因此,酒店业在产业集群的盈利模式方面还包括了技术和信息化的集群,这是酒店发展的一个重要趋势,未来的酒店不仅是住宿空间,还是技术体验空间,未来技术和信息化等方面产生的收益可能会超越酒店的传统收益。因为酒店作为一个人群聚集地,在消费过程中会产生很多端口,包括支付的端口、支付的体系等,这些是互联网发展的重要的基础,也是很多企业愿意付出成本获得的端口,这些端口在产业集群盈利模式的引导下会发挥更大的功能,同时为旅游酒店业带来全价值链收益的盈利模式。

产业集群盈利模式如图9-4所示。

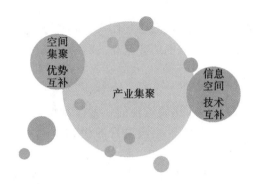

图 9-4　产业集群盈利模式

## 五、资本运作盈利模式

酒店最初注重服务管理，从提供优质服务中提升收益；之后注重经营管理，从各种资源的经营角度思考提升收益的问题；现在，酒店注重的是资产，即一定规模的酒店资产如何保值增值和资本运作的问题。如果酒店在资本运作方面有更好的盈利模式，那么酒店的经营方式会随之改变。在资本运作盈利模式的前提下，酒店关注的将不再是利润来源和盈利情况，而是资本市场上酒店增值的可能性。不论是否盈利，酒店的大规模现金流都会使它在资本市场上的估值高。比如京东等企业虽然很长一段时间都亏本，但估值一直很高，就是因为企业的现金流大。此外，从资本运作的角度，在现金流一定的情况下，利润高，估值也会高。

同时有很多酒店品牌，如华住、尚美数智、OYO等，不依靠酒店的现金流和利润，而是依靠其扩张速度在资本市场融资盈利。比如，华住集团在短时间内发展到5000多家酒店，2010年纳斯达克上市第一轮融资1.1亿美元，第二轮2亿美元，估值达几十亿，截至2020年5月9日华住(HTHT)在纳斯达克的总市值将近百亿美元。这类酒店的资本运作的盈利模式不同于传统酒店，经营的思考也不同，需要酒店投资者去深入了解。

## 六、物业增值盈利模式

传统酒店经营过程中，往往只关注经营中的直接收益，比如客房、餐饮等方面的收益。实际上，在前10年，酒店占比最大的收益不是经济经营收益，而是物业的增值。如上海的一家酒店，投资8亿元，10年之后资产增至30亿元。因此，重资产持有的酒店业主可以通过物业增值来获取更高的收益，物业增长的盈利模式也是酒店投资者关注的一个焦点。

## 七、集团发展盈利模式

单体酒店是国内酒店的主流，但为什么国际上的酒店80%~90%都是集团化的？酒店集团化有什么好处？一是规模效益，规模效应能很好地提升估值；二是采购成本降低，同样去购买酒店的配置品甚至装修，集团采购、集团装修和集团消费的单位成本会低一些；三是营销成本降低，营销的综合成本摊到整个集团面就会比单体酒店低很多；四是渠道多元化，比如一百家酒店与一家酒店的预订系统相比，渠道会有很大的变化。

鉴于以上集团化发展的四大好处，集团化的发展是酒店业全价值链盈利模式需要追求的一个方向。在国内酒店业和国际接轨的过程中，我国已经出现了一批有品牌知名度的酒店集团，如开元酒店集团、华住集团、首旅如家酒店集团等。这些酒店集团在发展的过程中也在分化，比如首旅如家酒店集团在不断形成中档甚至高端的酒店品牌。

### 八、税收筹划盈利模式

税收筹划盈利模式是目前酒店业比较忽视的一种盈利模式。实际上，随着国内的税制改革，以及类酒店产品的出现，不同的酒店经营项目的税收是不同的，可以合理地筹划酒店的税收。

以往业内主要关注国内的星级酒店，但现实中酒店的数量庞大，酒店的种类也比较繁多，出现了民宿、主题酒店等创新业态，酒店的经营项目增多，还有"酒店+共享办公""酒店+文创""酒店+康养"等概念，这些衍生出来的功能项目的税收是不同的，在遵纪守法的前提下，酒店从业者可以合理地进行税收筹划，以获得更高的收益。

## 本章小结

随着时代的发展，酒店业的发展呈现出新的形势和特点，其盈利模式也在不断发生变化。首先，本章分析了现代酒店业的新形势、新特点，并对现代酒店业全价值链进行解读，认为现代酒店业呈现四种形势：①旅游休闲酒店引领新趋势；②旅游文化酒店前景广阔；③旅游商务酒店仍是主流；④共享度假酒店形成新机遇。现代酒店业呈现主题化、市场化、品牌化、综合体化、创新化和资本运作的特点。现代酒店业全价值链包括资产价值链、功能价值链、品牌价值链、文化价值链和情感价值链五个方面。

其次，在分析现代酒店业的新形势、新特点和解读酒店业全价值链的基础上，本章阐述了酒店业全价值链的投资策略，认为现代酒店业全价值链的投资策略可以分为以下五个方面：①资产价值的提升；②功能价值的创新；③品牌价值的塑造；④文化价值的彰显；⑤情感价值的融入。

最后，基于以上分析，本章对现代酒店业全价值链投资盈利模式进行了论述，认为现代酒店业全价值链投资盈利模式主要有以下八种：①概念创新盈利模式；②经营增长盈利模式；③品牌创造盈利模式；④产业集群盈利模式；⑤资本运作盈利模式；⑥物业增值盈利模式；⑦集团发展盈利模式；⑧税收筹划盈利模式。

## 思考与练习

1. 现代酒店业正在经历哪些变化？
2. 现代酒店业全价值链包括哪些内容？
3. 如何理解全价值链投资的五大策略？
4. 举例说明现代酒店业全价值链投资的盈利模式。

## 案例分析

### 案例1：一年"扫货"五千家，OYO酒店扩张飓风玄机

春节回到家乡小镇的年轻人，兴许会惊奇地发现小镇冒出了新招牌——OYO××酒店。截止到2018年底，这个来自印度的经济型酒店品牌仅仅在一年多时间，已遍布中国292个城市，其中多为三四线城市，在中国的酒店数量增加到了6700家，且还在不断增加，在酒店业刮起了一阵"OYO飓风"。

不仅酒店人越来越无法忽视OYO酒店，投资者也关注到它。2018年9月25日，OYO酒店宣布获得10亿美元融资，其中6亿美元用于中国市场。OYO酒店合伙人兼首席财务官李维在接受独家采访时透露，这6亿美元的投入将会加速OYO酒店的发展速度，预计每月新增上千家酒店，在华酒店数量将会突破10000家。

10000家酒店是什么概念？比如家酒店加上汉庭酒店再加上7天酒店的数量总和还要多。李维透露："进入中国一年的酒店数量已经超过了印度五年的总数，在加盟酒店上的投入已经能回本了。"

据上海盈蝶企业管理咨询有限公司和北京第二外国语学院酒店管理学院联合发布的《2018中国大住宿业发展报告》，截至2017年底，全国住宿业客房规模在70间以下的占据了绝大部分，达到81%，而国内外各大连锁酒店集团的单间客房规模一般都在70间以上，李维指出少于80间客房对于经济型酒店集团来说都难以维系成本，更遑论高星级酒店集团了。也正因如此，即使各大酒店集团有心想分这块存量市场蛋糕，却没有好方法既获规模又得利润。

OYO酒店的模式，刚好切中命门。OYO的加盟门槛低，不收加盟费和保证金，抽佣比例在10%以内，改造费有的甚至低到700元/间，多数15天后就改造完毕可直接入住了，有些地段好的单体酒店业主甚至不需要付出改造成本，OYO酒店贴钱做改造……如此直接又"野蛮"的路子正对小业主们的心思，所以加盟速度极快。李维透露，虽然OYO酒店从来不做广告，但飓风般的速度让其在酒店市场的名气打响，加盟速度随之加快。他表示："我们的目标是成为全球最大的酒店集团。"

OYO以特许经营、委托管理及租赁经营模式运营酒店。该公司一开始用线上和线下手段整合了印度大量中小型酒店，再通过与酒店预订平台Booking和Make My Trip等的合作，为酒店带来流量，改善小酒店入住率后带来更多的酒店加盟，在印度市场初试成功后，扩张至英国、马来西亚、尼泊尔、中国等国家。

据李维透露，签约的酒店，大多入住率不到40%，客房量为30间到50间，客单价为100元到200元，即使改造后酒店价格也跟之前差不多，并不会涨。"我们会通过动态调价帮助业主获得更高的入住率。"他举了个例子，某酒店价格若从130元降至99元，入住率则能提升20%，收入和利润也相应增长。"当然，这不是简单降价的事，背后有很复杂的逻辑。"入住率和利润是小业主选择加盟品牌的核心考量，李维告诉记者，一些地段不错的小酒店，稍微改动后入住率增长得很快。

小业主的另一个关注要点是成本。之所以单体小酒店基数如此庞大难以收

编,也与小业主们付不起高昂的加盟费和改造成本有关。OYO酒店获胜之处在于,它不向小业主收取加盟费,改造成本也很低,很多酒店花几万元或十几万元就可完成改造,两周后便可重新开业。李维称,有些小酒店业主甚至零改造成本,所需改造资金OYO酒店出,当然,后者的抽佣模式会与业主自己出资改造有所不同。

总体而言,OYO酒店和加盟酒店的利益变成了共赢。加盟酒店收益提升,OYO酒店才能获利,一荣俱荣。

OYO酒店在中国市场的发展是独立于印度的,甚至最新一轮融资所获得10亿美元也明确其中6亿美元要单独投在中国市场。目前中国与南亚是独立经营,独立系统,甚至会员也是独立的。

李维解释称,6亿美元的大部分会投入在人才身上,另一头支出则是改造酒店。OYO酒店签约下来的小酒店很多需要垫资改造,以每家酒店10万元的改造投入来算,这笔钱的一半也仅够改造2万余家小酒店。"这些现金流是可以赚回来的。"李维乐观地表示,只要入住率提高了,利润就颇为可观,而事实上他们目前加盟酒店的运营一直是盈利的,从一开始就没有亏损。"我们也不打算'烧钱',不需要线上买流量,客户补贴会有一些,直接给到客户优惠。"

另外,李维表示不担心国内如家、汉庭等经济型酒店出场竞争。一方面加盟OYO的酒店规模较小,不是如家、汉庭等的目标;另一方面如家、汉庭等的改造标准和方式也与OYO酒店大相径庭。他们需要一模一样的标准,可能把墙砸掉重新建。而OYO酒店更多会根据酒店本身情况进行轻量化改造等。尚客优这样原本下沉在三四线城市的酒店连锁品牌也不是OYO酒店扩张之路的竞争对手。OYO酒店与尚客优等连锁酒店集团的区别,不仅在于规模化的速度和执行力,更重要的是"人才体系"和"技术驱动的人效"。OYO酒店跟酒店业主开三个会到四个会,就要把酒店签下来,用最快的速度改造,"因为时间拉得越长,成本效率越低"。在大多数连锁酒店看来,改造是讲求投资回报率的,投入越大回收期越长,而投资者每个季度都在看利润变化,使得传统酒店不敢亏也不能亏,做相关投资就会更加谨慎。"尚客优对我们构不成竞争。"李维笑道。

(资料来源:21世纪经济报道,2019-02-23。)

问题:

1. OYO如何在扩张中提升价值?
2. OYO有哪些提升价值的成功经验可以借鉴和推广?

### 案例2:湖北武汉,五星级酒店街边摆起大排档

湖北武汉的餐饮业在新的市场环境下进行了创新转型,各五星级酒店也开始"花式经营创新",有的酒店就把餐桌移到了大门外的广场上,开起了大排档,吸引了不少市民前来消费。

在武汉人的夜宵食谱里,大排档排第一位,总会在深夜勾起武汉人的食欲。现在在五星级酒店能享受这些大排档,更是受到武汉市民的追捧。

还有的五星级酒店干脆开启了户外烧烤,做起了外卖;中式、西式的菜品,都可以

直接通过线上下单的方式由顾客直接购买；现在变换的不仅是形式，价格也特别亲民，10元左右的菜品不在少数，中餐的人均消费也从300元降到了120元左右。

（资料来源：央视新闻，2020-05-30。）

问题：

1. 酒店的"地摊经济"创新发展的依据是什么？
2. 酒店的"地摊经济"创新是否有发展空间？
3. 酒店发展"地摊经济"是否符合社会主义核心价值观？

# 第十章

## 现代酒店集团化运营与管理 本章知识图谱

### 学习导引

自 20 世纪 80 年代以来,我国酒店业市场全面实施改革开放,以北京建国饭店为标杆的一批"三资饭店"迅速崛起,我国酒店业无论是行业规模或设施质量、经营观念或管理水平,都取得了长足进展。特别是 20 世纪 80 年代中期以后,涌现了一批酒店集团(也称饭店集团),并且在我国酒店业市场运行中扮演了越来越重要的角色。

2001 年中国正式宣布加入 WTO,贸易市场全面对外开放,从此中国国内酒店业市场激烈的国际化竞争和酒店业国际市场的中国机会长期并存。中国酒店集团通过不断的自我"革命"、资产重组、跨界联合,形成了一批规模较大、实力日渐增强的酒店集团或以酒店集团为核心的旅游集团。21 世纪以来,中国酒店集团积极走出国门,并驰骋在世界酒店业市场。

酒店集团化运营具备经营规模优势、质量管理优势、品牌竞争优势、市场信息优势、人力资源优势等,现已成为世界酒店业运营中的主导模式,世界著名酒店集团的集团化运营和管理经验也给我国酒店业集团发展提供了诸多启示。

那么,为什么世界酒店业运营管理要选择集团化模式?酒店集团化运营管理主要模式有哪些?我国主要采用了哪些模式并运用在酒店业运营管理中?我国酒店集团化发展趋势如何?本章将带领大家学习和了解。

### 学习重点

通过本章学习,重点掌握以下知识要点:
1. 世界酒店集团化发展的历史与现状。
2. 酒店集团化运营的优势与管理模式。
3. 世界著名酒店集团化运营管理的策略。
4. 我国酒店集团化运营管理的现状与趋势。

**素养目标**

学生通过学习上述知识要点,可以增强现代服务意识,提升战略规划能力、分析研判能力和运营管理能力,并在此过程中讲好中国酒店行业和企业故事,进一步弘扬改革创新精神。

## 第一节 世界酒店集团化发展的历史与现状

随着世界经济的快速发展、国际旅游市场的持续繁荣昌盛、互联网技术的不断进步,以及酒店企业硬件条件的改善和管理水平的提高,国际酒店市场的竞争和合作日益受到业界推崇,酒店集团化运营管理已成为现代酒店业发展的必然选择,并且管理模式和手段不断被创新。

### 一、酒店集团相关概念

**(一) 酒店集团**

企业集团(Business Groups)是现代企业的高级组织形式,也称企业群体或企业联合体。它是以一个或多个实力强大、具有投资中心功能的大型企业为核心,以若干个在资产、资本、技术上有密切联系的企业、单位为外围层,通过产权安排、人事控制、商务协作等纽带所形成的一个稳定的多层次经济组织。

企业集团化经营是以母公司为基础,以产权关系为纽带,通过合资、合作或股权投资等方式把若干个具有独立法人资格的企业或事业单位联系在一起,集团成员企业之间在研发、采购、制造、销售、管理等环节紧密联结、协同运作。

企业集团在结构形式上,表现为以大企业为核心、诸多企业为外围的多层次的组织结构;在联合的纽带上,表现为以经济技术或经营联系为基础,实行资产联合的高级的、深层的、相对稳定的企业联合组织;在联合体内部的管理体制上,表现为企业集团中各成员企业既保持相对独立的地位又实行统一领导和分层管理的制度,建立了集权与分权相结合的领导体制;在联合体的规模和经营方式上,表现为规模巨大、实力雄厚,是跨部门、跨地区,甚至跨国度的多元化经营的企业联合体。企业集团化经营模式是社会化生产高度集中、资本高度集聚的必然结果,是市场经济发展的必然产物。

酒店集团作为企业集团的一种,其概念内涵既有一般企业集团的共性,也有其自身的特点。因此,酒店集团的概念是指以一个实力雄厚的酒店企业为主体,以产权关系为纽带,通过合资、合作或股权投资等方式把若干个具有独立法人资格的酒店联系在一起,集团酒店在经营中使用统一的名称、标志,并实行统一的经营管理规范与服务标准,联合经营的组织形式。

酒店集团经营一般要求拥有、经营两个以上的酒店,集团经营方式可以是直接经营、合同经营、特许经营、租赁经营、联合经营等,各酒店集团可根据自身的情况选择经营方式。

**(二) 酒店联号**

酒店联号是拥有、经营或管理两个以上酒店(饭店)公司或系统。在这个系统里,各个酒店使用统一的名称、标志,并实行统一的经营管理规范与服务标准,联合经营。

酒店联号中的企业,可以是同属一家酒店公司的若干家酒店,也可以是各自独立的酒店企业。

酒店联号与酒店集团的区别在于,一个或几个酒店联号企业可以组成酒店集团,股份制改革后,酒店联号可以转变成酒店集团,而酒店集团在本质内涵上有别于酒店联号。

(三)酒店管理公司

酒店管理公司是指以一座或若干座直营酒店(饭店)为载体,拥有独立的服务品牌、管理模式和市场营销渠道,以其特有的专业技术、管理人才向其他酒店输出管理,并依法独立享有民事权利和承担民事义务的企业法人。

酒店管理公司的出现是酒店管理模式商品化的表现,酒店管理公司与被管理酒店之间根据合同实施的管理行为属于完全的市场交易行为。酒店管理公司以自己的管理模式、质量标准、经营风格和服务规范向被管理酒店提供管理咨询与服务,被管理酒店则向酒店管理公司支付合同约定的报酬。

一般情况下,规模较大的酒店集团都拥有自己的管理公司,通过输出管理服务增强品牌的影响力,增加酒店集团的收益。但并不是说酒店管理公司就一定要归属于某个酒店集团,它也可以凭自身实力以独立的公司形式存在。

(四)酒店联合体

酒店联合体是指一些具有类似标准的酒店(饭店)自愿结合起来,共同缴纳一定的费用,集中用于促销、预订、人员培训和其他服务。联合体内的成员酒店使用一个共同的标志,建立起联合的预订与销售网络。其主要宗旨是在世界或区域的范围内,创造一个集体形象,以获得更多的顾客。

酒店联合体与酒店集团、酒店联号的共性特征在于,成员酒店可以使用共同的网络预订系统,可以实行联合采购,可以联合举办大型的营销活动,可以联合开展人力资源培训工作等;它不同于酒店集团和酒店联号的地方是,其组织结构、经营管理、财务运行等相对独立,不受联合体组织的干预。

## 二、世界酒店集团化发展简史

20世纪初始,世界上最早的跨国酒店集团在美国出现,20世纪50年代后,酒店联号形式蓬勃发展。以美国为代表的一些西方发达国家,借助交通运输业的发展先机,跨区域甚至跨国实施企业扩张,出现了许多大型的酒店联号企业,这些企业凭借资金、资产、技术、人才、市场等优势,对所属酒店实行了统一模式经营,由于管理水平高、服务质量优、经济效益好,深受广大消费者的好评。现今,全世界较大的酒店集团(联号)已达几百家,控制着全世界客房总数的绝大多数,较为著名的有万豪国际集团、锦江国际集团、希尔顿酒店集团、洲际酒店集团、温德姆酒店集团、雅高酒店集团等。

世界酒店集团发展历程可以归纳为三个主要阶段。

(一)1902年至1945年(形成期)

这一时期,是世界酒店集团发展的形成期。1902年里兹发展公司被誉为世界最早的跨国酒店集团。里兹发展公司通过签订管理合同迅速在欧洲扩张,成为当时世界上较大的酒店集团之一。

除此之外,斯塔特勒组建了第一个现代酒店联号经营模式的酒店集团。斯塔特勒指出联号经营方式在管理和资金上具有优势,并迅速扩张自己的集团规模,从1901年的第一家酒店开业至1930年,发展为具有10家大型酒店的集团,其中1928年在芝加哥建成的史蒂文斯酒店被公认为当时世界上最大的酒店。

(二)1946年至1996年(快速发展期)

第二次世界大战以后,世界经济迅速复苏,国际旅游业急速增长,交通运输业特别是航空运输业的发展更进一步加速了国内旅游、洲际旅游和国际旅游的开展,国际酒店消费市场出现了前所未有的发展机会,国际酒店业开始了全球性的大规模快速扩张。

泛美航空公司于1946年成立了全资子公司洲际酒店集团,并加速向美国和世界其他地区持续扩张。泛美航空公司的"航空+酒店"经营模式引发了世界其他多家航空公司的效仿并跟进,环球航空公司、联合航空公司、法国航空公司等一批航空公司也纷纷成立或收购了自己的酒店,他们利用航线扩张的机会,在世界各地建立酒店,酒店集团的国际化进程开始了新的篇章。

1946年,希尔顿酒店集团成立,并在美国收购了多家酒店集团,其中包括了斯塔特勒的所有联号酒店,之后开始向美国以外的地区扩张。希尔顿酒店集团的成功,起到了示范效应。

1952年,威尔逊成立了第一家假日酒店,开创了特许经营的管理模式并在美国进行扩张,且在很短的时间内达到了相当大的规模。

1963年,第一家经济型的酒店联号——汽车旅馆在美国加利福尼亚成立,从此,经济型酒店联号进入各大酒店集团的品牌系列中。

1963年,美国喜来登酒店公司也开始在全球扩张,加入了酒店业国际化的行列,美国成了当时世界酒店业集团的聚集地。

受美国的影响,20世纪50年代开始,欧洲也加入了国际酒店市场竞争的行列。最早采取地域扩张行动的是总部设在巴黎的地中海俱乐部集团。20世纪80年代后,雅高酒店集团通过兼并成为欧洲最大的酒店集团。1987年希尔顿酒店集团被莱德布鲁克集团收购,表明欧洲酒店集团进入全球战略。

20世纪60年代后,亚洲国际旅游业快速发展,亚洲酒店集团迅速加入国际酒店业的竞争中,随即出现了一批世界知名的酒店集团,如日本的帝国酒店集团,中国香港的半岛酒店集团、香格里拉酒店集团等。特别是1988年,大都会集团将洲际酒店公司出售给日本的Saison集团,引起了国际酒店业的关注,从此国际酒店集团的美欧格局被打破。

1995年,圣达特国际集团的成立,标志着酒店业务涵盖到房地产等多个领域,其旗下华美达、速8等酒店品牌,在全球各地开设分店,且知名度越来越高。

(三)1997年至今(全球化大发展时期)

1997年始,中国放开了公民出境旅游,特别是2000年后,中国出境旅游市场发展迅速,为中国酒店集团实施海外扩张奠定了基础。2001年,中国正式加入世界贸易组织,进一步放开了国内酒店市场,越来越多的国际知名酒店集团进入中国,中国也获得了竞争国际酒店市场的机会。2008年始,中国酒店集团实施海外扩张,特别是2011年后,一路高歌猛进,现足迹已遍布欧、美、亚、非等地区。中国的加入,不仅打破了亚洲酒店业发展的格局,而且使得世界酒店业市场格局发生了根本的变化,国际酒店集团进入了全球化大发展时期。

三、世界酒店集团化发展现状

(一)酒店集团数量增多,单体集团规模越来越大

美国权威杂志 *HOTELS* 每年都会公布"全球酒店集团325强"的排名,说明全球有一定规模

的酒店集团不仅数量多,而且各个酒店经营能力越来越强。同时,就单体酒店集团来讲,规模也越来越大。以万豪国际集团为例,2009 年,集团下属酒店 3088 家,客房数 545705 间。2016 年 9 月 23 日,万豪国际集团成功并购喜达屋酒店与度假村国际集团,成为全球最大的酒店集团。至 2019 年,集团下属酒店已增加到 7163 家,客房数 1348532 间,比 2009 年客房数增加了一倍多。2019 年,集团旗下酒店遍布 130 个国家和地区,有 30 个标志性酒店品牌,规模位居世界第一。

(二)酒店集团地区格局改变,中国跻身世界前三强

从表 10-1 可以看到,2009 年规模排名前十的国际酒店集团中有 8 家总部位于美国,可谓世界酒店集团之都,中国酒店集团榜上无名。然而,到 2019 年,中国酒店集团迅速崛起,2019 年规模排名前十的国际酒店集团中有 3 家是中国的酒店集团,并且锦江国际集团世界排名第二(见表 10-2)。印度 OYO 酒店成立于 2013 年,2019 年其规模跃居世界第三。这说明世界酒店业市场竞争激烈,中国和印度经济发展迅速,居民收入增多,消费结构发生巨大变化,旅游业发展环境好,酒店集团经营能力越来越强,世界酒店业市场结构正在发生变化,亚洲迅速崛起。

表 10-1　2009 年规模排名前十的国际酒店集团

| 排名 | 酒店集团名称 | 总部所在国 | 客房数 | 酒店数 |
| --- | --- | --- | --- | --- |
| 1 | 洲际酒店集团 | 英国 | 646679 | 4438 |
| 2 | 温德姆酒店集团 | 美国 | 597674 | 7114 |
| 3 | 万豪国际集团 | 美国 | 595461 | 3420 |
| 4 | 希尔顿酒店集团 | 美国 | 585060 | 3530 |
| 5 | 雅高酒店集团 | 法国 | 499456 | 4120 |
| 6 | 精选国际酒店集团 | 美国 | 487410 | 6021 |
| 7 | 最佳西方国际集团① | 美国 | 308477 | 4048 |
| 8 | 喜达屋酒店与度假村国际集团 | 美国 | 298522 | 992 |
| 9 | 卡尔森酒店集团② | 美国 | 159756 | 1058 |
| 10 | 凯悦酒店集团 | 美国 | 122317 | 424 |

(资料来源:根据美国 HOTELS 杂志 2009 年全球酒店集团 325 强榜单数据整理而得。)

表 10-2　2019 年规模排名前十的国际酒店集团

| 排名 | 酒店集团名称 | 总部所在国 | 客房数 | 酒店数 |
| --- | --- | --- | --- | --- |
| 1 | 万豪国际集团 | 美国 | 1348532 | 7163 |
| 2 | 锦江国际集团 | 中国 | 1081230 | 10020 |
| 3 | OYO 酒店 | 印度 | 1054000 | 45600 |
| 4 | 希尔顿酒店集团 | 美国 | 971780 | 6110 |
| 5 | 洲际酒店集团 | 美国 | 883563 | 5903 |
| 6 | 温德姆酒店集团 | 美国 | 831025 | 9280 |
| 7 | 雅高酒店集团 | 法国 | 739537 | 5036 |

---

① 2015 年 10 月,最佳西方国际集团正式更名为贝斯特韦斯特国际酒店集团。
② 2018 年,卡尔森酒店集团更名为丽笙酒店集团。

续表

| 排名 | 酒店集团名称 | 总部所在国 | 客房数 | 酒店数 |
|---|---|---|---|---|
| 8 | 精选国际酒店集团 | 美国 | 590897 | 7153 |
| 9 | 华住集团 | 中国 | 536876 | 5618 |
| 10 | 首旅如家酒店集团 | 中国 | 414952 | 4450 |

（资料来源：根据美国 HOTELS 杂志 2019 年全球酒店集团 325 强榜单数据整理而得。）

## 第二节 酒店集团化运营的优势与管理模式

### 一、酒店集团化运营的优势

#### （一）经营规模优势

酒店集团化运营具有规模优势。第一，集团旗下酒店众多，经营物资需求量大，因此批量采购可以降低购买价格，从而节约运营成本，提高经济效益；第二，酒店集团凭借自身品牌的影响力容易获取金融机构的信任和大财团的支持，获取资金比较容易，进而以资金为后盾，收购、兼并、控股其他酒店以及投资建造新的酒店都有保障；第三，酒店集团化经营可以构建多元化的产品体系，采用多元化的经营管理模式，实现市场的差异化竞争，可以获得更大的市场份额。

#### （二）质量管理优势

酒店集团实力雄厚，通常建有较为先进完善的管理信息系统，酒店硬件建设都有统一规定的标准，管理和服务也都会制定标准化程序和方法，组织架构中会设置专门的质量监督机构，并且有能力为成员酒店提供技术上的帮助和支持，因而管理与服务质量均有基本保障。

#### （三）品牌竞争优势

酒店集团品牌标识明显，一般消费者可以通过识别品牌预先了解和感知集团酒店的服务质量，树立对产品和服务的信心，并优先做出购买选择；同时，酒店集团大都采用多品牌战略，消费者可以按照自己的需求在集团酒店内选择心仪的酒店，特别是当消费者在一个陌生的环境中消费时，往往习惯寻找熟悉的品牌进行消费，以减少顾虑。品牌忠诚度往往是酒店稳定客源市场的有效途径。

#### （四）市场信息优势

首先，酒店集团凭借规模和影响在国际市场上享有较高的声誉，往往容易获取宾客的信任从而选择入住；其次，酒店集团往往资金雄厚，宣传促销的范围广、力度大；最后，集团的酒店预订系统相比单体酒店效率高，客源市场可以做到资源共享，信息化透明度高。

#### （五）人力资源优势

酒店集团对人才的吸引力更大，员工数量多，人才储备量大，集团酒店之间可以相互调配人才；从整体利益出发，一般集团都有较为完善的人力资源培训系统，可以定期开展人才培训，保证未来发展的人力资源需求；一些国际酒店集团已尝试与知名高等院校共建自己的酒店管理学院，或者与世界一流的酒店管理学院建立合作关系，不仅保障自己的需求，还为社会培养

人才,同时提高声誉。例如,万豪国际集团曾与美国康奈尔大学酒店管理学院合作。2018年3月30日万豪国际集团与中国上海杉达学院开展校企合作,上海杉达学院万豪酒店管理学院正式揭牌。希尔顿酒店集团曾在美国休斯敦大学设立了酒店管理学院。2018年希尔顿酒店集团与四川旅游学院合作设立了希尔顿酒店管理学院,这也是继美国休斯敦大学希尔顿酒店管理学院之后,全球第二家以希尔顿命名的酒店管理学院。

## 二、酒店集团化运营管理的主要模式

### (一)直接经营

直接经营又称带资经营,是指酒店集团直接投资建造或购买、兼并酒店,又或通过控股、参股,然后由酒店集团直接经营管理的模式。在这种模式下,酒店集团既是各酒店的经营者,又是拥有者。直接经营是以赢得酒店的所有权为前提的,并且自主经营、自担风险。

### (二)合同经营

合同经营也称委托经营,是指酒店集团或酒店管理公司与酒店所有者签订合同,接受业主委托,根据酒店集团的经营管理规范和标准经营管理酒店,并获取管理酬金的模式。

### (三)特许经营

根据国际特许经营协会的定义,特许经营是指拥有特许经营权人向受特许人提供特许经营权,以及在组织、经营和管理方面提供支持,并从受特许人获得相应回报的一种经营模式。特许经营的核心是特许经营权的转让。

酒店集团所采用的特许经营模式,就是酒店集团向拥有酒店的业主让渡特许经营权,允许受让者的酒店使用酒店集团的名称、标志,加入集团的营销和预订网络,成为集团的成员。与此同时,特许经营权的让渡者在该酒店的可行性研究、地址选择、建筑设计、资金筹措、宣传营销、人员培训、管理方法、操作规程和服务质量等方面给予指导和帮助。

### (四)租赁经营

租赁经营是指酒店集团通过签订租约、缴纳固定租金的形式,租赁业主的酒店,然后由酒店集团作为法人对其进行经营管理的模式。联号酒店向酒店的所有者交付一定的租金也可取得经营权。

### (五)酒店组织

酒店组织是独立的酒店业主之间通过契约的形式组织起来的酒店联合体。它们之间的联系一般只是使用共同的预订系统和为组织成员提供有限的营销服务。酒店组织各成员酒店的所有权与经营权独立,通常只需要支付给酒店组织使用预订系统和相关服务的费用。

在实际操作中,上述各种经营方式并非绝对分开,往往是混合运用。主要合作双方秉承互惠互利的原则充分协商,采取最佳的合作方式,就可以取得最佳的经营效果。

**经典案例　　　　万豪国际集团经营模式**

万豪国际集团是全球首屈一指的酒店管理公司,截至2019年,集团旗下拥有7000多家酒店(合并喜达屋后)、30个酒店品牌,以及在全球各地的管理和特许经营酒店中拥有众多的任职员工。

万豪国际集团的发展起源于1927年，John Willard Marriott先生在美国华盛顿创办了一个小规模的啤酒店，起名为"热卖店"，其后很快发展成为服务迅速、周到，价格公正、透明，产品质量始终如一的知名连锁餐厅。其成功的关键是自公司成立之日起，就以员工和顾客为企业的经营核心。

首家万豪酒店于1957年在美国华盛顿开业，在公司的核心经营思想指导下，加之早期成功经营的经验作为基础，万豪酒店得以迅速成长，并取得了长足的发展。新加盟的酒店从一开始就能以设施豪华而闻名，并以其稳定的产品质量和出色的服务在酒店业享有盛誉。到1981年，万豪酒店的数量已超过100家，并拥有40000多间高标准的客房，创下了当年高达20亿美元的年销售额。其2015财年的财报收入约209.72亿美元。

1. 集团自营物业

截至2019年12月31日，集团自营的酒店包括2014家（2722849间客房）签订了长期酒店管理合同的酒店。

对于自营的物业，集团会向业主收取一般管理费（按照收入的比例），激励管理费（按照利润的比例），并要求业主报销所有的运营成本。一般而言，管理合同的期限是20~30年，同时万豪有权将合同延期至50年或更久。当集团的经营业绩或财务回报达不到特定目标时，很多运营合同是约定业主可以终止的。

对于自营店，集团将负责招聘、培训、指导所有酒店经理、雇员，以及负责布草及其他设施设备的采购。同时，万豪还提供集中式的酒店预订服务，全国广告宣传，市场及促销推广，各类会计核算以及数据处理服务。所有的这些支出和成本都会按照"零加成"的模式向业主收取。

2. 特许经营，授权及联合经营物业

截至2019年底，万豪国际集团共有5052家特许经营酒店，包含420562间房间。对于特许经营酒店，集团会收取一次性的加盟申请费，以及每年品牌使用费（客房收入的4%~6%，餐饮收入的2%~3%）。

## 第三节　世界著名酒店集团化运营管理的策略

### 一、世界著名酒店集团运营管理的共性特征

一般来讲，国际酒店集团化运营管理都有共性的模式，但各大酒店集团为了错峰竞争，也会寻找市场空缺，发挥自身的优势和特色，选择合适的管理模式和策略。其共性特征主要表现为以下三方面。

（一）品牌结构的多元化发展

品牌蕴含着国际知名度、商业信誉、顾客信任度、经营管理经验与模式、垄断客源市场

等巨大商业价值。一般酒店集团都会采用多个品牌,比如,雅高酒店集团旗下从奢华、高端,到中端及经济等就有众多各具特色的品牌,包括莱佛士、费尔蒙、索菲特、铂尔曼、诺富特、宜必思等。

### (二)酒店类型的多元化发展

多元化经营战略又称多角化经营战略、多样化战略或多产品战略,是企业发展多品种或多种经营模式的长期谋划。酒店集团为了不断开发新的市场,往往会开发不同类型的酒店产品。比如,商务型酒店、度假型酒店、酒店式公寓、邮轮酒店、汽车旅馆、房车(酒店)等,以赢得不同的市场。希尔顿酒店集团的成功就在于细分了市场,经营了商务酒店、机场酒店、主题酒店等不同类型酒店,抓住了市场的契机,为顾客提供了不同类型、档次的服务,满足了顾客个性化和差异化的需求。

### (三)管理模式的多元化发展

国外酒店集团一般以"联合经营"为主,特许经营为辅,委托管理为次,带资管理为末。以世界知名酒店集团在上海采用的主要管理模式(2018年统计)为例:万豪国际集团以委托管理为主,旗下喜达屋酒店有部分特许经营和有选择的带资管理;希尔顿酒店集团以特许经营和委托管理为主;洲际酒店集团主要为委托管理和极少的带资管理;雅高酒店集团为委托管理与带资管理并重;香格里拉酒店集团以带资管理为主,委托管理为辅;凯悦酒店集团以特许经营为主;卡尔森环球酒店集团采用全权委托的模式。

## 二、国外著名酒店集团运营管理策略

### (一)万豪国际集团

**1. 万豪国际集团简介**

万豪国际集团是全球占据领导地位的酒店管理企业。其历史悠久,源自1927年,始于John Willard Willard先生在华盛顿创立的一间啤酒小店。截至2019年,万豪国际在全球130个国家及地区,已经拥有7163家酒店,30个品牌,客房数1348532间,规模位居全球第一。万豪国际集团的总部设于美国。

集团旗下酒店品牌(见图10-1)有JW万豪酒店、万丽酒店、艾迪逊酒店、傲途格精选酒店、万怡酒店、AC酒店等。

**2. 万豪国际集团主要管理策略**

(1)细分目标市场,提供多样化的产品。
(2)实行质量监控,提供高标准的服务。
(3)采取有效措施,严格控制成本费用。
(4)坚持"以人为本",进行人力资源管理。
(5)进行市场调研,针对目标市场营销。
(6)利用新技术,提高酒店的科技含量。

### (二)希尔顿酒店集团

**1. 希尔顿酒店集团简介**

截至2019年,希尔顿酒店集团经营管理着6110家酒店,客房9717800间,规模位居世界第四。希尔顿酒店集团在全球众多国家和地区拥有众多雇员。

(a)JW万豪酒店

(b)万丽酒店

(c)艾迪逊酒店

(d)傲途格精选酒店

(e)万怡酒店

(f)AC酒店

图 10-1　万豪国际集团旗下酒店品牌

集团旗下酒店品牌(见图 10-2)有希尔顿酒店、康莱德酒店(香港地区称港丽酒店)、华尔道夫酒店、希尔顿逸林酒店等。

(a)希尔顿酒店

(b)康莱德酒店(香港地区称港丽酒店)

(c)华尔道夫酒店

(d)希尔顿逸林酒店

图 10-2　希尔顿酒店集团旗下酒店品牌

2. 希尔顿酒店集团主要管理策略

(1) 树立品牌文化,实施多元化经营。
(2) 坚持"以人为本",倡导服务营销。
(3) 提高服务标准,实行质量监控。
(4) 选择目标市场,开展差异化营销。
(5) 控制经营成本,采取目标管理。

（6）开发网络技术，提高产品科技含量。

（三）洲际酒店集团

1. 洲际酒店集团简介

洲际酒店集团成立于 1946 年，是全球很有影响力的酒店服务集团之一，也是目前全球较大及网络分布较广的专业酒店管理集团，旗下拥有 10 多个酒店品牌，有 70 多年国际酒店管理经验。截至 2019 年，洲际酒店集团经营管理着 5903 家酒店，客房 883563 间，分布于近 100 个国家和地区。

集团旗下的酒店品牌（见图 10-3）有洲际酒店及度假村、假日酒店、皇冠假日酒店及度假村、智选假日酒店、英迪格酒店、Candlewood Suites 和 Staybridge Suites 等。

(a)洲际酒店及度假村

(b)假日酒店

(c)皇冠假日酒店及度假村

(d)智选假日酒店

(e)英迪格酒店

(f)Candlewood Suites

(g)Staybridge Suites

图 10-3　洲际酒店集团旗下酒店品牌

目前，洲际酒店集团旗下已有多个品牌落户中国。2010 年 12 月，亚太区第一家英迪格酒店在上海开业。这家酒店在设计上兼收并蓄，将传统的中国元素和本地现代材料融合，营造灵动活泼的酒店氛围，用全新的方式诠释了邻里文化与城市活力，是第一个专门为中国人设计的具有文化亲近感的酒店品牌。

2. 洲际酒店集团管理策略

（1）实施标准化管理，注重服务细节。

（2）注重产品开发，强调品牌效应。

（3）严格控制各类成本，减少浪费。

（4）出售特许经营权，创新服务管理。

（5）弘扬企业文化，重视人力资源开发。

（6）以市场为导向，酒店设计灵活多样。

## (四)温德姆酒店集团

1. 温德姆酒店集团简介

温德姆酒店集团是世界上较大的酒店集团之一,截至 2019 年,其在世界各地拥有 9280 家酒店,客房总量 831025 间,遍布 68 个国家和地区。总部设于美国新泽西州,成立于 1974 年。

集团旗下的酒店品牌(见图 10-4)有温德姆酒店、华美达酒店、豪生酒店、戴斯酒店、速 8 酒店等。

(a)温德姆酒店　　　　　　(b)华美达酒店

(c)豪生酒店　　　　(d)戴斯酒店　　　　(e)速 8 酒店

图 10-4　温德姆酒店集团旗下酒店品牌

2. 温德姆酒店集团管理策略

(1) 注重全球视野,着力本地行动。

(2) 重视品牌效应,提供多元化产品。

(3) 注重市场监测,开展差异化营销。

(4) 强调顾客体验,聚焦服务质量。

(5) 品质与价格结合,高贵与经济共享。

(6) 全球标准化管理,兼顾本土化差异。

## (五)雅高酒店集团

1. 雅高酒店集团简介

雅高酒店集团是全球著名的酒店集团之一,规模宏大。雅高酒店集团成立于 1967 年,总部设在法国的巴黎,法语意为和谐。雅高酒店集团旗下品牌众多,以高品质的设施和全面周到的服务获得极高声誉。

雅高酒店集团雏形是 1947 年成立于法国的第一家"老沃特尔"饭店,后以该品牌为基础,开展连锁经营。经过 70 多年的不懈努力,特别是在近十几年间,雅高酒店集团亚太公司已发展为亚太区规模较大和较活跃的酒店企业。截至 2019 年,雅高酒店集团在世界各地拥有 5036 家酒店,客房总量 739537 间,遍布全球 110 个国家和地区,员工总人数超过 280000 名。雅高酒店集团在旅行社业务方面独树一帜,餐饮业务亦发展迅速。

雅高酒店集团通过收购酒店集团和从事酒店管理,酒店业务迅速增长。集团旗下的酒店品牌(见图 10-5)包括索菲特酒店(奢华)、铂尔曼酒店(高端)、美居酒店(中端)、宜必思酒店(经济)等。

(a)索菲特酒店（奢华）

(b)铂尔曼酒店（高端）

(c)美居酒店（中端）　　　　　　　　(d)宜必思酒店（经济）

图 10-5　雅高酒店集团旗下酒店品牌

2. 雅高酒店集团主要管理策略

（1）多元化品牌战略，强调个性化经营。

（2）讲究环境舒适，追求一流水准服务质量。

（3）坚持"以人为本"，实施差异化营销。

（4）严格控制成本，提高酒店的科技含量。

（5）提高分销效率，优化酒店运营系统。

（6）拓展服务范围，满足不同类型消费需求。

（六）精选国际酒店集团

1. 精选国际酒店集团简介

精选国际酒店集团成立于 1939 年，总部位于美国的马里兰州。截至 2019 年，其在世界各地拥有 7153 家酒店，客房总量 590897 间，遍布 100 多个国家和地区。

2. 精选国际酒店集团主要管理策略

（1）建立合理的经营模式。

（2）网络的充分利用。

（3）明确的市场定位。

（4）众多的特殊服务项目。

## 三、国外其他著名酒店集团简介

（一）凯悦酒店集团

凯悦酒店集团是世界知名的跨国酒店集团，集团总部设在美国芝加哥。在世界各地管理数百间酒店，是国际著名的豪华酒店管理集团之一。截至 2020 年 3 月 31 日，凯悦已成为包含 20 个品牌，并在 65 个国家和地区开设 900 家酒店的全球酒店公司。凯悦以提供至高品质的酒店住宿条件和真挚殷勤的待客之道享誉国际，致力为客人带来宾至如归的美妙感受。

集团旗下酒店品牌包括柏悦（Park Hyatt）、君悦（Grand Hyatt）、凯悦（Hyatt Regency）、安达仕（Andaz）、凯悦嘉轩（Hyatt Place）、凯悦嘉寓（Hyatt House）及凯悦度假俱乐部（Hyatt Vacation Club）等。

柏悦酒店：柏悦品牌的酒店为讲求个性化服务和私人氛围的顾客提供无与伦比的舒适体

验和高贵典雅的奢华享受,并为高品位的会议以及社交活动提供优越的环境和完善的安排,满足客人至高的要求。

君悦酒店:君悦品牌的酒店以气派非凡、雍容华贵的风格著称,屹立于国际主要门户城市和度假胜地。遍布世界各地的君悦酒店,能提供极尽完善的商务及娱乐设施和细致体贴的服务,随时满足商务、会议以及休闲客人全方位的需求。

凯悦酒店:凯悦是集团旗下家喻户晓的酒店品牌,每家凯悦酒店均备有一应俱全的酒店设施以及精美地道的餐饮服务。无论是商务出差、参加会议或休闲度假,凯悦酒店无不令入住的每位客人满怀惊喜。

### (二) 半岛酒店集团

半岛酒店集团是以1928年成立的香港半岛酒店为核心发展起来的一个酒店集团,以拥有并管理高档酒店、商用或民用住宅著称。它的持有者香港上海大酒店有限公司则是从1922年开始在上海管理第一家酒店。1972年成立半岛酒店集团的目的是将管理与营销这两部分的运作单列开来。

截至2023年,半岛酒店集团拥有12家酒店。在香港几十年的发展变迁下,"半岛"依然屹立不倒,并树立起自己的品牌形象。

### (三) 贝斯特韦斯特国际酒店集团

贝斯特韦斯特国际酒店集团成立于1946年,总部位于美国,是全球单个品牌第一大的酒店集团,具有其他酒店无可比拟的独特优势。它由拥有23年管理经验的旅馆业主Guertin建立,最初称最佳西方汽车旅馆。截至2019年,其经营管理着3997座酒店,客房总量369386间,分布在全球近百个国家和地区。集团经营理念:特色才能出新,特色才能发展。

### (四) 凯宾斯基酒店集团

凯宾斯基酒店集团始建于1897年的德国柏林,至今已有120余年历史,是传统的欧式风格酒店的典型代表。凯宾斯基酒店大多坐落于风景优美、令人向往的城市。截至2019年,集团经营管理着83多间豪华酒店。凯宾斯基酒店集团是个性化的统一。旗下每家酒店或度假村都与众不同,有着享誉全球的完美的私人服务和独具匠心的设施。凯宾斯基是全球酒店联盟(Global Hotel Alliance)的创始会员之一。在经营上,凯宾斯基的理念是充分满足客人,为了充分满足客人的需要,凯宾斯基推出了"金钥匙"全能服务项目。

## 第四节 我国酒店集团化运营管理现状与趋势

中国是世界上较早出现酒店的国家之一,早在殷商时期就出现了成熟的住宿设施——驿站。1863年,中国最早的外资酒店天津利顺德大饭店开业,此后华懋饭店(现上海和平饭店)、北京饭店等一批外资酒店相继开业。1984年,中共中央十二届三中全会召开,会议通过了《中共中央关于经济体制改革的决定》,明确提出"对内搞活经济、对外实行开放的方针",促使中国酒店业开始步入国际化的发展轨道,一批侨资、外资和中外合资的酒店雨后春笋般涌入酒店业市场。2008年,广州白天鹅宾馆转向集团经营,中国酒店业进入了集团化发展阶段。2009年锦江国际集团收购了洲际酒店50%股权,成为我国第一个国际酒店集团。2011年东呈集团旗下的城市便捷,以及锦江国际集团旗下的锦江之星等众多经济型酒店分别向马来西亚、印度尼西亚等东南亚市场进行扩张,拉开了中国酒店集团向境外市场扩张的序幕。从此,中国酒店集团在国际酒店业市场扮演着重要角色,声誉越来越高。2019年规模排名前10的国际酒店集团中,中国的锦江国际集团跃居世界第二。

## 一、我国酒店集团化运营管理现状

改革开放,迫使我国酒店集团走向国际市场,参与国际竞争。在没有前人经验的情况下,我国酒店集团摸索前进,取得了非凡的成就。2019年,全球规模排名前50的国际酒店集团中,中国有14家。回顾我国酒店集团发展历程,可分为两个主要阶段。

(一)本土作战(1980年至2007年)

这一阶段我国酒店集团经历了从无到有,从小到大,从弱到强,坚守本土,夯实基础,快速成长的过程。这一过程又可以分为以下几个时期。

第一个时期是1980年至1989年,中国酒店市场正式对外开放,这是我国酒店集团的形成期。1982年,北京建国饭店正式开业,它是中国首家中外合资酒店,标志着国际酒店集团开始进军中国市场。之后近十年,中外合资(合作)酒店、外商独资酒店,以及聘请国际酒店集团或酒店管理公司管理的本土酒店陆续增多,至1988年,已有26家国际酒店集团进入中国市场,管理酒店达62家。但同时,我国酒店无论是行业规模、设施设备质量,还是经营理念、管理水平、人才储备,也都取得了长足的进步,为我国酒店集团的后续发展打下了扎实的基础。

第二个时期是1990年至2000年,这是我国酒店集团的快速发展期。这一时期,随着国家政策的引导和管理部门的推动,我国开始组建酒店集团,成立酒店管理公司,并且跨地域、跨部门和以地方为主体的酒店集团发展迅速。

第三个时期是2001年至2007年,这是我国酒店集团的挑战期。2001年,中国加入世界贸易组织(WTO),国际酒店市场的竞争越发激烈。尽管进入21世纪后,我国酒店集团数量和规模都得到了巨大的发展,但是,比起国际知名酒店集团还有差距。如何应对国内市场的国际化竞争,如何参与国际市场竞争,都要求增强我国酒店集团的实力,从而提升竞争力。2001年7月在上海东方滨江大酒店召开的中国饭店集团化发展战略国际研讨会,对我国酒店集团的发展进行了专门研讨,起到了促进作用。2003年6月上海锦江(集团)有限公司和上海新亚(集团)有限公司资产重组,成立了新的锦江国际集团。统计数据显示,截至2007年,我国拥有酒店管理公司总数已经达到300家以上,其中最具规模的30家公司所管理的成员饭店超过了1500家,客房总数超过了30万间。酒店集团规模扩大,实力增强。

总之,2008年之前,我国酒店集团在坚守本土作战的同时,不断壮大自己,为即将开始的境外扩张做准备。

(二)境外扩张(2008年至今)

1. 我国酒店集团境外扩张历程

如果说2009年我国酒店集团境外扩展只是"试水",自2011年东呈集团和锦江国际集团旗下的锦江之星等进行海外市场扩张以来,中国酒店集团向海外扩张的步伐越来越快。2013年起,境外扩张成为我国各大酒店集团重要战略部署。截至2017年,众多酒店集团已经取得了一定成果:锦江国际集团境外首家特许经营酒店于2014年在韩国首尔开业,2015年收购卢浮酒店集团100%股权,2016年增持法国雅高酒店集团股份至15%,并成为雅高第一大股东;

海航酒店集团于2015年收购美国红狮酒店15%股份,2016年海外首家自建自营唐拉雅秀酒店在布鲁塞尔开业,同年10月收购希尔顿酒店集团25%股份;开元集团于2016年收购荷兰埃因霍温假日酒店;2017年4月,洛杉矶绿地英迪格酒店开业,2019年3月1日,绿地酒店旅游集团与新加坡德伟集团和香港BNR亚洲签订战略协议,3月5日,又与泰国暹罗地产正式签署战略合作协议。近年来,绿地酒店旅游集团品牌输出管理项目总量已经达到几十个,覆盖了马来西亚、泰国、老挝、越南等海外国家,并且计划在未来打造以酒店为核心业务、旅游及会展为两翼引擎、具有全球竞争力的酒店旅游集团。可见,中国酒店集团在国际酒店业市场中发展得风生水起,抢滩世界酒店市场的势头越来越猛,步伐越来越快,特别是跟随习近平总书记提出的"一带一路"倡议的指引,近年来中国酒店业集团境外扩张情况举世瞩目,具体表现见表10-3。

表10-3　我国酒店集团境外扩张情况一览表

| 酒店集团 | 时间 | 事件 | 扩张方式 | 目标地区 |
| --- | --- | --- | --- | --- |
| 锦江国际集团 | 2009年 | 与Thayer共同投资,设立合营企业HAC,以3.07亿美元承接Interstate所有债务,实现50%股权掌股 | 资本运作（参股） | 北美 |
| | 2011年9月 | 通过品牌授权经营方式,授权上好佳代理锦江之星在菲律宾的酒店业务 | 特许经营 | 东南亚 |
| | 2011年11月 | 与法国卢浮酒店集团15家酒店互相挂牌,并且对接渠道 | 品牌联盟 | 欧洲 |
| | 2014年 | 海外首家7天酒店于泰国清迈开业 | 特许经营 | 东南亚 |
| | 2014年1月 | 锦江都城公司与印度尼西亚金峰集团签约,希望用15年时间在印尼境内发展至少100家锦江之星酒店 | 特许经营（区域授权管理） | 东南亚 |
| | 2014年10月 | 与法国巴黎酒店集团(Paris Inn Group)共同创立高端精品酒店——安珀酒店 | 联合创立品牌 | 欧洲 |
| | 2014年11月 | 锦江之星首家境外特许经营店在韩国首尔明洞开业 | 特许经营 | 东南亚 |
| | 2015年2月 | 锦江以约14.9亿美元收购卢浮酒店集团100%股权 | 资本运作（集团收购） | 欧洲 |
| | 2015年5月 | 与荷兰Postillion酒店集团组成品牌联盟 | 品牌联盟 | 欧洲 |
| | 2016年6月 | 增持法国雅高酒店集团股份至15% | 资本运作（参股） | 欧洲 |
| 海航酒店集团 | 2013年 | 2.34亿欧元收购西班牙NH酒店集团20%股份 | 资本运作（参股） | 欧洲 |
| | 2015年6月 | 收购红狮酒店15%的股份 | 资本运作（参股） | 北美 |
| | 2015年 | 收购大溪地茉莉雅岛的希尔顿酒店 | 资本运作（收购单体酒店） | 欧洲 |

续表

| 酒店集团 | 时间 | 事件 | 扩张方式 | 目标地区 |
|---|---|---|---|---|
| 海航酒店集团 | 2015年 | 收购波拉波拉岛瑞吉度假酒店 | 资本运作（收购单体酒店） | 欧洲 |
| | 2016年3月 | 布鲁塞尔唐拉雅秀开业 | 资本运作（自建自营） | 欧洲 |
| | 2016年4月 | 全盘收购卡尔森环球酒店集团及卡尔森持有的瑞德酒店集团一半以上股权 | 资本运作（集团收购） | 北美 |
| | 2016年10月 | 65亿美元收购希尔顿酒店集团25%股权，但于2018年4月出售全部股份，套现约85亿美元，投资收益约20亿美元 | 资本运作（参股） | 北美 |
| 绿地酒店旅游集团 | 2012年12月 | 与欧洲领先的西班牙Melia酒店管理公司自有资产高星级酒店经营权置换，资源共享，互换市场 | 饭店组织 | 欧洲 |
| | 2015年12月 | 悉尼绿地铂瑞酒店开业 | 资本运作（自建自营） | 澳大利亚 |
| | 2017年4月 | 洛杉矶绿地英迪格酒店开业 | 资本运作（自建自营） | 北美 |
| | 2019年3月 | 3月1日，绿地酒店旅游集团与世界知名房地产服务提供商——新加坡德伟集团和香港BNR亚洲签订战略协议 | 饭店组织 | 东南亚 |
| | | 3月5日，绿地酒店旅游集团与暹罗地产正式签署战略合作协议 | 饭店组织 | 东南亚 |
| 开元集团 | 2013年4月 | 收购法兰克福开元名都大酒店 | 资本运作（收购单体酒店） | 欧洲 |
| | 2016年8月 | 收购荷兰埃因霍温假日酒店 | 资本运作（收购单体酒店） | 欧洲 |
| 华住集团 | 2016年2月 | 雅高酒店集团收购华住集团10.8%的股份，同时华住集团收购雅高酒店集团在华高端酒店10%的股份 | 资本运作（参股） | 欧洲 |
| | 2016年9月 | 华住和印度最大酒店公司OYO签订了为期五年的合作备忘录，华住将对OYO进行1000万美元的股权投资 | 资本运作（参股） | 东南亚 |

续表

| 酒店集团 | 时间 | 事件 | 扩张方式 | 目标地区 |
|---|---|---|---|---|
| 首旅如家酒店集团 | 2014 年 | 与意大利 ATAhotels 集团合作挂牌 | 饭店组织 | 欧洲 |
| | 2014 年 5 月 | 明斯克北京饭店开业 | 资本运作（自建自营） | 欧洲 |
| 东呈集团 | 2014 年 11 月 | 东呈与新加坡安达瑞酒店管理有限公司签订东南亚市场合作协议,后者获得东呈旗下品牌"城市便捷酒店"在新加坡与马来西亚市场的独家代理权,还将获得东呈两大酒店品牌"怡程"与"宜尚"在东南亚的代理权 | 特许经营 | 东南亚 |
| 格林酒店集团 | 2014 年 3 月 | 首家酒店在孟加拉国首都达卡开业 | 特许经营 | 东南亚 |
| 华天集团 | 2011 年 | 巴黎华天中国城酒店开业 | 资本运作（收购单体酒店） | 欧洲 |
| 明宇商旅 | 2015 年 9 月 | 收购巴黎明宇丽雅饭店 | 资本运作（收购单体酒店） | 欧洲 |
| | 2015 年 9 月 | 签约斐济明宇丽雅度假饭店 | 合同经营 | 大洋洲 |

（资料来源：电话访谈、企业官网及其他网上公开数据。）

2. 中国酒店集团境外扩张地区分布

欧洲市场与东南亚市场是我国酒店集团境外扩张较热门的两大市场。截至 2019 年 3 月,我国酒店集团有 33 次境外扩张行动,其中以欧洲为目标市场的境外扩张活动为 17 次,占总数的 51.52%。其次是东南亚,共有 9 次,占总数的 27.27%（见图 10-6）。2013—2016 年,海航酒店集团在欧洲市场接连布局,参股西班牙 NH 酒店集团,收购单体酒店,在布鲁塞尔自建自营自有品牌酒店唐拉雅秀。从 2016 年开始,东呈集团在全球范围内不断新建酒店,以及 4 个运营中心,其中 2 个运营中心分别选址于东南亚的曼谷以及欧洲的柏林。

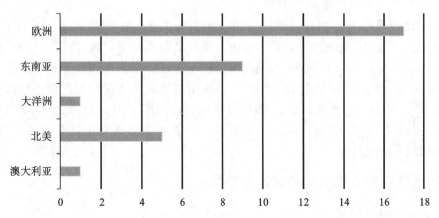

图 10-6 我国酒店集团境外扩张目标地区统计

值得注意的是，我国酒店集团在东南亚市场布局的多是有限服务型酒店。例如，锦江、华住、东呈三大酒店集团在东南亚地区扩张或合作的对象均为经济型酒店。在欧洲市场，我国酒店集团扩张及合作的对象则覆盖了所有档次的酒店。

3. 中国酒店集团境外扩张的主要方式

在前述的33次境外扩张行动中，包括参股、收购在内的资本运作是最主要的扩张方式，共使用了19次，约占57.58%。除资本运作外，特许经营、品牌联盟、酒店组织、合同经营和联合创立品牌均为具备操作性的境外扩张方式。其中，合同经营和酒店组织这两种扩张方式为理论层面的传统扩张方式，而特许经营、品牌联盟及联合创立品牌则是经实践检验，具有可操作性的扩张方式。

总结我国各酒店集团境外扩张的33次行动得出，酒店集团在进入发展成熟的市场时，趋向于使用资本运作这种大胆、强势的投资策略，如在欧洲与北美进行的22次扩张中，包括收购、参股、自建自营在内的资本运作投资方式共使用了17次，约占77.27%（见图10-7）。在尚不完全成熟的市场，各酒店集团均采取了稳健的扩张方式，如在东南亚的扩张，各酒店集团不约而同地主要使用了特许经营这一品牌输出的模式，以及合同经营和酒店组织这些轻资产偏稳健的扩张方式。

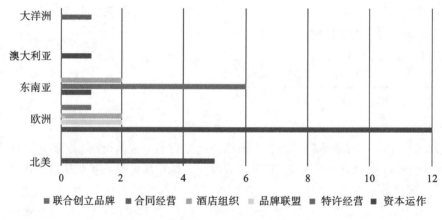

图10-7 我国酒店集团境外扩张方法统计

### （三）与国际著名酒店集团的差距

尽管我国酒店集团在国内、国际酒店市场上均取得了喜人的业绩，但是比起国际著名的酒店集团还存在一些差距，简单来说：第一，酒店集团规模和实力不均衡，商誉度较低，单体酒店有影响力的太少；第二，酒店品牌单一，国际知名度不高；第三，管理和服务水平偏低，特色化、个性化服务比较缺乏；第四，专业人才培养乏力，本土酒店人才流失较为严重；第五，连锁经营程度不高，《2020中国酒店业发展报告》数据显示，我国酒店连锁化率仅为26%，而发达国家酒店连锁化率可达到60%；第六，区域间分布不够平衡，沿海发达地区酒店数量多、发展势头良好，内陆地区的发展相对较弱。

## 二、我国酒店集团化运营管理发展趋势

### （一）企业化和市场化

酒店集团具有企业性质，故企业化和市场化是其生存和发展的必然要求。构建现代企业

制度，优化市场运行环境，仍是我国酒店集团化运营管理的发展趋势。今后，政府管理部门会继续简政放权，减少干预或不干预，做好企业发展的引导者、推动者和服务者，充分发挥企业的能动性和主导性，企业也将完善各项制度，积极参与国际化竞争。

（二）规模化和品牌化

酒店集团要形成强大的市场竞争力一般都会扩大规模，使用差异化的市场营销战略，尽可能地覆盖各级各类客源市场。品牌结构的多元化发展是国际酒店集团成功的经验。许多国际知名品牌酒店均以其高品质的设施和全面周到的服务在世界上享有极高的声誉。中国目前具有一定规模的酒店集团不仅品牌数量少，而且品牌知名度不高。如今，我国经济发展基础好，社会稳定，酒店集团内外部发展环境优越，在扩大规模的同时建立系列品牌的条件充分。在近几年的境外扩张实践中，中国酒店集团也采取了品牌联盟及与目标国原有酒店联合创立品牌的方式增加品牌数量，但中国特色的酒店集团品牌创建应该是今后努力的方向。

（三）大众化和合作化

根据我国《"十三五"旅游业发展规划》，中国旅游业的发展趋势呈现消费大众化、需求品质化、竞争国际化、发展全域化、产业现代化等特征。旅游消费现已成为居民日常生活消费的重要组成部分，且居民自助游、自驾游成为主要的出游方式。酒店应跟上这一步伐，提供适合大众化的消费产品，采取大众化的营销方式，满足大众化消费习惯。另外，"酒店＋"将成为酒店集团发展的主要路径，跨界合作式酒店组织或将成为未来酒店集团的主要运营管理模式。酒店与航空业联合已是历史，现代酒店业将会继续深化与整个交通运输业、地产业、景区景点企业、家具行业、工业企业、农业企业、信息产业、文化产业、体育产业、健康医疗等行业的联合，构建新模式的酒店集团。国有资产也将继续有选择性地退出酒店领域，民营企业将在中国酒店业发展中扮演举足轻重的角色。

（四）科技化和信息化

消费大众化、需求品质化、发展全域化、产业现代化、竞争国际化等趋势均离不开科技化和信息化的支撑。科学技术、文化创意、经营管理和高端人才对推动旅游业发展的作用日益增大。云计算、物联网、大数据等现代信息技术在酒店业中应用将越来越广泛，机器人服务、无人酒店、无人餐厅将陆续加入国际酒店业的竞争中。现代科技与信息技术的应用将大大节约酒店运营管理的成本，提高服务效率。5G的运营和推广，为酒店集团营销提供了更加便利的渠道。未来酒店市场的全球化竞争将是科技的竞争、信息的竞争，中国酒店集团在全球化竞争中必将发挥自身优势，占据更大的国际市场份额。

## 本章小结

酒店集团作为企业集团的一种，其概念内涵既有一般企业集团的共性，也有其自身的特点。与酒店集团相关的概念有酒店集团、酒店联号、酒店管理公司和酒店联合体等，它们之间的概念内涵有交叉，但又不尽相同，主要表现在其组织形式不相同，不能混淆。

世界酒店集团发展历程可归为三个主要阶段：1902年至1945年（形成期），1946年至1996年（快速发展期），1997年至今（全球化大发展时期）。总结现状：一是酒店

集团数量增多,单体集团规模越来越大;二是酒店集团地区格局改变,中国跻身世界前三强。

酒店集团化运营的优势有经营规模优势、质量管理优势、品牌竞争优势、市场信息优势、人力资源优势五个方面。酒店集团化运营管理的主要模式主要有直接经营、合同经营、特许经营、租赁经营、酒店组织等。

世界著名酒店集团运营管理策略的共性特征主要有品牌结构的多元化发展、酒店类型的多元化发展、管理模式的多元化发展。世界各大酒店集团运营管理策略还具有个性特点。

我国酒店集团化运营管理现状:本土作战取得快速发展,但与世界著名酒店集团相比还存在差距;境外扩张势头猛,但应注意风险。我国酒店集团化运营管理发展趋势向好。

## 思考与练习

1. 简述酒店集团化运营的优势。
2. 酒店集团化运营管理的主要模式有哪些?
3. 我国酒店集团化运营管理现状与国际著名酒店集团相比有哪些差距?
4. 通过调研,试述我国酒店集团化发展趋势和战略构想。

### 中国金茂控股集团有限公司历史发展沿革及未来战略意图

中国金茂控股集团有限公司(简称中国金茂)成立于1995年6月,由中国中化集团公司等大型企业集团出资创办,2009年1月公司正式成为香港上市企业——方兴地产(后更名为中国金茂,股票代码:00817)的成员企业。2014年7月,公司业务分拆后在香港联交所上市,股票代码06139。其主要从事高档商业不动产的持有、运营,致力于在核心城市精选地段运营地标性和精品特色的高端酒店、写字楼和商业项目。

1992年,邓小平南方谈话坚定了改革开放、进行现代化建设的决心,时任对外经济贸易部部长的李岚清同志建议在浦东建一座摩天大楼,成为中国经济、金融、贸易面向世界的窗口。由此金茂大厦的建立拉开了中国"摩天大厦时代"的大幕,中国上海浦东国际化、现代化的新篇章也缓缓翻开。

1993年,中国上海对外贸易中心正式成立,负责金茂大厦的筹备、建设等工作。历经7年高标准、严要求地设计与施工,以及中外专家的通力合作,1999年8月28日,坐落于上海浦东新区的金茂大厦正式开业,这标志着中国第一座真正意义上的超高层建筑正式投入运营,并成为具有世界影响的中国标志性建筑之一。这座屹立在黄浦江边的金色宝塔,总高420.5米,地上88层,地下3层,裙房6层,总建筑面积29万平方米。在其落成两年后,中国正式加入了WTO,大批外资企业来华,第一批进入上海的外资银行、合资保险公司、合资基金公司纷纷入驻金茂大厦,目前百余家客户入驻金茂大厦,它成为名副其实的"垂直的金融街、世界的办公室"。

金茂大厦53至87层为上海金茂君悦大酒店,这也是凯悦酒店集团以"君悦"品牌在我国开辟的第一家酒店。开放运营时,曾被2000年吉尼斯世界纪录千禧年版评为"世界最高酒店"。作为一家在上海家喻户晓的高品质五星级酒店,这里被称为"魔都的天空之城",可以欣赏到上海最美丽的风景。加上专业、贴心的服务,上海金茂君悦大酒店在财富论坛、APEC会议、亚洲银行年会、福布斯全球行政总裁年会、上海世博会等国内、国际会议期间,成功接待了来自世界各地的高端的客户们。

金茂大厦88层观光厅,面积为1520平方米,曾经是当时国内最大的观光厅,荣膺上海大世界吉尼斯之最。2016年7月,金茂大厦正式启用340米高的户外云中步道,游客可以走出88层观光厅,在"空中漫步",亲身体验"落霞与孤鹜齐飞,秋水共长天一色"的美景。

在这座88层的摩天大厦里,发生过各种传奇故事,见证过各类时代大事发生,举办过从娱乐旅游到经济政治的各式各样的活动,接待过名商政要和万千普罗大众,中国金茂控股集团有限公司作为金茂大厦的独家开发运营商,见证了上海乃至中国改革开放每一步的轨迹,触摸到了社会发展的脉搏,积极顺应时代发展的趋势,投身于中国酒店行业的建设与发展。

2002年,在"走出金茂"战略的指导下,公司首先在海南三亚与国际顶尖酒店品牌希尔顿携手。2006年,金茂三亚亚龙湾希尔顿大酒店正式落地。随后,金茂酒店旗下项目在整个中国遍地开花,一次又一次地活跃在各种国际论坛的接待活动中,承担着接待外宾、开展重要国家活动的重任。2017年,"一带一路"国际合作高峰论坛于5月在北京召开,向来以"总统来华下榻地"著称的金茂系高端酒店凭借丰富的政要领导人接待经验、突出的地理位置优势以及无与伦比的细致服务,再次承担起接待高规格代表团的重任。峰会期间,包括国际政要及媒体团在内的各国参会人员,逾120人相继入住酒店;9月4日,2018中非合作论坛北京峰会圆满闭幕,第四届对非投资论坛于9月6日至8日在长沙梅溪湖金茂豪华精选酒店开幕,共有25个非洲国家、12个国际和区域组织、14个非洲企业参加本次论坛。此外,2位非洲总统、31名非洲国家政府部长、15位国际和区域组织负责人出席论坛。这是长沙梅溪湖金茂豪华精选酒店继2017年的英国安妮公主到访接待,泛珠三角区域省会城市市长联席会议接待后,又一次重要的国家元首及大型会议接待。

经过20年的稳步发展,公司以上海为中心,相继辐射海南、北京、广东、云南、江苏、湖南以及陕西等多个省(市),已形成高端酒店运营、高档综合体楼宇经营及设施管理、高端旅游休闲产品经营三大核心业务,自2005年起,连续15年被世界品牌实验室颁予"中国500最具价值品牌"及"中国品牌年度大奖NO.1(不动产)"等称号。今天的金茂酒店旗下共持有和运营14家高端星级酒店及1个公寓项目,总建筑面积约达百万平方米,总客房数超5300余间,年均收入高达27亿多元,成为国内为数不多、专注于高档不动产运营的知名品牌之一,是中国高端酒店行业的重要标杆。

当前,公司步入崭新生命周期,在第三次创业这一全新的起点上助力改革开放。公司在2018年初提出"轻重并举、长短结合"的战略,在轻资产方面,通过酒店、公寓、物业、观光等多业态咨询并输出管理拓展轻资产规模的同时,实现运营能力的提升;在重资产方面,对核心型、机会型等不同类型项目,实施长短结合的持有策略,最终实现公司从运营管理到资产管理的战略升级,并转型为国内领先国际一流的高端商业地产资产管理机构。

在公司"轻重并举"的发展战略指导下,2018年2月8日,上海金茂酒店管理有限公司正式注册成立,成为公司拓展酒店自营业务板块、推动自营公寓项目落地的运营平台。就在当天,"丽江金茂璞修雪山酒店"正式揭牌亮相,成为公司首个冠以"金茂"品牌的高端自营酒店。同年,公司承接中化集团旗下"怡生园会议中心"翻新改建项目,以现代化装修风格、前沿科技理念和独特市场视角重新为酒店定位,用时6个月精心打磨,于2019年4月隆重推出"金茂怡生园酒店",为集团及市场交付了一张满意答卷。与此同时,"西安鼓楼金茂酒店"和"金茂保集e智谷行政公寓"应运而生,公司正式开启了一条多元化、多形态、多方位的轻资产产业链条。轻资产战略落地和业务一触即发。2020年初,公司正式成立由酒店、物业、观光、文娱、公寓等多形态产业链汇聚而成的"市场拓展部",旨在大力拓展各线轻资产业务的同时,着力向市场推广"金茂酒店"品牌与文化,汇集各方资源,搭建会员及忠诚度体系,为"金茂"品牌的市场影响打准打实基础。仅2020年上半年度,公司拓展类及线上营销业务均完成全年目标,获取近7个大中型酒店及物业类轻资产管理项目,资金收入近5000万元。依据规划,贯通轻重资产,从单一的"重资产持有"转型升级为"重资产持有"与"轻资产管理"轻重联动的发展格局态势将持续下去,预计未来落地酒店、物业、观光文娱项目不少于30个,客房数量及年均收入均有望翻翻,甚至更高期望。

当年的金茂大厦,年华美好,气贯长虹,犹如青春之歌。

现今的金茂酒店,锐意进取,朝气蓬勃,铸就崭新丰碑。

(资料来源:中国金茂内部资料。)

问题:

1. 中国金茂的成功给我们的启示有哪些?

2. 结合本案例,谈一谈我国酒店集团今后发展之路该怎么走。

# 附 录
## Appendix

## 酒店员工在服务管理中遇到问题的应急管理办法

一、当客人产生不满时

1. 客人投诉叫醒电话铃声未响怎么办？

答：①向客人道歉。②调查原因，查明是机器故障还是人为的原因，并立即采取措施加以处理，以免客人再次投诉而扩大事态。③若由于叫醒电话铃声确实未响而给客人带来的损失，酒店或当事人应根据情况给予赔偿。

2. 遇到客人投诉怎么办？

答：以下两种方法交叉使用或同时使用。

方法一：①快速处理客人投诉是酒店的服务宗旨；②决不能轻率地对待客人投诉，应为客人着想，慎重处理；③认真倾听，了解投诉的前因后果，保持友好、礼貌冷静的态度；④从速解决权限范围内的事件，超出权限的，逐级上报处理。

方法二：①避免客人在营业场所大声喧嚷而造成不良影响，选择适当的场所（如办公室）并引导客人前往，妥善解决问题；②注意做好记录以示重视；③如果需要他人或其他部门协助，要随时掌握事态的进展情况，尽量使客人心平气和地离开；④做好投诉记录并请上级审阅，对书面投诉要做出书面回答。

3. 遇到无礼的客人怎么办？

答：这种客人往往不好相处，个人观念很强，发生矛盾后往往会恶语伤人或出现失礼的动作。服务员不要与之计较，尽量按客人要求完成接待服务，不与其发生冲突，保持冷静。

4. 客人反映房间空调效果不好时怎么办？

答：(1) 首先检查开关是否开启，风口有无送风，如无动静则是风机盘管电机有问题，请电工维修。

(2) 送风效果不佳，制冷或制热温度不当，可能是送风开关调整挡位不当，或管道堵塞，应调整开关或报修。

(3) 风力小，可能是回风口过滤网堵塞需清洗或出风口叶片位置不当需调整。清洗调整过后，仍不能解决时，应为客人换房。

二、当客人遇到问题时

1. 客人将房卡遗留在房间内，让服务员为其开门时，怎么办？

答：客人不慎将房卡遗留在房间内，服务员应查看其住宿登记和住客的有效证件，确定该房间住客系本人则可为其开门。若无任何证件，可根据客人口述情况与总服务台登记情况进行核对，无误后方可开门，并将开门情况记录下来。

2. 当看见客人行动不便时，怎么办？

答：(1)主动上前，随时准备提供帮助。

(2)对于腿脚不方便的客人或残疾者，请行李员搀扶或向其提供轮椅。

3. 住店客人生病时，怎么办？

答：(1)住店客人生病时，服务员应关心客人，及时报告医务室，由医生到客房治疗。

(2)多送开水并联系餐厅提供营养餐。

(3)病情严重时，应及时拨打120急救电话并送往医院，以免延误治疗时间，如无家属陪同应暂时陪同护理。

4. 住店客人患传染病时，怎么办？

答：(1)发现客人患传染病时，应立即报告酒店医务室，并联系传染病医院或当地疾控中心，送院治疗。

(2)客人使用过的房间要在医生指导下严格消毒处理，消毒后对房间进行封存。

(3)设法尽快通知病人家属，追踪与病人密切接触过的酒店内人员并上报疾控部门，要求其自我隔离并监控健康状况，有症状者第一时间前往医院检查。

5. 遇到客人不慎滑倒摔伤时，怎么办？

答：(1)客人在酒店内滑倒摔伤后，服务员应主动帮助。联系医务室医生上门治疗，如伤势过重，则由医生决定是否将客人送往医院检查治疗。

(2)根据客人在入住登记时购买的人身意外伤害保险向保险公司反映情况，由保险公司业务员落实事实原因，进行医疗住院费赔偿。

(3)酒店相关部门派人前往医院慰问病人，并及时通知受伤客人家属。

(4)切实做好防范工作，提醒客人小心地滑，检查扶手，加强防滑设施用品配备，防患于未然。

6. 客人报失后，服务员应怎么办？

答：(1)听到客人反映情况后，冷静地劝慰客人回忆和查找一遍，保护好现场，不能擅自到房内查找，以免引起麻烦，给之后的调查工作增加难度。

(2)采取积极态度协助，及时向领导、保安部和公安部门如实反映情况。

## 三、酒店客房清扫问题

1. 在客房消灭虫害时，应怎么办？

答：定期喷杀虫剂，按说明比例配制杀虫剂，保证杀虫效果。虫害的滋生地，如地毯下、床下、墙角和卫生间要施放药物进行毒杀，被杀灭的害虫要及时清理干净。

2. 每日进房清扫次数安排有规定，要注意什么？

答：目前，我国酒店一般以二进房制为主，即实行对客房白天的例行的大清查和晚间的夜床服务。

当然不论规定几进房制，一旦客人需要整理客房，我们应尽量满足其要求，对 VIP 客人和住套间的客人，部分酒店会每日三进房，甚至四进房，但要注意避免打扰客人。

3. 连续空房几天后,出售该房间前应该怎么办?

答:(1)开窗,通风换气。

(2)用干净抹布擦拭设备和家具的浮尘。

(3)将浴缸和面盆的冷热水及便器的水放至清水为止。

4. 当你清扫完一间客房时,应该怎么办?

答:(1)清扫完毕,应环视房间,检查各项清洁整理工作是否符合标准。

(2)房间用品是否补充齐全并按要求摆放好,如有不妥之处应重新摆放整齐。

(3)对门锁的安全性进行检查。

(4)客人在房间时应向客人道别,并随手将门轻轻关上。

(5)客人不在房间时应摘下节电牌,锁好房门,做好清扫记录。

5. 当你在清扫客房时,客人回来了,应该怎么办?

答:(1)应该热情地同客人打招呼,征求客人意见是否继续清扫,客人表示不介意时,应尽快结束清扫工作。

(2)客人如果有事,应该迅速离开,并说"对不起,打扰了",等到客人外出时再去清扫。

6. 多种不同类型和房态的客房需要清扫,应该怎么办?

答:按房情、房态排出清扫的顺序:

(1)总台和客人吩咐要清扫的房间;

(2)门挂"请即清扫"牌或 VIP 房;

(3)走客房;

(4)住客房;

(5)长包房(征求客人意见,如是否早、中、晚清扫);

(6)空房;

(7)请勿打扰房。

7. 家具的保养和打蜡,应怎么办?

答:木制家具在使用中应注意防潮、防水、防热、防蛀,保持清洁、光亮、美观,延长使用寿命还需要定期打蜡,即先用湿抹布彻底擦净家具表面的污渍脏迹,待干后,用软性干抹布沾上蜡水,反复擦拭,直至光亮如新。

8. 当使用不同类型清洁剂,应该怎么办?

答:最好使用中性清洁剂,不使用不溶于水的粉状清洁剂,以免堵塞下水道。顽固污渍使用清洁精之类的强碱或强酸,但一定要按比例兑水稀释,避免损坏墙壁瓷砖、器皿的表面光泽,以延长寿命。

9. 地毯上有污渍、油渍,应该怎么办?

答:地毯上有小面积的污渍、油渍应及时使用清洁剂去除,避免污渍渗透扩散;大面积的污渍应用洗地毯机进行彻底清洁。太脏的地方不要试图一次洗净,应等地毯干后再反复清洗,直至干净,地毯上有口香糖应及时清除,并针对不同的污渍用不同的清洁剂区别处理。

10. 擦拭高层客房玻璃时,应怎么办?

答:擦窗要根据天气的变化适时擦拭,最适宜雨后天晴和阴天时擦窗,夏天不要在烈日下擦窗,以免中暑;刮大风、下雪的天气也不宜擦窗。擦窗时一定要系好安全带,精神要集中,不要东张西望和俯视地面,拿取物品要十分小心,以防物品落下毁物伤人。

### 四、客房设施问题应对

1. 发现卫生间水箱漏水时,怎么办?

答:要牢固树立节约用水意识,发现水箱漏水时应立即找出原因并进行适当处理或报告维修人员上楼维修,否则既影响客人休息又造成极大浪费。

2. 万一发生财产损坏,应怎么办?

答:赔偿制度包括两个方面:第一,如果是住店客人不慎将酒店财产损坏,应向酒店有关部门就财产价值、损坏程度等情况确定赔偿数额,向客人索赔(房内服务夹内配有财产价格表);第二,如果是酒店员工不慎损坏财产,应根据实际情况,适当收取赔偿费,并对其进行必要的教育、批评或警告。

3. 自动喷淋系统损坏引起喷水怎么办?

答:(1)听到喷淋系统报警后应立即报告监控室、保安部和客房部。

(2)迅速关闭喷淋主管阀。

(3)然后立即返回值班室内,打开放水阀。

(4)逐间检查房间,确定损坏喷头的房间再采取措施。

4. 如何正确开启空调?

答:(1)在开空调之前,应先关闭门窗,防止冷(热)气外泄。

(2)使用冷气时,送风口横栅格以水平方向为佳,竖栅格因冷气量大,应尽量朝上排气,可使空调冷气扩散均匀,送风顺畅。

(3)清洁过滤网。当关闭空调再启动时,至少停机三分钟后再启动。团队客人到达前一小时开机,使客人进房后感到非常舒适。

5. 当客人询问客房设施设备的使用方法时,应怎么办?

答:楼面服务员首先应熟悉和确定房内一切设施设备名称、性能和使用方法,适当进行示范操作指导(如电子门锁开启、自动电热壶使用和电视机频道调整等)。

### 五、在对客服务时

1. 洗送客衣时,应怎么办?

答:(1)按洗衣房规定的收衣时间及时到楼层收取客人送洗的衣服,并与楼层服务员做好交接记录。

(2)洗烫完毕,与洗衣房收发员核对数目。领回客衣送至楼层由服务员签收交还客人。

(3)按收款收据及时催楼面服务员将洗衣费划在记账单,签字由总服务台统一结账。

(4)运送过程中,注意保管好客衣,使之平整、挺括、无褶皱。

(5)发现客衣洗涤有问题要及时报告,送洗衣房重新处理,尽量避免客人投诉。

2. 如何服务长期租用酒店客房的客人?

答:(1)要想做好长住客的服务工作,就应做到心中有数。掌握长住客的生活习惯,处处为他们提供快捷的服务。例如,了解长住客人的生日,当天送上祝福,主动帮助长住客人解决问题。

(2)主动与长住客人沟通,虚心听取客人的意见,改进服务工作,使长住客人到店如到家,处处感到亲切、方便、舒适、安全。

3. 当客人正在交谈,而我们有急事需询问时,应怎么办?

答:(1)应礼貌地等候在客人一旁,切忌贸然打断客人的谈话。

(2)等客人意识到或恰当的时候,先向其他客人表示歉意,然后简明扼要地说明事由,最后礼貌地离开。

4. 发现客人带走客房内非一次性用品时,应怎么办?

答:(1)报告领班,由领班找客人单独交涉,不可伤害客人自尊心。

(2)态度和蔼,语气委婉,说明此物不包括在房费内,如需购买作为纪念品,可代其购买。

(3)当客人承认并归还物品时要致谢。

(4)如客人加以否认,且物品价值较大,可将其作为"不受欢迎的客人"处理。

5. 客人用毛巾或床单擦皮鞋,或在地毯上扔烟头损坏地毯时,应怎么办?

答:(1)应很有礼貌地提醒客人要爱护公共财产,同时损坏的物品需要按规定进行赔偿。

(2)索赔时应有礼有节,要保留重要证据,如烟头烟灰和烧痕。客人一般能接受,但语气应委婉,不可伤害客人的自尊心。

(3)赔偿交总服务台并开好收据、做好记录。

(4)及时通知维修部门修理或重新采购地毯。

6. 当客人离店退房时,应怎么办?

答:当客人离开房间时,服务员应迅速检查房内有无客人遗留物品。发现遗留物品,应立即通知大堂,送还给客人,同时要看房间的用水情况,报告收银处,还要查看房间的设备是否完好,各种物品是否齐全(一次性物品除外),若有问题则应及时报告领班或主管。检查完后,由清洁班的服务员进行清扫与布置,以备出售。

7. 楼层接到 VIP 接待通知后,应怎么办?

答:应了解 VIP 客人的情况,检查房间设备是否完好,物品是否配备齐全,卫生是否彻底干净,根据气候调节室温,备好冷热饮用水,按照接待规格配备水果、礼品及总经理名片等。注意客人忌讳和特殊要求,较长时间未使用过的房间还应更换床单、毛巾,并将卫生间的水放至清水为止,适时开窗换气,若客人晚上到达,应做好夜床。

8. 在公共场合遇到客人迎面走来,应怎么办?

答:(1)遇到客人时,应微笑主动走向客人问候,熟客应称呼其××先生(女士),客人会感到亲切。

(2)要主动侧身让路或放慢步伐,不能只顾自己行走,而对客人视而不见,要有一定的示意表示。

9. 当你遇到急事,需超越客人行走时,应怎么办?

答:(1)先礼貌地对客人说:"对不起,先生(女士)请问能让一下吗?"然后超越。

(2)有两位客人同行时,切忌从客人中间穿行。

(3)超越后,应回头向客人点头表示谢意。

10. 当你正在接听工作电话时,有客人前来询问,应怎么办?

答:(1)当你正在接听工作电话时,有客人前来应点头示意,与客人打招呼并请客人稍等。

(2)尽快结束通话,避免让客人久候。

(3)结束通话后,应先向客人道歉,再认真回答客人询问。

11. 当客人对服务工作满意,给予小费或小礼品时,应怎么办?

答:(1)感谢客人好意,说明这只是我们应该做的,请客人不必介意。声明我们不收小费。

(2)客人执意要送,在婉拒无效的情况下,先收下礼品,并再次感谢客人。

(3)及时将礼物、小费上交客房部,由部门处理。

### 六、客房服务的重要流程

1. 客房服务中有多少记录本,在填写时要注意什么?

答:客房部制定了全日值台记录本、会客登记本、遗留物品登记本、巡房记录本、设备维修本、清扫客房记录本、布罩送洗登记本、物品领用申报本等。这些记录具有经常性、广泛性、真实性、群众性,要保证原始记录可靠,一定要按要求认真填写。

2. 突然发生火灾时,服务员应怎么办?

答:(1)应立即拨打119,紧急有效地扑灭初期火灾。

(2)引导客人疏散,迅速报警,通知保安部。

(3)保护现场,如实向有关部门反映情况。

3. 做好防盗工作,楼面服务员应怎么办?

答:必须坚守岗位,掌握客人出入情况,坚持会客登记制度,注明来访者出入时间,观察进出客人携带物品情况,了解房情、房态,检查客房的门窗是否关好,发现可疑人员及时报告。

(资料来源:酒店人指南,2020-04-02。)

# 参考文献

References

[1] 安贺新.服务营销管理[M].北京:化学工业出版社,2011.
[2] 沈杨.旅游市场营销与管理[M].北京:人民邮电出版社,2011.
[3] 陈雪钧,马勇,李莉.酒店品牌建设与管理[M].重庆:重庆大学出版社,2015.
[4] 程淑丽,赵贵廷.会展公司规范化管理操作范本[M].北京:人民邮电出版社,2007.
[5] 邓明新.情感营销技能案例训练手册[M].北京:北京工业大学出版社,2008.
[6] 邓明新.体验营销技能案例训练手册[M].北京:北京工业大学出版社,2008.
[7] 段远鸿,吴晶.不懂财务,就当不好酒店餐饮业经理[M].北京:企业管理出版社,2009.
[8] 范香花,黄红霞,冯小霞,等.中国旅游酒店业发展研究:案例与实证[M].成都:四川大学出版社,2018.
[9] 郭晓阳,孙佳娜.酒店空间室内设计与施工图[M].北京:化学工业出版社,2013.
[10] 何丽芳,贺湘辉,杜秋蓁.酒店营销实务[M].广州:广东经济出版社,2012.
[11] 胡宇橙,李烨.酒店营销管理[M].重庆:重庆大学出版社,2016.
[12] 胡占友.酒店·宾馆管理培训全书[M].北京:中国商业出版社,2010.
[13] 蒋晓东.现代酒店管理与服务创新研究[M].长春:吉林人民出版社,2019.
[14] 景奉杰.经济全球化背景下的服务营销——湖北省市场营销学会2004年学术年会论文集[M].北京:中国财政经济出版社,2005.
[15] 李龙星,易元红.酒店营销策划[M].天津:天津大学出版社,2014.
[16] 李伟清.酒店运营管理[M].重庆:重庆大学出版社,2018.
[17] 李志刚.酒店人力资源管理[M].重庆:重庆大学出版社,2016.
[18] 廖钦仁,胡蓉,黄凤梅.酒店人力资源管理实务[M].3版.广州:广东经济出版社,2012.
[19] 中国土地估价师协会.土地估价报告选编[M].北京:地质出版社,2004.
[20] 苏枫.酒店管理概论[M].2版.重庆:重庆大学出版社,2015.
[21] 唐文.现代酒店管理(下)[M].北京:企业管理出版社,2006.
[22] 唐秀丽.现代酒店管理概论[M].重庆:重庆大学出版社,2018.
[23] 王丽华.酒店管理合同:从谈判到履行[M].北京:旅游教育出版社,2009.
[24] 王孟津,谢敏.酒店企业管理[M].上海:华东师范大学出版社,2008.
[25] 王秀荣.酒店财务管理[M].郑州:郑州大学出版社,2010.
[26] 翁玉良.酒店财务管理[M].杭州:浙江大学出版社,2009.
[27] 吴日荣.商业地产项目策划方案与案例[M].北京:化学工业出版社,2014.

[28] 席君.跟我学酒店会计[M].广州:广东经济出版社,2011.
[29] 尹景明,贺湘辉.酒店公关实务[M].3版.广州:广东经济出版社,2012.
[30] 游富相.酒店人力资源管理[M].杭州:浙江大学出版社,2009.
[31] 游上,梁海燕.酒店管理概论[M].北京:高等教育出版社,2017.
[32] 俞海滨.度假酒店(村)的开发与服务管理[M].北京:经济管理出版社,2008.
[33] 袁学娅.酒店盈利探秘:寻求对话 创造利润[M].沈阳:辽宁科学技术出版社,2005.
[34] 张友生,王勇.系统架构设计师教程[M].2版.北京:电子工业出版社,2009.
[35] 钟志平,谌文.酒店管理案例研究[M].重庆:重庆大学出版社,2015.
[36] 周倩,杨富云.酒店财务管理实务[M].北京:清华大学出版社,2011.
[37] Rocco M. Angelo,Andrew N. Vladimir. 当今饭店业[M].李昕,译.北京:中国旅游出版社,2011.
[38] Chuck Y. Gee. 国际饭店管理[M].谷惠敏,译.北京:中国旅游出版社,2002.
[39] 宋瑞.旅游绿皮书:2018~2019年中国旅游发展分析与预测[M].北京:社会科学文献出版社,2019.
[40] 孟庆节,王平.现代饭店管理概论[M].大连:大连理工大学出版社,2012.
[41] 都大明.现代酒店管理[M].3版.上海:复旦大学出版社,2023.
[42] 孙宗虎,王瑞永.酒店运营与管理全案[M].北京:人民邮电出版社,2021.
[43] 党印.酒店收益管理[M].北京:经济科学出版社,2020.
[44] 陈新.走出中国酒店建设和管理的误区[M].北京:人民出版社,2017.
[45] 雷明化,郭建华.客房服务与管理[M].2版.北京:中国人民大学出版社,2019.
[46] 常君臣.一本书读懂酒店数字化运营与管理[M].北京:中华工商联合出版社,2024.
[47] 李勇,钱晔.数字化酒店:技术赋能+运营变革+营销升级+管理转型[M].北京:人民邮电出版社,2021.
[48] 容莉.互联网+酒店运营手册[M].北京:化学工业出版社,2020.
[49] 穆林,杨铭魁.酒店客户关系管理:数据驱动与运营管理[M].北京:中国轻工业出版社,2023.
[50] 唐颖.酒店服务运营管理[M].武汉:华中科技大学出版社,2021.

# 教学支持说明

普通高等学校"十四五"规划旅游管理类精品教材系华中科技大学出版社"十四五"规划重点教材。

为了改善教学效果,提高教材的使用效率,满足高校授课教师的教学需求,本套教材备有与纸质教材配套的教学课件和拓展资源。

为保证本教学课件及相关教学资料仅为教材使用者所得,我们将向使用本套教材的高校授课教师赠送教学课件或者相关教学资料,烦请授课教师通过电话、邮件或加入旅游专家俱乐部QQ群等方式与我们联系,获取"电子资源申请表"文档并认真准确填写后发给我们,我们的联系方式如下:

地址:湖北省武汉市东湖新技术开发区华工科技园华工园六路

邮编:430223

电话:027-81321911

E-mail:lyzjjlb@163.com

旅游专家俱乐部QQ群号:758712998

旅游专家俱乐部QQ群二维码:

群名称:旅游专家俱乐部5群
群　号:758712998

# 电子资源申请表

填表时间：_____年___月___日

1. 以下内容请教师按实际情况填写，★为必填项。
2. 相关内容可以酌情调整提交。

| ★姓名 | | ★性别 | □男 □女 | 出生年月 | | ★职务 | | |
|---|---|---|---|---|---|---|---|---|
| | | | | | | ★职称 | □教授 □副教授 □讲师 □助教 | |
| ★学校 | | | | ★院/系 | | | | |
| ★教研室 | | | | ★专业 | | | | |
| ★办公电话 | | 家庭电话 | | | | ★移动电话 | | |
| ★E-mail（请填写清晰） | | | | | | ★QQ号/微信号 | | |
| ★联系地址 | | | | | | ★邮编 | | |
| ★现在主授课程情况 | | 学生人数 | | 教材所属出版社 | | 教材满意度 | | |
| 课程一 | | | | | | □满意 □一般 □不满意 | | |
| 课程二 | | | | | | □满意 □一般 □不满意 | | |
| 课程三 | | | | | | □满意 □一般 □不满意 | | |
| 其 他 | | | | | | □满意 □一般 □不满意 | | |
| 教 材 出 版 信 息 | | | | | | | | |
| 方向一 | | | □准备写 □写作中 □已成稿 □已出版待修订 □有讲义 | | | | | |
| 方向二 | | | □准备写 □写作中 □已成稿 □已出版待修订 □有讲义 | | | | | |
| 方向三 | | | □准备写 □写作中 □已成稿 □已出版待修订 □有讲义 | | | | | |

请教师认真填写表格下列内容，提供索取课件配套教材的相关信息，我社根据每位教师填表信息的完整性、授课情况与索取课件的相关性，以及教材使用的情况赠送教材的配套课件及相关教学资源。

| ISBN（书号） | 书名 | 作者 | 索取课件简要说明 | 学生人数（如选作教材） |
|---|---|---|---|---|
| | | | □教学 □参考 | |
| | | | □教学 □参考 | |

★您对与课件配套的纸质教材的意见和建议，希望提供哪些配套教学资源：